领导口才提升

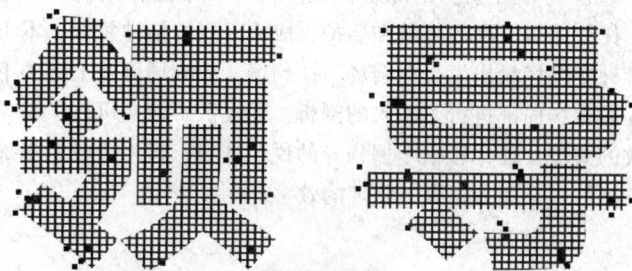

LINGDAO
KOUCAI TISHENG BIBEI
QUANSHU

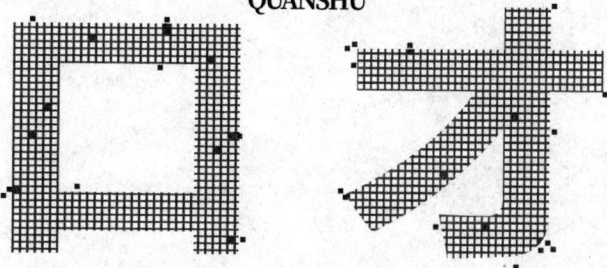

夏宝华 编著

必备全书

中国纺织出版社

内 容 提 要

口才是领导素质的综合体现。提升口才能够塑造领导魅力，让你获得下属的爱戴和拥护，成为下属的精神领袖。本书从各种实际场景出发，对会场、谈判场、应酬场以及上级和下属沟通等场面都进行了深入的剖析，并提供了切实可行、简单有效的方法，让你轻松掌握领导的说话技巧，运用语言艺术缔造自己的领导能力，提升管理的效率。

图书在版编目（CIP）数据

领导口才提升必备全书 / 夏宝华编著. —北京：中国纺织出版社，2012.7（2024.8 重印）

ISBN 978-7-5064-8360-5

Ⅰ.①领… Ⅱ.①夏… Ⅲ.①领导学：口才学 Ⅳ.① C933.2 ② H019

中国版本图书馆 CIP 数据核字（2012）第 034416 号

策划编辑：曲小月　闫　星　　责任编辑：阮慧宁
特约编辑：文　浩　　　　　　　责任印制：陈　涛

中国纺织出版社出版发行
地址：北京市东直门南大街6号　邮政编码：100027
邮购电话：010—64168110　传真：010—64168231
http://www.c-textilep.com
E-mail：faxing@c-textilep.com
德富泰（唐山）印务有限公司印刷　各地新华书店经销
2012 年 7 月第 1 版　2024 年 8 月第 2 次印刷
开本：710×1000　1/16　印张：17.5
字数：250 千字　定价：59.80 元

前言

古人云:"一人之辩,重于九鼎之宝;三寸之舌,强于百万之师。"在西方,有位哲人也说过:"世间有一种成就可以使人很快完成伟业,并获得世人的认识,那就是口才。"纵观古今中外,随着社会文明的进步,人际交往的频繁和扩大,口才实际上已成为一个人获得成功的重要条件。翻看古今中外的历史,口才的效应更是无与伦比。

战国的苏秦靠着自己的"三寸不烂之舌",成功游说东方六国,促成合纵抗秦联盟;三国时期的诸葛亮出使东吴,"舌战群儒",最终说服吴主孙权和都督周瑜联合刘备抗击曹操,从而大破曹兵;现代爱国主义人士闻一多在国难当头所作的《最后一次演讲》,激励无数仁人志士为中华民族的解放而献身;周恩来同志更是多次在谈判桌上以他那闻名世界的"铁嘴"挫败敌手,捍卫了祖国尊严……这些人之所以能够彪炳青史,万古流芳,不仅得益于他们事业上的突出成就,也离不开他们所具备的卓越口才。

而现如今,沟通共赢,各行各业的发展更是离不开口才,无论是政治家就职施政、争取民众,还是思想家阐述观点、宣传真理;无论是军事家发号施令、激励斗志,还是艺术家创造美、歌颂美;无论是教育家传授知识、推广文明,还是法学家维护法律、伸张正义,无一不需要口才。在市场经济如火如荼的今天,领导者作为企业的管理人员,上要管理经济、为公司做出贡献,下要实施经营、管理好员工,对外做好应酬、管理好客户,这一切更是离不开口才。可以说,口才是一个领导者提高工作效率的"法宝",是领导者处理好客户关系的"利剑",是领导者打开成功之门的"金钥匙",是领导者获得下级拥戴的"如意棒"!

领导者说话中肯有力，言之有物，则会使自己的权威不求自立；领导者言辞犀利、有的放矢，则会在谈判中迫使对方做出让步，达成共识；领导者妙语连珠、慷慨陈词，则会得到下属的认可，促成上下齐心，外引内联，为企业创造出巨大的精神财富和物质财富。反之，一个没有良好口才的领导者对上得不到领导的喜欢，对下得不到下属的认可，对外无法赢得客户的信任。因此，要想让自己拥有更加成功的人生，想让企业和单位有不断持续发展的潜力和空间，就要设法让自己具有一流的口才，要知道，无论在什么时候，在什么地方，或是做什么事情，都是需要口才的。

　　本书从领导如何开口说话，如何优化表达，如何灵活控制，如何收获人气，到领导如何增进与下属的感情，如何批评下属，如何谈判，如何演讲等多种角度，用生动形象的事例，为领导诠释了口才在各种工作环境中的重要性，并且提供了切实可行、简单有效的方法。相信本书一定会帮助各行各业的企业领导者掌握卓越有效的管理沟通技巧，成就出口成章的领导口才，进而促进事业的成功。

编著者

目录

第1章 领导要么不开口,开口就要有原则 …………… 1

不说模棱两可的话,确切的事情才能开口 …………… 2

领导说话要绝对靠谱 …………… 4

忌说话冗长,领导说话要言简意赅 …………… 6

避免因口头禅影响说话的效果 …………… 8

逻辑性强,领导说话要重点突出、层次分明 …………… 10

说话体现风度,不要凡事斤斤计较 …………… 13

领导说话不摆架子,下属才爱听 …………… 15

第2章 优化表达,提升领导口才的基本要素 …………… 19

具有良好的涵养才能表达有道 …………… 20

储备深厚的知识,方能言之有物 …………… 22

好的表达离不开过硬的心理素质 …………… 24

拥有洞察力,说话才能一针见血 …………… 27

表达时要能够掌控自己的情绪 …………… 29

拥有好的记忆力,表述更令人信服 …………… 31

完美动听的声音为口才加分 …………… 33

好的口才离不开敏锐的应变能力 …………… 36

第3章 灵活控制,随时化解各种难题的应变口才 …………………… 39

遭遇尴尬时刻,如何巧言摆脱难堪 ………………………………… 40

面对故意挑衅,用幽默给予对方猛力回击 ………………………… 42

遇到咄咄逼人之人,学会后发制人 ………………………………… 44

营造良好氛围,使话题进展更顺利 ………………………………… 46

巧妙圆场,及时补救各种失误 ……………………………………… 48

用打趣的方式挽救冷却的气氛 ……………………………………… 51

委婉拒绝,不伤和气地回应请求 …………………………………… 53

看准人再开口,软硬要适宜 ………………………………………… 55

第4章 收获人气,聚拢人心的演说口才必具备 ………………………… 59

开门"有道",一说话就要让下属投入进来 ……………………… 60

抑扬顿挫,让语调充满魅力 ………………………………………… 62

有急有缓,灵巧掌控说话的节奏 …………………………………… 64

突出重点,让演说有明确的主题和意义 …………………………… 66

适时地停顿,让谈话显得更有力度 ………………………………… 69

情感互动,和听众产生共鸣 ………………………………………… 71

有力的收尾,让听者能够回味良久 ………………………………… 73

即兴演讲,使用一些技巧 …………………………………………… 76

第5章 树立威严,获取威信的领导口才 ………………………………… 79

三思而后言,每一句话都要经过"过滤" ………………………… 80

凡事以事实例证为依据,话语更有信服力 ………………………… 81

利用权威效应,谈话更让人信服 …………………………………… 84

配合适当的眼神,获取听者的信任 ………………………………… 86

真诚的微笑,更易获取下属的认同 ………………………………… 88

巧用手势语,增加言谈的力度 …………………………………… 90

以身作则,谈话要以自己作为例证 ………………………………… 92

第6章 了解有方,窥探到下属内心的问话术 ……………………… 95

消灭官僚主义,让下属有说话的机会 ……………………………… 96

正面刺激,让闷葫芦型的下属开口 ………………………………… 98

不当"话霸",会说更要会听 ……………………………………… 100

认真倾听,是对下属的一种尊重 ………………………………… 102

问题要具体,别让下属摸不着头脑 ……………………………… 105

提问循序渐进,更易被对方接受 ………………………………… 107

不要急于否定,要更多地表示理解 ……………………………… 109

第7章 增进情感,亲切开口拉近与下属间的距离 ……………… 113

态度温和,平日说话要学会温婉 ………………………………… 114

言谈之间,懂得以情动人 ………………………………………… 116

从生活上学会对下属问寒问暖 …………………………………… 118

注意小细节,给予最及时的问候 ………………………………… 120

让下属诉苦,巧妙予以安慰 ……………………………………… 122

春风化雨,下属的怨气要用话语柔化 …………………………… 125

主动批评自己,拉近与下属的距离 ……………………………… 127

第8章 影响力口才,激发下属的工作热情 …………………… 131

肯定工作业绩,员工才能更有动力 ……………………………… 132

赞扬下属的能力,令其受到鼓舞 ………………………………… 134

巧妙激将,激发出下属更大的潜力 ……………………………… 136

设立目标,令下属看到奋斗的曙光 ……………………………… 138

宽容的言谈令下属感激,从而工作更奋进 ……………………… 141

利用好胜心理，激发员工斗志 ················· 143

第9章 教导有力，引导下属正确行事的口才 ················· 147

下达指令要绝对，指示要明确 ················· 148

运用幽默之语，让下属欣然接受工作 ················· 150

巧妙不乏真诚地向下属表达歉意 ················· 152

委派任务的话要说好，方能事半功倍 ················· 154

多说为下属考虑的话，让其对你更忠诚 ················· 156

了解下属特点，为其量身打造语言表述 ················· 159

第10章 和谐力口才，领导开口就让矛盾与危机消散 ················· 163

发现症结所在，圆润的话语化解矛盾 ················· 164

巧用幽默话语，撮合矛盾双方和气地合作 ················· 165

缓和气氛，一开口就让矛盾双方适度降温 ················· 168

矛盾出现时，谈话应给对方留点尊严 ················· 170

不偏不倚，劝和之言有感情但不偏颇 ················· 172

巧妙协调矛盾，要有领导的手腕儿 ················· 174

多方沟通，对什么部门说什么话 ················· 177

第11章 批评下属讲艺术，见效还令下属信服 ················· 181

批前三思，批评下属要分清场合和状况 ················· 182

运用三明治效应，让下属欣然接受批评 ················· 184

因人而异，用不同语气批评不同性格的下属 ················· 186

忠告式的批评要显得情真意切 ················· 189

妙言让下属对你的批评心存感激 ················· 191

用鼓励的话语代替批评的言辞 ················· 193

打一巴掌揉三揉，批评也要善后 ················· 195

第12章　谈判口才,十拿九稳的谈事之道 ………… 199

专业的言辞让谈判的对方更信服 ………… 200

巧妙深入挖掘对方的真实需求 ………… 202

关键时刻,用言语直击对方的致命弱点 ………… 204

遇到难题,如何巧妙地转换话题 ………… 206

语言"太极",学会以柔克刚 ………… 208

请君入瓮,巧用话语诱导 ………… 210

谈判时的言语禁忌需记牢 ………… 213

第13章　应酬口才,领导说话要撑得起场面 ………… 217

寒暄有道,领导一开口就要撑起场面 ………… 218

合理的称呼可以让沟通显得更自然 ………… 220

风趣言谈,让他人感到亲切可人 ………… 222

转向共同话题,拉近彼此间的距离 ………… 224

失言之后,巧妙化解谈话僵局 ………… 226

饭桌上的祝酒言辞该怎么说 ………… 228

拒绝他人敬酒的话语要说得有效且动听 ………… 231

保持适当距离,避开谈话的"雷区" ………… 233

第14章　学会对话,与同级或上级领导间的说话之道 ………… 237

把握好分寸,与上级领导说话要敬其三分 ………… 238

不卑不亢,落落大方地与领导谈话 ………… 240

与领导谈话,不要谈论过于敏感的话题 ………… 242

不该直接说的话,就要学会旁敲侧击地表达 ………… 244

体现自己的忠诚,不说违心的话 ………… 246

劝谏有道,不可不注意方法 ………… 248

第 15 章　谈吐谨慎，领导说话更要有所禁忌 ················ 251

一味地说教会打压员工的士气 ················ 252

照本宣科的领导，令下属嗤之以鼻 ················ 254

言辞尖酸刻薄，伤人更伤己 ················ 256

信口开河，会引起下属的不满 ················ 258

喋喋不休，唠叨式的话语难有效果 ················ 260

说话出尔反尔，下属会把你的话当耳旁风 ················ 263

参考文献 ················ 266

第1章

领导要么不开口,开口就要有原则

现如今,领导是团体的灵魂,是单位的骨干,其特殊位置决定了领导必须具有较高的综合素质。而这些综合素质中,口才无疑是重中之重。领导者口才的优劣,直接影响着管理工作绩效的高低和其在他人心中的形象。所以,为了取得事业上的成功和下属的信任,身为领导,要么不开口,开口就一定要有原则。

❋不说模棱两可的话，确切的事情才能开口

古人有云："人之所以为人者，言也。人而不能言，何以为人？"这句话充分说明了"讲话"的重要性。讲话的目的就是为了表达思想和情感，话不仅要讲出来，而且还要能让别人听懂，这才是最重要的。

讲话时，如果语言不准确，时常说一些模棱两可或含糊之词，就不能把想要表达的意思说清楚，更有可能不被听话者理解或接受，引起一些不必要的麻烦或误会。身为一个企业的领导，说话的时候更要谨慎，不能总说一些让人听不懂的话。说话的时候，最好先把自己要表达的意思确定下来，反复斟酌，然后用准确的语言表达出来，只有这样，才能让下属更好地接受或理解你的意图。

大家都知道，对于一个公司来说，人事上的变动经常会发生。对于一个高明的部门主管来说，一旦公司发生人事变动，他首先要做的就是通过自己的语言来稳住留下来的员工。身为部门经理的张帆最近正为这事苦恼不断。

张帆作为一个部门的经理，手下管着8位员工。有一天，早晨刚上班，突然有3位员工一起提出辞职，这让张帆感到不安。于是，在那3位员工走后，张帆立即召集剩下的5名员工开会，并且对他们说："大家要努力啊，3位精明强干的同事走了，我们的前途堪忧啊！"

张帆的这句话无意中得罪了剩下的5名员工，在接下来的日子里，张帆的工作似乎更难开展了。

说实话，张帆也许并没有贬低剩下的5名员工的意思，可是由于他的表达不准确，瞬间就得罪了他们，若这些员工在日常工作中产生抵触情绪也只能怪张帆自己了。

一个说话准确的人，不但可以准确、流利地表达自己想要说的话，而且还能够把话说得很清楚、动听，使听众更加容易接受。因此，对于领导来说，面对员工说话的时候，应当尽量少说或者不说模棱两可的话，只有明确而清

晰地把话说出来，才能准确、迅速地把你想要表达的信息传递给下属。

然而很多领导却不注意这一点，他们在给下属布置一些任务或者下命令的时候，总喜欢在之前加上类似于"也许"、"可能"这样的字眼，让下属们常常感到无所适从。比如，有一位领导对下属说了这样一句话："周末有一个会议，也许你应该去参加。"这样的语言就会让下属很纠结。到底是应该去还是不应该去呢？听领导的意思好像是这个会议不是很重要，可以不去。可是要是不去，一旦是个重要的会议，因此耽误了事情，就得不偿失了。这个时候，下属更不可能去问："也许，那我是应该去，还是不应该去呢?"这样问的话，说不定会得罪领导。

因此，领导在下达命令或者进行决策的时候一定要准确无误，不能随心所欲，想说什么就说什么，一就是一，二就是二，来不得半点含糊。

很多领导都有过这样的体会：在给下属布置任务的时候，经常会无缘无故地遭到下属的抵触。究其原因，不是下属认为自己没有完成某项任务的能力，而是对领导说的话产生了质疑，因为领导布置任务时说得非常含糊。

小李是某家房地产公司的秘书，这一天，经理对她说："小李啊，帮我打电话约一下张经理，约他下星期五来公司一趟。"小李马上联系了张经理，可张经理表示自己没有时间，过几天就要出差了，建议把约会改到明天。小李本想把张经理的建议向经理汇报一下，可是连着三天经理都请假休息了，她根本就没有机会提及。等到三天后经理上班的时候，小李把事情的原委告诉经理，然后再打电话联系张经理，可张经理此时已经在国外了。

经理得知后很生气，把小李批评了一顿。从此以后，小李在听经理说话时就有一些抵触心理。

小李是值得同情的，因为从头到尾她都没犯什么错误，问题的关键在于小李的领导下达命令不明确。当然，小李的经历也再次证明了，作为领导，要让自己的命令不打折扣地执行下去，那么说话的时候就要把内容讲清楚。只有准确无误地表达你的意图，下属才能够很好地贯彻并执行你的命令。作为领导，如果连所要讲的内容都讲不清楚，说话时总是模棱两可或含糊不清，那么从语言素质来看，就不具备当领导的资格。

因此,作为领导,在讲话的时候一定要明确,你讲话的目的是什么或者想要表达什么意思,应该先在脑子里有所思考,整理一下思路,然后再讲出来。最重要的是,无论你想要表达什么意思,都不要用模棱两可或让人产生歧义的语言。否则,它会成为你与下属沟通时的主要障碍,久而久之,甚至会影响到你的前途。

❀ 领导说话要绝对靠谱

俗话说:"君子一言,驷马难追"、"言必信,行必果",这是做人的学问。人无信不立。一个国家,一个单位,一个企业,没有信用也难以生存和发展。领导靠信义树立起来的权威,基础更牢固,更有持久性。晋朝的文学家傅玄在谈到信用时说:"以信待人,不信思信;不信待人,倍思不信。"以诚信待人,人必诚信;以欺诈待人,人必欺诈。由此可见,一个领导者要想树立自己的成功形象,增强自己的影响力,在做人方面就要"以信为本",在说话方面,更要"以信为本"。

领导者说话时要"以信为本",主要指的是:领导者每天都要面对属于自己的群体或团队,要经常发号召、下指示、做总结,为实现领导目标统一思想、理顺情绪、鼓舞士气、总结经验……但无论何时,领导者说话都要得体,要摆正自身的位置,讲话时要一是一,二是二,坚决果断,绝对靠谱。

然而,在生活中,常有一些人喜欢顺口答应别人事情,而事实上却无法做到,这就叫做"说话不靠谱"。身为领导尤其要避免这一点。有很多刚刚上任的领导,由于过分相信自己的实力,喜欢轻易答应下属:"……过些时候我就给你办。"最后往往兑现不了诺言。这样就很容易给下属留下一个"不守信用"的印象。因此,对于一个领导者来说,"饭可以乱吃,不靠谱的话不能乱讲",一是因为它有失章法,二是因为它失信于人。

郝先生是一位年轻的外贸公司地区市场负责人,他很想解决分公司销售中的问题,于是就向销售部门提出种种计划。他每次出差到总公司时,都要向销售科长说:"我那边的产品 A 销售不佳,要求减少该产品的供应量。"

"目前我那里产品B销量增加,应该增加货源。""顾客普遍要求送货上门,我们是否考虑开展此项业务,既方便顾客又能保持客源。"每次他提出这些问题时,销售科长都回答他说:"是这样啊！好的,我晓得了,我可以考虑一下。"或者"我可以和上级商量一下,以后再说好了。"就这样,总是不能给他一个明确的答复。

两个月很快就过去了,而销售变动的只有申请中提到的那些事而已口头的汇报和要求并没有得到答复。郝先生想尽了办法,通过厂长向总公司的常务董事提出报告。常务董事听后说:"原来是这样,我晓得了。我会好好安排,让销售科长去办理此事。"郝先生从常务董事那里听到此消息后,非常高兴,以为销售问题即将解决,遂告诉员工和顾客问题很快就会得到解决,只是时间的问题。

又过了三个月,依旧毫无动静,到了第六个月,才有了小的变化,不过,只是些表面的工作而已。至此,下属和顾客对郝先生的不信任感越来越强烈了。其实,郝先生确实做了很大的努力,而其下属和顾客仍不免在背后批评他。其实,错并非在郝先生本身,由于他急于解决问题,却又处理不当,徒然惹来这些非议。

企业中,有很多像郝先生这样的领导,听到下属的请求时,往往认为事情很好办,对于自己的能力来说不值一提,便满口答应,根本不考虑实际情况。事后,由于情况变化,再加上对自身能力估计过高,以致事情没有办成,最终失信于下属。

有着日本"经营之神"之称的松下幸之助说过这样的话:"想要使下属相信自己,并非一朝一夕所能做到的。你必须经过一段漫长的时间,兑现所承诺的每一件事情,诚心诚意地做事,让人无可挑剔,才能慢慢地培养出信任来。"换句话说就是,对于领导而言,要想提升领导魅力,就要做好一件事,让下属或同事称赞你是一个言行一致的人,而不是一个"不靠谱"的人。

总之,领导者的信誉是一种巨大无比的影响力,也是一种无形的财富。领导者如果能摆正自身"领导"的位置,说话"绝对靠谱",做到言行一致,就能赢得下属的信任,下属自然会尊敬你、信赖你。反之,如果你经常言而无信,言行不一致,下属就会怀疑你说的每一句话,做的每一件事,对你没有任何信任可言。

❀忌说话冗长,领导说话要言简意赅

很多公司的领导可能都有过这样的经历:在开会或者演讲的时候,自己在台上滔滔不绝,慷慨激昂,越说越有劲,而台下的很多员工却在各行其是,有的闭目养神,有的窃窃私语,还有的玩手机。之所以出现这样的现象,一个很重要的原因就是领导说话过于冗长,不吸引自己的下属,废话连篇……

现代著名文学家林语堂说过:"绅士的演讲应该像女人穿的'迷你裙'一样,越短越好。"精彩的发言无需长篇大论,言简意赅往往更精悍有力。然而很多职场领导都存在这样一种误区:认为讲话时间的长短与领导的重视程度有关,因此,即使没有多少实质内容的会议或者谈话,他们也会一再重复。反复强调,套话泛滥,生怕因为自己重复的次数少,内容短而得不到下属的重视,殊不知,结果恰恰相反。本来下属很乐意接受的谈话,却因为领导的废话连篇,而招致他们的反感。

一天,一个富翁去教堂里听牧师传教,在开始的半个小时里,富翁听得很认真,也很感动,所以他决定等传教结束后,把自己带的有钱都捐献出去。过了一个小时后,牧师还在讲,这时,富翁有点不耐烦了,他改变了自己的主意,决定只捐献自己身上的零钱,把整钱留给自己。可是,又过了半个小时,牧师的传教似乎还没有结束的意思,此时接近愤怒的富翁再一次改变了主意,他决定分文不捐。最后等传教结束的时候,已经崩溃的富翁,不但没有捐钱,反而从捐款箱中拿走了2元钱,作为自己时间的补偿。

"言不在多,达意则灵。"如果牧师能够把话讲得简短一些,精炼一些,那么他的传教一定会鼓舞很多人主动去捐钱。

沟通时话不在多,关键在于有效,才能通过沟通来获得一些有含金量的信息。然而现如今,很多领导都没有意识到这一点,他们为了体现自己的身份和尊严,只考虑如何在下属面前把话说得精彩,却很少考虑自己的话是否过于冗长，是否把真实意思表达清楚了，对方又是否从中明白了些什么。

当今职场，真正有才能的领导，在讲话的时候一定会言简意赅、力求精炼，具有很高的概括能力。这样的领导不但说出来的话很有分量，而且还很容易得到别人的认可和接受，提升个人的威信，正如联想集团的柳传志一样。

联想集团一路跌跌撞撞，从小到大，由弱变强，发展到今天这种规模着实不容易。于是就有很多人好奇，联想集团究竟是靠一种什么样的管理思想走到了今天这个"巨无霸"的位置。

有一次，一家媒体的记者采访联想集团董事长柳传志先生时，就问及了这个问题：联想的管理思想是什么。本来记者以为柳传志即将进行长篇大论的时候，他却只说了九个字："定战略，搭班子，带队伍。"

柳传志的回答虽然只有九个字，但是这种言简意赅、高度概括的话要比旁征博引、连篇累牍的长篇大论有用得多，更加容易被人记住。因此，作为企业领导，切忌说话冗长，一定要学会在沟通的时候做到言简意赅，要知道讲话简洁、精炼、准确不仅是倾听者所希望的，更是提升个人能力的要求。那么，如何做到这一点呢？请从以下两个方面多加修炼。

1. 养成"长话短说"的习惯

领导者在面对下属讲话的时候要努力做到"讲短话"。美国总统哈利•杜鲁门可算得上"推崇简洁语言"的榜样，他说："一个字能说明的问题绝不用两个字。"这就要求领导者在说话的时候有话要短说，没话就别说。一两句话就能解决的事情，绝不要通过开会或者长时间来进行长篇讨论，这样只会让下属对你的讲话产生"抗体"，你的滔滔不绝，费尽口舌，换来的只是下属的极度反感。

对于领导者来说，"善于讲短话"是一种能力和艺术。但需要记住：不能为了讲短话而讲短话。讲短话不是目的，目的是要讲有用的话。

2. 加强学习和提高文化修养

领导者能否讲出短而且有用的话，这就要看领导们的文字表达能力和语言组织能力了。有的领导讲话，三两句就能触及要害，抓住本质，或解决问题。而有的领导却废话连篇、不着边际,让人不得要领。

要解决这一问题,需要领导者在日常生活和工作中不断探索,要勤于学习、善于思考、勇于实践,努力使自己具备较高的思想文化修养和扎实的理论功底。

现如今,人们的生活节奏加快,成本意识增强,大家不约而同地都在强调办事的效率,在人们的脑海里,时间概念可以说比任何时候都要清晰。俗话说,时间就是金钱,时间就是财富。为了节省时间,追求财富,人们无论是吃饭、坐车还是办事,都会选择最便捷的方式。当然说话也不例外。

没有人喜欢花很长时间去听你的"长篇小说",即使你是领导。因此,在和下属交流的时候,为了达到有效沟通的目的,一定要多动动脑子想一想,怎样可以在最短的时间里把问题说清楚,把意思表达明白。

✿ 避免因口头禅影响说话的效果

"口头禅"最初是佛教禅宗用语,本意是指未经心灵证悟就把一些现成的经验和公案挂在嘴边,只空谈禅理而不去实行,也指借用禅宗常用语作为谈话的点缀。演变至今,口头禅成了个人习惯用语的代名词,常常未经大脑就已脱口而出。口头禅又称口头语。

如果领导在讲话的时候,总是习惯说口头禅,不仅会有损自己说话的形象,还会使好端端的一席讲话变得支离破碎,使人听起来别别扭扭。这样一来,不但会影响意思的表达,而且会给听众增加接受和理解上的困难,势必影响交谈的效果。比如,有的领导只要一开口说话就是"这个嘛……这个嘛……""是不是?……是不是……""那什么……"口头禅满天飞,让听众不知所云。很自然,下属对于满嘴飞口头禅的领导肯定不会有什么好感。

"王二",是著名作家老舍在《骆驼祥子》里的人物。"王二"说话的时候总是句句不离"那什么……",他属于一个口头禅的典型人物:"那什么……我来看房,怎么进去啊,门锁着呢"、"那什么,下过雪后,真冷"、"那什么,曹先生,曹太太,都一大清早就走了,上天津,也许是上海,我也说不清"、"左先生吩咐我来看房子的,那什么,可真冷"。

现代企业的领导中,也不乏"王二"式的人。他们在讲话的时候,往往因为口头禅太多,结果把本来很严肃的谈话弄得支离破碎、断断续续。可想而知,这样的谈话不但不会起到什么好效果,反而还会闹出笑话。

姜涛是某著名服装企业的销售经理,他在公司会议上因为"口头禅"而闹出了不小的笑话。

这一天,公司销售部例行开会。会议是姜涛主持的,他在会议上说:"现在的竞争真是越来越激烈了,是不是? 可是我们的服装在全国各大卖场卖得很好,是不是? 我们的销售额在逐渐增长,是不是? 这说明了我们的服装设计团队和销售团队很给力,是不是? 但是,大家需要记住的是,我们不能因此而骄傲,更不能忽视我们的竞争对手,是不是? 对手也很优秀,是不是?"姜涛每说一句话,后面都带一句"是不是",结果新进公司对姜涛不是很熟悉的员工忍不住笑了起来,把本来很严肃的会场一下子搞乱了。

姜涛见状一下子就急了,立刻阴沉着脸,训斥道:"公司有严格的规定,员工要遵守公司的规章制度,是不是? 开会是一件很严肃的事情,是不是? 开会期间怎么能笑呢? 是不是?"谁知道,姜涛的这一番训斥,导致台下笑的人更多了。

很显然,像姜涛这样无意识重复的口头禅没有任何语义,但它却是一种"影响素",影响了有用信息的传递,使听众生厌。"口头禅"不离嘴的领导,讲出来的话不仅毁坏了自己的形象,还成为了员工们的笑柄。

口头禅就是语言中的渣滓,就像米饭中的砂石一样。身为一名领导,要想给下属留下谦虚而干练的美好形象,使你的讲话变得更精炼、明快、流畅,就要戒掉口头禅。

1.增加词汇储备

口头禅或是口头语,多是一些毫无价值的词语,如果领导在日常生活和工作中能够不断去学习、不断地拓宽自己的知识面,注意锻炼自己的语言表达能力,那么自然会少用"口头禅"。只有掌握了大量的词汇,讲起话来才能妙语连珠、流畅顺利,当然"口头禅"也就自然戒掉了。

2.讲话前先"默讲"

对所讲的内容不熟悉,是领导讲话时出现口头禅的主要原因之一。讲了上句忘掉了下句,这个时候就需要用口头禅来作为缓冲,以便想起下一句。

所以,领导在讲话的时候,要事先默讲几遍,只有对所要讲的内容、措辞十分熟悉,才能在正式讲话的时候少出现或不出现口头禅。

3.讲话要沉着冷静,深思熟虑

口头禅常常不经意间就会从嘴里溜出来。对于一些性格急躁的领导来说,往往都是因为讲话语速过快,才导致出现口头禅的。

所以,有口头禅的领导,在讲话的时候要冷静,不急躁,把话讲得慢一些,稳一些,只有这样才能防止口头禅从嘴里溜出来。

4.平常说话要力求完整

要想改掉口头禅的习惯,就要求领导平常讲话的时候尽量把话说完整,不说或少说半截话。这里谈到的"完整",指的是句子的主要成分要齐全。比如,有下属问:"五一这几天去哪里旅游了?"你不要图省事,只回答"去北京了"。最好用完整的句子回答:"我五一跟家人一起去北京旅游了。"这样的回答尽管有点麻烦,还有点像小学生,可是,只要你能长期坚持下去,非常有助于改掉口头禅的习惯。

❂ 逻辑性强,领导说话要重点突出、层次分明

在日常生活或者工作中,无论是谁都免不了与人交谈或聊天,这时就要求讲话者说话的时候要有逻辑性。说话有逻辑性即言之有序,也就是要求说话要有条有理、层次分明,要符合一定的逻辑。切忌前言不搭后语、颠三倒四,要按照一定的逻辑顺序把事情或道理说清楚,这样不仅体现说话者的思路清晰,还能靠内在的逻辑力量吸引听众,这样的谈话才更有深度。

身为企业的领导,在日常工作中,免不了要经常当众向人说明某件事情,或布置任务,或传达指示,或就某一情况做出解释,这时讲话就不能像平

日里一些人聊天那样，胡拉乱扯、天南海北地乱侃一通，再加上领导身份的特殊性，就更加要求领导在讲话的时候必须要有逻辑性，要有条有理、层次分明。

作为领导，如果说话没有逻辑性、前言不搭后语、自相矛盾而使人发现所说的话中有破绽，那定会失去上司或者下属对你的信任。

张同是一家公司的老总，尽管他文化水平不高，但是他很善于用人，所以经他一手创立的公司发展得也算是蒸蒸日上。

有一天，张同受邀去当地的一家学校参加校庆活动，并且要在开幕式上代表嘉宾讲话。轮到张同讲话，他清了清嗓子说："各位领导、同学们，大家好，很高兴能来参加这个校庆活动。今天的天气很好，很适合举办校庆。今天所有的师生应该都到了吧，很高兴能看到这样的盛况啊。我听闻你们学校要拆掉破旧的校舍和办公楼，改善学校环境，我在这里带头给你们学校捐款，希望能起个表率作用。昨天下了一夜的雨，大家今天还能准时到场，我代表校方感谢你们。你们的学校真是漂亮啊，尽管我文化程度不高，我看到这样的校园很亲切啊。今天我代表嘉宾们讲三点，主要关于学生就业的。第一点如何进行在校学习……第二点，大家要努力回报社会……第三点，学校要如何管理学生……"

张同的这番讲话，可谓逻辑混乱，毫无重点可言，并且前言不搭后语，漏洞百出，更谈不上层次分明了。对于讲话者来说，观点首先要明确，然后需要前后一致，说理严密，合乎逻辑。像张同这样讲话，条理不清晰，思路不明，言之无物，只会让听者感到莫名其妙，不知所云。

作为一个领导者，在公众场合讲话的时候，首先要确立讲话的重点，然后做到层次分明，符合一定的语言逻辑，最起码的要求就是要前后一致，不能指东言西。如果讲话时语法混乱，文理不通，词不达意，即使你相貌堂堂、衣冠楚楚，听众只会对你的印象大打折扣，把你看成是一个没有文化修养的大老粗。

王悦是某保险公司的经理，每天早上都会对自己手下的员工进行短暂的培训，由于她讲话时条理清晰、思路明确，中心思想突出，每次讲的知识都被员工们很好、很快地吸收,因此深受员工们的尊敬。她今天讲的主题是"孩子究竟该买什么样的保险"。

王悦说:"保险有很多种类,家长由于不是业内人士,所以有时候买保险就很盲目,认为贵的就是好的,没有根据自己的需要来购买。所以,我们今天就来谈谈给孩子该买什么保险。首先是'意外医疗保险'。儿童都是好动的,好玩,喜欢新鲜事物,所以,意外险是一定要购买的。尤其是意外医疗,因为孩子在玩时磕磕碰碰是在所难免的,意外医疗就显得尤其重要。其次是'疾病住院医疗保险'。孩子在0~6岁期间,由于身体抵抗能力差,很容易发烧感冒,而且现在的医疗费用又那么高,所以,一般疾病住院医疗是必不可少的。最后就是……所以,家长最应该为孩子买的就是这样几种保险。"

王悦讲完课之后,办公室里响起了热烈的掌声。

像王悦这样讲话,不仅中心意思明确、思路清晰,并且简单明了,得到员工的认同也是情理之中的事情。因此,领导在讲话的时候,一定要富有逻辑性,并且层次分明,只有这样才能增加语言的吸引力,才能让听众更好地接受。

那么,如何增强自己的语言逻辑性呢?

1. 把握说话的中心

作为一名领导者,在同下属讲话时,首先必须把握说话的中心,要时时刻刻把讲话的主体牢记于心,不管中间穿插了多少题外话,转了多少个话题,都不能偏离说话的中心思想。要知道所有这些都是为说明中心思想而服务的。

2. 说话过程中加上一些序数词

领导在讲话的时候,为了使自己的讲话内容按照事先想好的思路条理清晰地表达出来,让语言更具逻辑性,层次更分明,就应该尽量多运用"第一、第二、第三;或首先、其次、再次"等序数词来表述,这样讲话,让听众听起来感到条理清晰、简洁明了。

3. 做好充分的准备

如果事先没有准备,那么讲出来的东西很有可能前言不搭后语,漏洞百出,更别说有层次感了。因此,在讲话之前,最好做一些准备,列个提纲或者私底下默诵、试讲,对讲话的内容越熟悉,就越能把话讲好,做到有的放矢。

✿ 说话体现风度,不要凡事斤斤计较

所谓风度,是指美好的举止、姿态及表情等。一个人是否有谈话的魅力,主要体现在他说话的时候是否有风度,也就是谈话的风度或称之为言谈的风度。谈话的风度是一个人内在气质的言语表现,是一个人涵养的外在表现形式。因此,使自己的说话具有风度,是增强一个人说话魅力的重要途径。

那么,作为一个企业的领导,需要经常在下属面前讲话,为了增加自己说话时的魅力,就需要注意自己谈话的风度。很多领导在日常工作中经常会遇到这种情况:同样的话,这个领导说出来,下属就愿意接受,而一旦换成另外的领导来说,下属不仅不会接受,而且还会产生一些反感。这是为什么呢?究其原因,是与领导谈话的态度有关系,而谈话态度是谈话的风度最直接的外在表现形式。

众所周知,领导者谈话的目的无非就是把自己的想法告诉下属,或者把命令或任务传达给下属,让下属明白领导的想法。可是,如果领导说了,下属没什么反应、不信服,甚至产生反感,那对于领导而言,还不如不说的好。其实,下属们都懂,领导讲什么很重要,但更重要的是他说话时的态度。如果领导说话时的态度好,那么下属就愿意听他讲话或跟他谈话。如果领导的态度不好,就算是再好的话题,比如说要给下属们加薪,这样的谈话也无法顺利地进行下去。

那么,面对下属讲话的时候究竟采取什么样的态度才是良好的态度呢?简单来说,就是对下属要有正确的了解和充分的关注,这两点是良好态度的基本内容。当然,仅仅这两点还不够,还要让下属们知道领导很了解和关注他们,这是良好态度最突出的表现,也是很重要的表现。

比如,领导经常会面对的一个问题:下属犯了错误,该怎么处理?在一

个企业里,员工因为疏忽大意犯错误很正常。领导在处理这一情况的时候,如果谈话时很有风度,那么结果就会很圆满。反之,不但解决不了问题,还有可能引起下属的反感,使事情进一步恶化。

小王是某饲料公司的一名业务员,工作一直都是认认真真。可是有一天,小王的一位大客户突然跟小王解除了业务关系,原因是小王不负责任。小王百般解释,那是他的无心之过,可是最后,合作关系还是没有建立。这样一来,就给公司造成了将近50万元的损失。销售经理为此找小王谈话。

销售经理说:"小王啊,小伙子不错,干得挺好。可是,你能给我解释一下那位大客户的事情吗?"于是,小王就原原本本把事情地经过讲了出来,并且承认那确实是因为自己的无心之过造成的。听完小王的汇报,销售经理说:"小王,做业务是很不容易的,因此你要明白……"销售经理帮助小王仔细分析了这次失败的原因,并且告诉他下次再遇到这种情况该怎么办、怎么做。销售经理跟小王的谈话进行得很顺利,整个过程小王没有一丝一毫的反感,相反,一直在认真听经理讲话。

接下来的日子里,小王通过自己的努力工作,不但弥补了上次的损失,而且还为公司增加了两个新的大客户,因此,小王得到了公司的奖励。

可是,好景不长。小王又犯错误了,这次是由于天气的原因没有给客户及时发货,导致客户中断了与公司的业务。由于销售经理不在,就由行政经理来处理小王的这次过失。

行政经理一开口就说:"你怎么能这样呢? 你说说,自从你进公司以来,犯了几次错误了,给公司造成了多大的损失? 怎么一点责任心都没有呢?……"在接下来的一个多小时里,行政经理喋喋不休,甚至把小王平日里迟到几次、早退几次都搬了出来,将小王狠狠地批评了一顿。

第二天,小王就辞职了,公司也因此损失了一名优秀的业务员。

俗话说:"金无足赤,人无完人。"只要是人,难免会犯错误。作为一名领导,不管何时何地,都要懂得以宽容的心去包容下属。善解人意、宽容大度、胸襟开阔是好领导所具备的品质,更是当代领导所不可或缺的品质。在面对下属犯错的时候,批评肯定是少不了的,但是切记不能没完没了、无休止地批评下去，要适可而止，在说话中体现你的风度。因为，每个人都是有自尊心的，尤其是对于年纪稍大的下属来说，更会觉得面子很重要，可能你只是想苦口婆心地劝导他们一番，并无他意，但是由于你总是说个不停，无形中就会伤害他们的自尊心，更坏的结果就是使得员工产生"破罐子破摔"的心理，这就有些得不偿失了。

因此，要在说话中体现你作为领导的风度，就要在批评下属时适可而止，适当的沉默会营造一种"此时无声胜有声"的环境，便于下属反省。这种沉默对下属来说也是一种无形的威慑。英国有句著名的谚语："别为打翻的牛奶哭泣"。事情既已无法挽回，那就别再为它伤脑筋了。所以，无论发生什么事情，领导在批评下属的时候，切记适可而止，点到为止，不要无休止地唠叨。要以宽容的心态去对待员工，不要凡事斤斤计较，通过说话来体现你的风度，这才是一个领导应该做的。

❀领导说话不摆架子，下属才爱听

某著名调查网站曾经做过这样一份调查：作为一名下属，你的领导用什么样的方式跟你说话，你不反感，更愿意听？调查结果中排在首位的是说话时不摆架子，有亲和力……可见，对于领导来说，说话时"不摆架子"、"具有亲和力"是领导说话时被下属接受的关键。

现如今，总有一些领导会有这样的想法：我们是管理者和统治者，公司的员工则是被管理者、被统治者。因此，他们在跟员工说话的时候，很喜欢在员工面前显示自己作为统治者和管理者的"架子"。"架子"是他们用来表现自己、抬高自己的一种自大、傲慢的姿态。其实，不知这样的领导是否明白，他们在说话时摆的"架子"越大，官气越足，员工就越反感，与他们的距离就会越来越远。久而久之，不但不利于各项工作的开展，而且员工的意见会越来越大。

很多事实证明，作为领导，说话时具有亲和力、不摆架子，这样才更容易消除和下属之间的隔阂，有助于把想要表达的内容传递给下属，使下属甘心情愿地去听你说话和接受你所说的内容。

张彤是某著名化妆品公司的执行总监。为了扩大公司产品的影响,她用的所有化妆品都是自己公司生产的。当然,她也不建议公司的其他女性员工用别的公司的产品。接下来,就来看一下她是如何跟公司员工交流这一想法的。

有一天,张彤发现公司的一名员工在使用别家公司的粉底和唇膏。于是,她就走到员工的桌子旁边,假装跟这位员工谈事情,微笑着说:"天哪,琳达,你不会是在公司里使用别家的化妆品吧?"

张彤在说这话的时候脸上始终保持着微笑,口气也十分轻松,更没有一丝总监的架子,就像两个好朋友在谈心一样。这位叫琳达的员工听后脸立刻红了。下班的时候,张彤送给琳达一套公司的化妆品,并且说:"试一下自己公司的产品吧,保准不会让你失望。希望你在使用的过程中把你的感受反馈给我哦!先谢谢你了。"

没过多久,在张彤和琳达的"推销"之下,公司里的新老员工都有了一套本公司生产的适合自己的化妆品。并且,张彤还在公司的内部会议上说,以后公司的员工购买化妆品会有优惠和惊喜呢。

张彤和蔼可亲的态度,与员工说话时不摆架子和良好的亲和力,很快拉近了"总监"与员工之间的距离,并且与员工们打成一片,为自己赢得了大量的人气,年底顺利地晋升为副总。

身为经理的张彤,在与员工说话时仍然是一副"老样子"——具有亲和力,不摆"副总"的架子。

张彤虽然是"高高在上"的领导,但是她在和员工交流的时候,从来都不摆架子,像朋友一样和大家交流,即使批评对方也是和蔼可亲,她的做法让下属有一种被尊重的感觉,所以,对她说的话自然很乐意听,也很愿意去服从。

然而,时下仍有很多领导与下属说话的时候喜欢打"官腔",一副居高临下的姿态,丝毫没有亲和力,这样一来就使下属们心生反感,结果影响了整个谈话的效果。

周小斌是某餐饮公司的行政经理，他已经在这个位置上干了快5年了，在公司内部也算是老资格了。

可是，周小斌每次在跟自己的下属谈话的时候，总是一开口就说："本经理……"，"身为经理……""我在行政经理这个位置上……"，等等。每次他刚一开口，就会引起下属们的反感和不耐烦。甚至有的下属在心里说："当个破经理有什么了不起的，生怕天下人不知道，整天把经理俩字挂在嘴边。"

当周小斌的下属有这样的想法的时候，不管他说的话有多么重要，下属们都不愿意再继续听下去了。即使表面上似乎都在认真听，其实心里早想着别的事情了。当然，这位"周经理"的指令肯定是不能被很好地执行了。

作为领导，日常跟下属交流的时候，如何说话或者是采用什么样的说话方式，才能被下属更好地接受呢？下面就来归纳一下：

1. 不要自恃身份，摆架子

领导和下属之间本来就有着地位上的差别。一般情况下，领导和下属说话的时候，下属往往会产生胆怯心理，如果领导在说话时具有亲和力，"忘记"自己的身份，就会很容易拉近与下属的距离，此时下属才不会对你产生抵触心理，从而愿意听你说话。

2. 不要张扬

有的领导长期身居高位，养成了一种居高临下的说话习惯，说话的时候很张扬。记住，如果领导在说话的时候过分张扬，就会在跟下属交流的过程中流露出轻蔑和傲慢，让下属感到极度反感，从而影响谈话的效果。

3. 说话时的语气要温和

如果说话的语气过于冰冷，不带任何感情色彩，就会给下属带来压抑的感觉，这样下属也很难接受你的方式。

总之，如果一个领导在员工面前威风十足，说话带"官腔"，处处端着"官架子"，那么，他离"孤家寡人"也就不远了。而那些"忘了自己身份"的领导，将越说越轻松。

第2章

优化表达,提升领导口才的基本要素

工作是干出来的,口才是练出来的。身为领导,只要肯下工夫练习,就会有一副"三寸不烂之舌"。否则,若你的"嘴巴骨儿"不行,你又不去锻炼,那您就改行吧,别在官位上逞强啦!而要提升自己的口才,让自己拥有良好的表达能力,仅仅学习一些简单的技巧是不够的,它需要你从储备知识,提升心理素质等多个角度来努力。

❀具有良好的涵养才能表达有道

在职场中，每一位领导都想成为"舌战群儒"的诸葛亮、"身佩六国相印，以三寸不烂之舌抵挡百万雄兵"的苏秦，这表达了领导们的一个愿望，就是他们都想拥有好的口才。但是，口才并不仅仅是大家理解的"嘴皮子功夫"那么简单。

口才所指，不仅仅是口语的表达能力，更是一个人综合能力和综合素质的集中体现。一人人要有好口才，首先要有深厚的知识储备和对事物的独到见解，因为这样在说话的时候才能做到旁征博引、言之有物和有理有据；其次还必须具备辩证的科学思维能力，因为这样说话的时候才能对全局进行分析、准确地进行判断，合乎逻辑地推理；最后就是要具备敏锐的观察力，因为这样才能深刻地认识事物、准确地反映事物。当然，要有好口才，还应该学习一些良好的语言表达技巧，只有这样，在说话的时候才能使语言条理清晰，如果再多一点风趣幽默那就更好了。所以说，口才不仅仅是"嘴皮子功夫"那么简单，它还是衡量一个人综合知识是否深厚的重要尺度，更是衡量一个人综合素质高低的标杆。

然而，现实中领导们在进行口才训练的时候，只是一味地追求所谓速成的说话技巧，反而忽略了自身素质的培养，其实这是一种舍本逐末的表现。当然，不是说语言的表达技巧不重要。评价一个人是否拥有好的口才，不仅仅要看他是否具有高超的语言技巧，还要看他说话的时候是否能表达正确的观念，是否具备正确的信念，以及人格是否高尚等一些思想道德方面的东西。俗话说，"言为心声"，这句话表明一个人在说话时，一定程度上代表着他的思想道德水准。所以说，一个人无论从事的是何种工作，具有完美道德总是令人尊崇的。

因此，领导们要想拥有让别人羡慕的好口才，在学习语言技巧的同时，还应该全面提高自己的学识修养和道德品质。一个人拥有了以上两点，才能把话说得精彩，才能吸引更多的听众。

所有人都知道华盛顿是美国的第一任总统，但却很少有人知道他为什么能够成功当选。华盛顿之所以能够担任美国的第一届总统，除了其是一个出色的演讲家这个原因之外，更重要的是他以高尚的道德品质赢得了人们的尊重和信任。当时代表中有许多人选举华盛顿将军担任总统，而且根据华盛顿将军道德品质的评价而决定他们应当给予华盛顿总统多大的权利。可见，良好的道德品质对一个的成功起着至关重要的作用。

无论身处哪个行业、哪个层级的领导，由于其特殊的身份和职务，都决定了领导必须具有较高的综合素质。日常领导除了要讲话之外，还需要在特殊的场合做一些演讲，但是，无论是谈话还是演讲，都是向倾听者传递信息的双向活动，领导者的思想、品德、感情、修养都会有意或无意地影响听者的思想、品德、感情、修养。因此，只有具备了高尚的思想品质，领导者说出来的话才更具有说服力。一旦领导者缺乏这样的思想品质，那么，无论是他的谈话还是演讲，都不可能是成功的。即使他的讲话或演讲充满技巧，也都是缺乏感情和思想的"白开水"，不具备说服力和感召力。

事实上，不仅是华盛顿这样的政治家需要崇高的思想、道德品质，现代企业的领导者同样需要良好的道德品质，只有具备这些才能进行有效的管理。

可是，令人遗憾的是，现实中很多领导却忽略了加强思想道德品质的培养，他们认为只要有领导能力，自己无论说什么都是权威的，令人信服的。事实上并非如此。无论在政府还是在企业，一个领导只有他的思想道德品质被大家认可了，才能实现有效的领导。否则，一切都是空谈。

因此，身为一名领导要时刻谨记：只有具备高尚的品格，言行一致，以身作则，才能有强大的人格魅力，才能得到下属发自内心的拥护，而不是表面上的恭维逢迎。领导者必须通过自己的道德品格来吸引周围的人，一般情况下，下属只有对领导者的能力表示钦佩后，才可能服从，但是更多的时候是被领导者的道德品质所感动，进而无条件地服从和信赖他。

俗话说："近朱者赤，近墨者黑。"品德、修养极差的人带给别人的也只能是极差的品德和修养，这种人常常受到人们的排斥。试想一下，一个道德品质低下但偏偏手握大权的领导如何能实施有效的管理呢？由于道德品质低下，他们经常脏话连篇；他们的所作所为时常被众人指责，这样的领导又如何能够让人信服？他们的话语又怎么能让人信服？

领导者要练口才，首先要培养自己的思想美、心灵美、行为美，使自己具有高尚的情操，学会使用正确的方法、立场去分析问题、解决问题，只有这样，才能用美好的语言去感染听众、说服听众、宣传听众，引领听众走向成功。

❂ 储备深厚的知识，方能言之有物

职场中，经常会碰到一些领导抱怨自己的口才不好，跟上级或者下属相处的时候总是无话可说，或者是自己说出来的话总是那么几句，很难赢得大家的认可和尊敬。他们总是抱怨自己没有天生的好口才。

在这里要告诉这些领导的是，没什么是天生的，包括口才。想拥有好的口才，并不是说只要你胆子大、敢说就可以了。最重要的是要有足够的知识作为底蕴。苏秦是战国时期有名的纵横家，他在面对六国的大王时之所以能侃侃而谈，最终说服六国的大王们，实现了他的"合纵之道"，并不是因为他的师傅是大名鼎鼎的鬼谷子先生，而是因为他有足够的口才资本、足够的积累。

苏秦是战国时期的一名"纵横家"。所谓"纵横家"，就是战国时期一些依靠自己的口才来为各国君主出谋划策的人，换句话说，就是一些靠嘴皮子吃饭的人。

苏秦并不是一开始就成功的。他是当时大名鼎鼎的鬼谷子的学生，从老师那里学成出师之后，曾经先后去游说过周王、秦王，但都失败了。

随后，苏秦很落魄地回到了家里，遭受了亲戚朋友，甚至包括自己父母的冷遇。于是他发愤图强，刻苦攻读，打瞌睡时，他就用一把小锥子朝自己的大腿上狠狠地刺一下，使自己继续学习下去。

苏秦经过了这一番刻苦的钻研，终于使自己的学识又上了一个新的高度。于是他再次出马，以自己苦心钻研出来的"合纵之道"游说各国君主，终于获得了巨大的成功，以至于身佩六国相印，以三寸不烂之舌抵挡百万雄兵，成为一个"前无古人、后无来者"的例子。

从苏秦的例子中不难看出，最后他能如愿说服六国的大王，正是因为积累了深厚的知识。如果脱离了这个根本，那么，他的口才就会跟他刚出师时一样，成为"无源之水、无本之木"，哪里还能说服别人呢？

张铭和李亮同在一家外贸公司工作，职位都是主管，只不过任职的部门不一样。由于公司业务的关系，二人要时常进行合作。张亮是一个很爱看书学习的人，平时喜欢阅读各种各样的书籍，除了看一些跟公司业务有关的书籍之外，甚至连佛经、周易这样的书他都看。这些书籍极大地开阔了他的视野，也让他了解了各方面的知识，所以，他说出来的话头头是道，很让人信服。

李亮跟张铭是个性完全不同的两种人，喜动不喜静。李亮认为张铭研究这些学问没什么用处，纯粹是浪费时间，他认为，要想口才好，只要掌握一些说话的技巧就行了。

结果，有一天，两个人因为业务的问题产生了不小的分歧，于是在办公室里展开了一场讨论。

张铭因为平时看书多，积累了大量的知识，属于肚子里有"货"的主儿，所以说出来的话很有说服力，而李亮只是逞一时的口舌之能，反反复复就是那么几句话，只能做一些狡辩，很快李亮就败下阵来。

虽然说口才的好坏跟说话的技巧有关，但更与自己掌握知识的多少有密切关系。哪怕掌握说话的技巧再多，肚子里却没有多少知识，那么，讲出来的话依然空洞无物、乏味至极，这样的话又能有什么说服力呢？又怎么能让人心悦诚服呢？李亮输给张铭不是因为他不懂说话的技巧，而是"肚子里没货"，自己的知识积累不够。"书到用时方恨少"，这句话印证了李亮尴尬的境地。

对于领导者来说，没有人希望自己像李亮一样说话空洞乏味，而要做到言之有物，除了要丰富自己的内涵，提高自己的学识修养之外，最重要的就是要储备深厚的知识。知识面越广越好，天文地理，历史经济，什么都要学习，还要能够正确地使用语言，使自己的语言优美动听。一个胸无点墨的人，在谈话中是不能做到应对自如、侃侃而谈的。"工欲善其事，必先利其器"，正是这个道理。

如果你的知识面不够宽广，哪怕口才再好、技巧掌握得再多，也是无法说服别人的，说出来的话依然空洞乏味。准确、缜密的语言，头头是道，能够说服人；清新、优美的语言，饱含激情，能够打动人；幽默、机智的语言，妙趣横生，能够感染人。而这些都来源于头脑中的广博知识，那种不学无术的油腔滑调、油嘴滑舌算不上好口才，那种不着边际的、没有什么实际意义的夸夸其谈也不是好口才。只有那种以丰富的知识为坚强的后盾，能够给人以力量、愉悦之感的谈话，才是真正的好口才。

因此，领导者们要想在说话的时候吸引足够的听众，要想在别人面前展示自己口才的魅力，要想说出来的话言之有物，就要不断地充实自己，加强自己各方面知识的积累。一个知识渊博、学富五车的人，必定能够使自己说出来的话更具感染力、吸引力。如果才疏学浅、孤陋寡闻，在与人交谈时，难免会闹出笑话。

❀ 好的表达离不开过硬的心理素质

领导者作为一个群体或者一个团队的管理者，经常要面对下属讲话，比如分配任务、鼓舞士气等。有一些领导经常会有这样的感受：平日里讲起话来有如决堤之江，滔滔不绝，可一到正规场合就紧张、支支吾吾说不出话来。表现稍微好的领导，也只是勉强开口，但是讲话时却汗如雨下，生怕自己哪里出了错误，越是紧张、害怕，结果越是糟糕。往往这个时候，这些领导都会为自己笨拙的口才感到遗憾。

其实，一些领导并不是不会说话，他们只是害怕当众说话，或者说是不习惯当众说话。罗宾逊教授在《思想的酝酿》一书中这样说过："恐惧大都因为一种无知与不确定感产生。"对一些领导来说，当众说话是一个未知数，其结果不免令人满心焦虑和恐惧。这就好比一个人走进了一个陌生的、黑暗的环境，面对一片漆黑和未知的前途，他自然会产生焦虑、恐惧和害怕。要克服这样的一种消极心理，就需要你拿出足够的信心、勇气和胆量，不要因为别人的取笑而感到恐惧或是胆怯。

杨鹏今年40岁，是某婚庆公司的首席金牌司仪，同时也是这家公司的总经理。在公司里，经常会有年轻的司仪问及他是如何成为金牌司仪的。

其实，杨鹏在口才方面并没有什么过人的天赋，跟普通人没有两样。他直到现在都还记得，他主持第一场婚礼时尴尬的样子。

当时为了准备对于自己来说的第一场婚礼主持，他一连几天写稿、背诵、对着镜子反复练习，生怕出现任何差错，当众出丑。但是，主持婚礼的当天，他担心的事情还是发生了，他很紧张，而且很怕自己表现不好，他越怕就越紧张，脑海里一片空白，结果使他尴尬极了，甚至还遭到了辱骂和人身攻击。幸好当时公司怕他临场出错，来的时候派了一个老牌司仪同行，最后由这位司仪出面才缓和了当时尴尬的局面。

杨鹏回公司以后，认真总结了自己失败的原因，主要是由于自己心理素质很差，过于紧张和胆怯造成的。从此以后，他开始有意识地锻炼自己，但与别人不同的是，他不是单纯地锻炼主持技能，而是重点锻炼自己的心理素质。

在锻炼的期间，杨鹏遭受了别人的取笑与讥讽，但他还是坚持了下来，最后终于克服了自己的紧张和胆怯心理，他不再害怕失败，不怕出丑，不论在什么场合，他都敢于当众说出自己要说的话。于是，他很快变成了一位非常出色的金牌司仪。

一个真正会说话的人无论在什么时候，无论面对多少人，无论遇到什么突发状况，都能够做到自信、自控和镇定自若。当然，这些良好的心理素质不是先天具备的，而是通过后天的不断训练才得以形成的。像杨鹏一样，从最初"初出茅庐"还需要人陪同的小司仪，到如今的金牌司仪，就是不断锻炼自己心理素质的结果。

有很多领导不仅拥有深厚的知识储备，还有着丰富而有趣的思想，但是在面对众人的时候为什么还是感到障碍重重,不敢开口说话呢?原因很简单,缺乏胆量。他们害怕自己所讲的东西对听众毫无价值,或者方式方法不适合当时的场合。

对于领导这种说话时的胆怯心理,威廉?詹姆士提出了这样的纠正方法:"无论何时,只要人们消除心理障碍,并且让自己的舌头自如地活动,交谈就一定会顺畅而友好,并且令人振奋起来。"

那么,如何克服这种说话时的胆怯心理,改善自己的心理素质,变成说话高手呢?下面归纳了几条建议,可供参考。

1. 在心理上要放松

讲话不仅是一种"嘴上运动",更是与人的心理活动密切相关。一个人的心理活动常常左右着一个人说话水平的发挥。当处于不同的环境和面对不同的人讲话时,心理常常会出现不同的变化。心理的紧张现象是心理夸张性感受所致,必须让心理感受重新归位。要达到这一要求,需要采用心理暗示的方式,对听众作客观、正确的认识,对自己作准确、公正的评估,这样就能保持清醒,树立信心。

2. 从生理的角度进行调节

生理与心理是互动互制的。生理的调节也会对心理产生影响。当讲话者产生紧张心理时,通过生理上的一些调节措施往往能取得良好效果,比如通过深呼吸、搓手、舒展四肢、走动等方式,都可以使紧张的心理得以缓解、消除。

3. 克服自己的表现欲望

有时讲话产生紧张心理,并不是缺乏自信,而是由于表现欲望太过强烈造成的。有很多人讲话之前就有这样的想法:不开口则已,开口就要惊人。当观察到听众对他所讲的话没有丝毫兴趣、不认真听的时候,心理上就产生了失落感、挫折感,情绪上就会一落千丈。因此,要想培养朴实、自然的说话风格,只需把自己的意思圆满地表达出来就行了,期望值不要太高。只要心态平稳,紧张自然会消除。

❀拥有洞察力，说话才能一针见血

在企业里，领导者拥有洞察力，不仅是管理的需要，也是拥有好口才的一个基本要素。对于口才的历练来说，领导者的洞察力是不可或缺的。

曾经有一位侦探小说家，说话不仅尖锐而且幽默，发表见解时往往能够一针见血。对此很多人都认为他的这种能力是天生的，后来才发现，他之所以能够说话一针见血，主要原因是他有洞察力，总是能看到很多人看不到或者预想不到的东西。

一天，他和一个朋友在一条大道上散步，突然小说家吹起了俏皮的口哨，并发出了惊叹的声音："我的天啊，那位女士一定长得非常漂亮！"

"女士？"他的朋友很不解地问道，"你没有搞错吧？哪有什么女士，在我们眼前的是几位男士呀。"事实也正是如此，朝他们迎面走来的只是几个年轻的男士，并没有什么女士。

"不，朋友，我说的不是他们，而是我后面的那一个。"小说家很得意地回答。他的朋友一回头，果然看见他们身后不远处有一个衣着入时、神采奕奕的漂亮女士，这让他的朋友很不解，于是问道："你没有回头怎么知道你后面有什么人？"

小说家回答说："当然可以！我虽然看不到她，但是我却看到了对面那些男人的眼神。"

小说家不用回头看就能够知道后面有什么东西，其实这就是一种洞察力，一个人一旦拥有了洞察力，那么他对问题的分析就会比别人更加透彻，见解更加独到而深刻，而这正是领导口才艺术中不可或缺的重要因素。事实上，在现实生活中那些以语言揭露事物本质，机智敏锐的语言大师们，都是一些拥有洞察力的人。

作为一名领导，要想培养自己的洞察力，就应该做到以下几点：

1. 仔细观察，认真倾听

身为领导，在日常工作和沟通中，一定要注意观察身边的事物，善于发现事物的特点、细节和本质。观察要全方位、多角度、多侧面地进行，不能只看到一点，犯"盲人摸象"的错误，也不能只看到事物的表面，只有这样才能在谈论的时候抓住别人没有注意的细节，使自己的言论有独到之处，否则，观察不细致，或者比较片面，说出的话不但不会得到别人的认可，反而会招致别人的反感。另外，要注意的是，领导者和下属交流时，要学会倾听，不要急于插话，仔细聆听隐藏在对方语言里的下属的心理和愿望，善于发现问题。这里给大家讲两个小故事。

故事一：一位教师给新生上第一节课。站上讲台后，只听班长一声"起立！"大家都站了起来，教室里出现了瞬间的寂静，这位老师用目光扫了一圈后，发现有一位同学没有起立，于是老师非常严厉地说："起立！"听到老师的喝令，这位同学委屈地哭了，而旁边的同学对老师说："老师，他是站着的。"这时老师才发现，这位同学确实站着呢，但是由于个子太矮，看起来和坐着一样，老师为自己的粗心感到歉疚。

故事二：一位教师在给小学生们上思想品德课问一名学生："长大后你准备干什么？"学生大声回答："我要当飞行员！"教师接着问："假如有一天，你的飞机飞到太平洋上空时，飞机上的所有引擎因为缺油熄火了，你会怎么办？"学生想了想说："我会让他们系好安全带，然后我打开降落伞跳下去……"学生还没说完，教室里顿时哄堂大笑，教师有点不高兴地说："你为什么要这么做，难道只有你的生命最重要？""不是的！"学生的两行热泪夺眶而出，他真挚地说："我要去拿燃料，我还要回来！"教室里立刻安静了下来。

第一个故事里的老师因为缺乏观察，只看到这个学生比别的学生低，就认为他没有站起来，而没有仔细去观察细节，结果用言语伤害了学生，令自己后悔不已；而第二位教师在听学生说话时，没有认真听完，在其他同学哄堂大笑时就阻止了他的谈话，结果既伤害了这位学生的自尊心，又让自己很没面子。

教师如此，领导也是如此，在企业里，领导就是下属的老师，而观察和倾听则是一位老师的必备素质。

2. 时刻保持头脑清醒

身为领导，不管遇到什么事情，都要保持头脑清醒，在全面了解事物的基础上再做出分析和判断,经过不同事物的比较分析,分清各个事物之间的差别和关系,只有这样才能使话题的切入角度更加独特,语言表达更加准确,深刻,说出的话一针见血。

3. 学会不断总结

任何事物都是有一定的内在规律和联系的,即使表面上大相径庭,内在也有一些共同之处,在日常工作中,要善于对各个事物的共同点进行比较和总结,从而得出具有概括意义的结论,而在言谈中运用这些结论,则能使你的语言一针见血,揭露事物的本质。

✿ 表达时要能够掌控自己的情绪

情绪是人的心理活动过程中所产生的内心体验,换句话说就是情绪是内心的影子。只要不是人们刻意地去控制,那么,有什么样的心境和心态,便会有什么样的情绪。科学研究表明,积极向上、良好的情绪能够激发人们无限的潜能去完成某些事情;而消极低迷的情绪反应则会阻断人们的正常思维,影响人们的行为。

生活中,或许每个人都有过类似的体会:在情绪好、心情爽的时候,思路开阔,思路敏捷,学习和工作效率高。而在情绪低沉、心情抑郁的时候,则思路阻塞、操作迟缓,学习和工作效率低。也就是说,情绪会左右人的认知和行为。

赵杰是个直肠子的人,说话、办事很容易冲动。小时候上学时,赵杰就总是因为一些芝麻绿豆大的事情与同学打架,是一个让老师和家长头疼不已的孩子。

不过,值得庆幸的是,尽管赵杰脾气大、易暴躁,可是他的学习成绩一直很不错。大学毕业之后,顺利地进入了一家公司担任销售部经理。赵杰刚进公司的时候,也是这家公司刚创立不久,由于赵杰胆量很大,敢想敢干,在公司的创业期间为公司立下了汗马功劳。

可是,令人遗憾的是,赵杰的情绪还是跟以前一样,仍然不受控制,经常会因为手下的员工犯了错误而大发脾气。但是由于赵杰的业绩确实突出，再加上是为公司立下大功的人，所以连老板都让着赵杰，别的同事更不用说了。

虽说公司的员工都怕他，可是公司的新客户却不知道赵杰的脾气，再说就算知道了也不会吃他那一套，因此，赵杰这种易冲动、暴躁的脾气气走了公司几个大客户。

最后，老板觉得长此下去对公司发展不利，就建议他注意控制一下自己的情绪，同时还给他买了很多如何控制情绪的书籍，给他介绍了情绪管理方面的专家。

赵杰出于好奇，就去向专家咨询。可是，当他老毛病又犯的时候，却不从自身找原因，还认为是专家的建议没有用。在反复沟通后，专家见他还是一味地坚持自己的意见，就只好由他去了。

很快，赵杰在一次商务谈判的过程中，由于没能控制住自己的情绪，导致本来能签的合同，最后因对方大怒而化为泡影。而老板这个时候实在是忍无可忍了，就以失去这份合同为由辞退了赵杰。

卡耐基说过："学会控制情绪是我们成功和快乐的秘诀。"没有任何东西比我们的情绪，也就是我们心里的感觉更能影响我们的生活了。因此，人们要学会控制自己的情绪是很重要的一件事情。同样的道理，一个领导者只有善于控制自己的脾气，才能营造良好的谈话氛围，这也是评价现代领导人是否优秀的标准之一。

如果一个领导像上述的赵杰一样，不善于驾驭自己的情绪，任由情绪发泄，那么，他肯定不能制造和谐的谈话氛围，他说的话更没有人愿意听。因此，要想营造好的谈话气氛、使沟通顺利，并且达到好的谈话效果，领导者就必须学会控制自己的情绪，不能随意发泄自己的情绪。

美国著名心理学家丹尼尔认为，一个人的成功，只有 20% 是靠 IQ（智商），80% 是凭借 EQ（情商）而获得。而 EQ 是管理的概念，即用科学的、人性的态度和技巧来管理人们的情绪，善用情绪带来的正面价值与意义帮助人们成功。

一个真正优秀、拥有高情商的领导，是完全能够把握自己的情绪的人，他们不会担心自己情绪失控而影响到生活。因为他们懂得如何驾驭、协调和管理自己的情绪，让情绪为自己服务，而不是做情绪的奴隶。

而善于掌握自己情绪的领导，大多善于营造和谐的谈话气氛，并且能轻而易举地去感染或影响听众的情绪，使自己融入谈话的氛围。只有这样，他们在交往或沟通时才会一帆风顺。而不会把握自己情绪的领导，大多是失败的领导，尽管他们有着很高的智商，尽管他们工作的时候有着很高的效率。

高情商的领导者是自省能力强的人，是非常善于把握自己情绪的人。他们最容易将自己的情绪调节到一个最佳位置，并能用流利的语言表达其情感。当他们与人交往时，也更能与人沟通。因此，领导无论是在谈话、演讲或是论辩的时候，都要善于把握自己的情绪，这样才能表达出自己的情感，才能令人信服，才能更好地展现自己好口才的魅力。

✿ 拥有好的记忆力，表述更令人信服

对于一个领导者来讲，要想拥有好的口才，就必须拥有良好的记忆力。打个比方说，口才如果是一株美丽的花朵，那么，记忆力就是滋润花朵成长的肥料。没有良好的记忆力，要想培养出好的口才是不可能的。在表达的时候要想言之有物，使人信服，你的大脑中就要储备足够多的知识，只有这样，你才可能脱口而出，滔滔不绝。如果你的大脑中一片空白，即使你再伶牙俐齿，那也是"巧妇难为无米之炊"。因此，可以这样说，记忆力是提升领导口才的重要因素。

领导在说话、演讲或论辩时，每次需要记忆一些内容，通过记忆把演讲、论辩需要的内容储存在大脑中。如果记忆力不强，就记不住东西。到了台上，大脑里一片空白。再加上紧张，就会丢三落四，甚至会张口结舌。这样一来，就免不了在众人面前丢面子。由此可见，良好的记忆力对领导者是多么的重要。

众所周知，口才不是天生的，一个人不管多么笨嘴拙舌，都可以通过后

天的锻炼成为一名说话高手。同样，记忆力也不是天生的，良好的记忆力也可以通过后天的锻炼形成。

古今中外，很多人都很注意通过不同的方法来锻炼自己的记忆力。

著名的数学家华罗庚，不仅具有非凡的数学才华，还有着很好的口才。华罗庚从小就注意锻炼自己的口才，他通过"背诵"的方法来提高自己的记忆力，以此增加自己的知识储备，达到提升口才的目的。

俄国大文豪托尔斯泰，他通过"做操"来锻炼自己的记忆力。他说过这样一番话："我每天都会做两种操：一是早操，二是记忆力操，每天早上都会背书和外语单词，以检查和培养自己的记忆力。"

对于领导者来说，训练、提升自己的记忆力是需要下一番工夫的。只有通过训练达到"过目成诵"，才能做到"出口成章"。训练记忆力的方法有很多，下面列举了几种方法，希望能对领导们提高自己的记忆力有所帮助。

1. 积极的心理暗示法

有很多领导在面对大量的讲演或论辩材料的时候，都会说：这么多的资料，我能记得住吗？在尝试了记忆之后，就会发出这样的感叹："哎，不行了，记忆力真的不行了。"其实，对于一些上了年纪的领导来说，年纪大虽然是导致记忆力下降的一个原因，但是最主要的还是对自己的记忆力缺乏足够的自信心。领导在讲话、演讲或论辩面前，面对大量需要记忆的内容，要鼓励自己，给自己打气："我能行，我肯定能记住的。"这是一种积极的心理暗示。

不要动不动就给自己的记忆力提前设置障碍，判死刑。这样，只会让你的记忆力越来越糟糕，下降得比以前还快。

2. 限时记忆法

使用这一方法训练，就是领导们要给自己规定一段时间，让自己在这段时间内记住一些东西。在规定的时间内记忆数字、地名、时间等，可以锻炼自己的强记能力。

比如，领导们可以在口袋里装上几张公司客户的名片，利用上下班时间记下名片上的地址、电话或者邮箱等。这种方法有一个好处，就是随时随地都能用，并且不用花钱。

3. 读、背结合记忆法

"背诵"是训练记忆力的很好的一种方法。

"诵"是对表达能力的一种训练。这里的"诵"也是我们常说的"朗诵"，它要求在准确把握文章内容的基础上进行声情并茂的表达。"背诵法"就是由熟读到能背诵的训练。背诵是很简单的一件事情，你背诵的次数越多，记忆的效果就会越好。

4. 重点记忆法

无论材料还是学习内容，都有自己的重点内容和一般内容之分。使用这一方法训练的时候就是要花大力气记住这些重点内容。

这一方法的好处是，不仅可以减少记忆的内容，而且还可以提高记忆的效率。

5. 高强度记忆法

在短时间内，要想让自己记住大量的内容，就要施加巨大的压力。因为，在巨大的压力下，大脑的兴奋程度是平常的好几倍，因此能记住大量信息。

比如，你要为一个演讲做准备，你可以在演讲临近的几天对相关的资料进行整理、阅读，这样做有加深记忆的好处，在演讲时自然能熟练地运用这些资料。

训练记忆力的方法有很多种，在这里只列举几种常用的训练记忆力的方法。领导们可以根据自身的情况有选择地进行训练。领导们还可以寻找一些适合自身情况的提升记忆力的方法，在这里就不做赘述了。

总之，拥有良好的记忆力，就可以积累更多的知识，这样就可以在说话的时候令人更加信服。

✿ 完美动听的声音为口才加分

在生活中，一个人说话别人到底愿不愿意听，跟他的声音有巨大的关系。

艾文是一家广告公司的资深业务经理，她最关心和留意客户的销售问题，总是乐于帮助他人解决难题。但她的声音却让人听起来生厌，那尖锐的声音就像一个小孩子发出的叫声。她的老板私下里说，我其实挺欣赏艾文的能力的，也早就想提拔她，但是一听到她的声音充满了尖锐和孩子气，我就很害怕，因为她的声音让人感觉她说的话缺乏可信度。可是现在我不得不找一个声音优美动听且听起来成熟果断的人来代替她。

很显然，艾文之所以得不到老板最后的提拔，主要原因就在于她那又尖锐又孩子气的声音。其实，无论是在生活中还是工作中，即使有些人有着天使一般的面容、魔鬼一样的身材，但如果她没有悦耳动听的声音，也是不讨人喜欢的。由此可见，动听的声音在人际交往中起着至关重要的作用。它能为你赢得好感，赢得各种机会，还能增加你的自信心。

很多人有过这样的经验，当你打电话向某公司咨询一些事情时，接线员的声音如果美妙动听，你的情绪也许会一下子轻松愉快起来，很乐意跟这家公司合作；可是，如果接线员的声音听起来沙哑且平淡，不但你的情绪会受到影响，而且对这个公司的信任度也会大打折扣。这就说明了一个问题，人人都喜欢听优美、动听、悦耳的声音。在生活中，人人都喜欢听那些吐字清晰、字正腔圆的讲话，而不喜欢听发音不准，含糊不清的讲话；喜欢听那些饱满圆润、悦耳动听的声音，而不喜欢听干瘪无力，嘶哑干涩的声音。

因此，对于领导者来说，你的声音是否完美动听，能否吸引住谈话的对象，在日常管理或者商务交往中显得至关重要。只有你的声音给人留下良好的印象，别人才能更好地了解你，才会决定是否喜欢你。

然而，并不是所有的人天生就有好的嗓音。有好嗓音的人固然很幸运，没有的也不要气馁。即使没有天生的好嗓音，通过后天不懈地锻炼以及掌握一些技巧，也能使你的声音变得完美动听。

众所周知，美国前总统林肯相貌丑陋，说话的嗓音也不好听，甚至还会发出一些令人感到难受的尖锐的高音，这对于热爱演讲的林肯来说，无疑是一个不小的打击。然后，林肯并没有抱怨，而是经过长期的刻苦训练，以及学习各种技巧，最后深受大众的欢迎。

以下总结的是一些关于锻炼声音的技巧，领导者掌握这些技巧，会使你的声音更加悦耳动听。

1. 注重你的发音

人们说的每一个词语、每一句话都是由一个个最基本的语音组成的，然后再加上适当的重音和语调。准确而恰当的发音，将有助于你准确地表达自己的思想，使你心想事成，更能提高你的言辞智商。在说话的时候，只有准确、清晰地发出每一个音节，才能清楚并明白地表达自己的思想。

反之，如果你说话时不够准确、清晰，甚至发音错误或含糊不清，就会导致你思路紊乱、观点不明，不但有碍于展示你的思想和才能，而且有损于你的形象。然而，现在的很多企业领导者养成了自以为是的老板式的说话腔调，说话哼哼嗯嗯、拖腔拉调，并且经常发音错误且含糊不清，让下属产生了反感情绪。

2. 声音不要太尖锐

领导在说话时，要善于控制自己的音度。其实，语言的威慑力和影响力与声音的大小是两码事。领导者不要以为大喊大叫就一定能够说服和压制他人。声音过大只会让他人不愿听你讲话而讨厌你说话的声音。

领导者应该在自身音调的上、下限之间找到一个恰当的平衡点才是上上之策。

3. 不要用鼻音说话

领导者在说话时，如果过多使用鼻音，发出的声音会让听者十分难受。在日常生活中，这些"哼……嗯……姆……"的发音，就是鼻音。如果你总是用鼻音说话，会让人感觉你似乎在抱怨，毫无生气，很消极，没有人愿意听一个领导这样说话。

作为一个领导，如果你想让自己说的话更具说服力和吸引力，期望自己的语言更加有魅力，那么，从现在起就不要用鼻音去说话了。

领导者在日常与人的交际活动中，你的思想、观点，大多数都是以声音作为媒介表现出来的。所以，对于领导者而言，练就一副好嗓音，拥有完美动听的声音，是提升语言魅力的重要因素。

❀好的口才离不开敏锐的应变能力

在日常生活或工作的沟通交流中,口语表达者要想从容地面对各种各样的问题、听众、场合等因素对言谈过程所造成的困扰,就需要表达者具备一定的随机应变、机智灵巧的控制局面、控制言谈进程的能力,即语言应变能力。

语言应变能力,其实就是说话人针对具体交流环境当中出现的不利因素,及时作出言语上的调整,比如改变语气或改变话题,也就是在内容和形式上适应事物变化的快速反应能力和应付处置各种意外情况的良好心理素质。有效地运用口语表达能力,能够使言谈更好地为交际任务和目的服务。

下面来看一位优秀售货员的应变能力。

周六的傍晚,一位戴着金丝眼镜、30几岁的男士走进了一家玩具店,售货员小姐立即热情地接待。这位男士随手拿起了一个玩具遥控车。

"先生,您好! 您的孩子多大了?"售货小姐礼貌地试探地问。

"5岁。"男士连头都没有抬,只是漫不经心地回答。然后在手里掂了掂就放回了原处,眼光又转向了其他的玩具。虽然这只是一句漫不经心的回答,却给售货员小姐提供了信息,让她找到了实现目标的突破口。她立刻对那位男士说:"5岁,这样的年龄正适合玩这种遥控车,有很多顾客都给这个年龄段的孩子买了这种遥控车。"

售货员小姐一边说一边打开遥控车的开关,拿起遥控器,熟练地操控遥控车,展示给男士看,同时又说:"玩这个遥控车可以开发孩子的智力,还可以从小培养孩子的领导意识。"

接着,售货员小姐把遥控器递给那位男士,让他亲自体验一下,以提高他的购买欲望。果然,这位男士摆弄了几下遥控车,发出了新的信息:

"这个车多少钱?"

"90元。"

"太贵了!"

"你买的话，就80元好了。"

只用了两三分钟，售货员小姐就把话题转移到了价格的议定上了，可见，语言交流的操控能力是否出色，决定着买卖是否成功。

售货小姐敏锐地洞察到家长的心情，为了孩子健康快乐的成长，一般家长都是不惜代价的，于是她又发起了新的攻势："先生，跟培养孩子的才能比起来，花这点钱实在微不足道！"

男士微笑着不说话。售货员小姐机灵地拿出一个赠品说："这样好了，再免费送您孩子一个礼物！"说完，就把小礼物和遥控车一同塞进塑料袋里，递给那位男士。

"不用试一下吗？"

话语交际又发出了新的信息，不等那位男士反应过来，售货员小姐根据转移的话题又迅速调控话语："我们的产品绝对保证质量。"就这样，一桩买卖顺利成交。

这位先生刚接过发票，售货员小姐又补充说："如果有质量问题，三天之内凭发票可以调换。"

上面这桩买卖成交的过程虽然很短暂，但是也十分曲折，话题由介绍产品，到价格议定，到质量保证，依次转换，环环相扣。在整个销售过程中，这位优秀的售货员小姐只要有一环应变不力，就会中断交谈，甚至会就此结束销售。但是，她时刻不忘她的终极目标，巧于周旋，调控敏捷，最终实现了目标。在这个短暂的交谈过程中，这位销售员小姐敏锐的应变能力得到了充分的展示。

在谈话过程中是否具有应变能力，是衡量一个领导者素质高低的重要指标，更是决定领导者谈话能否成功的决定性因素之一。因此，对于一个领导者而言，要想取得良好的谈话效果，就应该具有应变能力。

领导者无论是进行谈话、演讲，还是论辩，都是与听众进行信息传递或感情互动的一个过程。这就决定了他们在演讲、谈话或论辩的过程中随时随地要注意听众的表情、情绪等变化，并能够根据听众的反馈及时调整自己谈话、演讲或论辩的内容和方向，要把听众感兴趣的东西加进去，把听众不感兴趣而自己准备讲的东西删掉。很显然,没有较强的语言应变能力是很难做到这点的。

　　总之,应变是一种即时的、即兴的反应,更是一种能力、一种适应多变环境的能力。领导者在日常交流中要注意训练自己的语言应变能力,这也是领导提升口才的一个很重要的因素。

第3章

灵活控制，随时化解各种难题的应变口才

所谓应变口才，就是要在动态语境中做出合理回答。其特点是，语境催迫下表现出的敏锐与快捷。从某种意义上说，应变口才是一种"捷才"，需要的就是机巧和灵敏！在实际应用中，不管遇到什么变化，都能相时而动、出口成篇、出口成趣，如果再能做到在各种难题面前灵活控制，巧语解困、妙语服人，那就是高级的应变口才了。

✿ 遭遇尴尬时刻，如何巧言摆脱难堪

俗话说："常在河边走，哪能不湿鞋。"在日常的谈话中，无论是凡人，或是名人，都有可能说错话，出现言语上的失误，使自己陷入尴尬的境地。

一次，王主任去参加朋友的晚宴，席间，他与本地一位企业家聊天。王主任可能是想使他们之间的谈话显得轻松一些，于是就随意地指了指正在跳舞的一个女人说："看那位穿着黑白格子旗袍的女人，那件衣服穿在她的身上还不如穿在一头猪的身上好看。"

没想到这位企业家冷漠地对他说："那个女人是我的太太。"

可以想象，当时王主任的处境是如何的尴尬。

在生活中，难免会因为说错话、办错事使自己陷入尴尬的局面；或者说因为某些故意为难、要让你出丑使你陷入尴尬的境地。但是，并不是所有的窘境都如上述的王主任那样不可挽救。很多时候，只要你动动脑筋，采用一些"巧言妙语"，还是可以让陷入尴尬处境的你摆脱难堪的。"

中国著名相声大师马季先生，有一次带领弟子到某市进行演出，在表演的时候就遇到了尴尬的场面。

马季先生在上台表演之前，他的一位弟子在表演时错把"某市"说成了"某县"，引起了台下听众的一阵哄笑，他的弟子一下陷入了尴尬之中。在笑声之中，马季先生登台演出，他张口就说："今天有幸来'某省'进行演出……"这句话把台下的听众弄糊涂了。正当大家交头接耳、议论纷纷的时候，马季先生解释道："刚才，我的一位弟子在表演的时候，将'某市'说成了'某县'，给它降了一级，我在这里当然要把'某市'说成'某省'，给它提上一级，这样一降一提，就扯平了嘛，哈哈哈……"马季先生的几句话，把台下观众逗得哄堂大笑。马季先生用机智巧妙的语言摆脱了尴尬的局面，使演出得以顺利进行。

马季先生不愧为一代相声大师，寥寥几句就化解了尴尬的场面。错话一经出口，有意借着错处加以发挥，以幽默风趣、机智灵活的语言改变气氛，立刻使听众进入了新的气氛中。马季先生的这几句话不可谓不妙。

作为一名领导,由于平时的沟通比较多,所以很容易遭遇窘境,这个时候最需要的就是冷静,迅速地思考如何应对,如何以妙语摆脱尴尬。能做到这一点的人,才能在应对各种场面的时候,做到巧言应对,收放自如,不失风度。

俄国诗人普希金身材不高,他在一次与人谈话的过程中就陷入了尴尬的境地,不过,他很快就以幽默的语言使自己摆脱了尴尬。

有一天,普希金去参加一位朋友的家庭舞会。当他走上前去邀请一位漂亮的贵族小姐跳舞时,这位小姐非常傲慢,看着普希金并且用一种非常不屑的口气说:"我不能同一个小孩子跳舞的。哼!"旁边听到这句话的人都哈哈大笑起来,不约而同地看着普希金,都在等着看普希金出丑。

可是,普希金却非常冷静,他微笑着说:"哦,非常抱歉,小姐,我不知道你正在怀孕。"

普希金的话刚说完,旁边的人就爆出比之刚才更加激烈的笑声。

普希金的妙言智语,不但帮助自己化解了尴尬,还狠狠地挖苦了傲慢无礼的贵族小姐。让这位小姐自食恶果,大大丢了面子。

对于一名领导来说,平常在说话、演讲、论辩或者接受采访的时候,难免会因为自己言语上的不慎,或者别人的故意刁难而陷入尴尬的处境,这个时候就要善于运用一些巧妙的语言,把自己语言中的潜在力量激发出来,帮助自己摆脱尴尬的境地。

在遇到一些尴尬局面的时候可以使用一些语言上的技巧使自己摆脱窘境。下面列举了几种方法,供领导者参考。

1. 巧用幽默

这种方法,不但能巧妙地帮助自己摆脱尴尬,还能展现自己语言的魅力,更能增添笑声,使听众很快忘记自己的失误。

2. 制造借口

为自己寻找一个适当的借口,这样在身处窘境、无言以对的时候,就能帮助自己摆脱窘境,化解尴尬,也不失为一种机智的行为。

3. 错上加错

这种方法也可以称之为借题发挥,在说话的过程中借着错处加以发挥,运用风趣、灵活的话语改变气氛。很快,你就能摆脱自己的窘境。

总之,无论在何种情况下陷入了尴尬的境地,领导们都不要慌张,要以镇定来激发自己在语言上的能量,运用各种技巧和机智灵活的话语使自己摆脱尴尬。

❀ 面对故意挑衅,用幽默给予对方猛力回击

领导者虽然都有一定的地位和身份,但是在生活或工作中,还是常常会遇到一些心怀叵测的人让自己陷入非常尴尬或难堪的境地。这个时候应该怎么办呢?有句话是这样说的:"投之以木桃,报之以琼瑶。"这句话的大意就是你对我好,我就对你好。若你对我不好,出言重伤我,那么我就会反击你。

面对这些人的无故挑衅,自然不能无动于衷,但是又不能恶语相向,因为这样做只会使事情进一步恶化。这个时候,就要拿起"幽默"这个武器来捍卫自己的尊严,因为"幽默"不仅能有效地反击对方,而且不至于使事态进一步扩大,更能体现自己的风度。

人与人之间的交往并不都是友好的,有些人常常会说一些话或做一些事情让对方陷入尴尬,这个时候幽默是摆脱窘境一种很好的方法,也会起到一些意想不到的效果。

有一位成名不久的作家,她的书十分畅销,她也因此迅速成为众多年轻人心目中的偶像。

有一天,在签名售书的活动现场有一个男人对她很不以为然,当着众人很不友好地说:"我不得不承认你的书写得很好,不过,请问是谁帮你写的呢?"显而易见,这个没有礼貌的家伙是故意来闹事的。签名售书活动现场的气氛一下子变得紧张起来,所有的声音好像同时消失了一样,很多书友面面相觑,场面非常尴尬,大家都觉得接下来会发生一些很不愉快的事情。出

乎大家意料的是，女作家并没有表现得很尴尬，她非但没有生气，反而面带微笑，幽默地对这个无理取闹的男人说："很荣幸得到你对我作品的夸奖，不过请问，是谁帮你看的呢？"女作家的反问，令那个男人哑口无言，灰溜溜地逃走了，现场响起一片掌声。

女作家以幽默的"学话"，非常巧妙地维护了自己的尊严，并且达到一种以其人之道还治其人之身的效果。

作为一个有一定地位的领导，在对方进攻的时候我们可以退让，但是要有个限度。退无可退的时候，就无须再退，这个时候不妨用幽默的方式给对方一个反击。幽默不仅是一种智慧的反攻方式，也是一种无形的进攻方法，幽默是一把"杀人不见血"的刀。因为幽默总是以含蓄、委婉的方式达到打击对方的目的。

春秋时期，齐国国王为了改善与楚国的关系，就派遣晏子出使楚国。尽管晏子身材不高，其貌不扬，但是他凭借着自己头脑机灵、能言善辩，出使楚国时很好地捍卫了自己的尊严和齐国的国威。

在得知晏子要来楚国的消息后，楚王就在全城下令：任何人都可以随便侮辱晏子，借此来打击齐国，彰显楚国的威风。

晏子刚到楚国，一个负责礼仪的小官领着晏子来到了城门前，指着墙上的一个洞对他说："请从这里进去，先生。"围在城门口的一群楚国人都在等着看晏子的笑话，可是晏子面带惊讶的表情，幽默地说："哦，原来我来到了狗国，要不然怎么会让我从狗洞进城呢？""偷鸡不成蚀把米"，想侮辱晏子的小官不但没有成功，反过来却被晏子羞辱了一顿，无奈之下，只好领着晏子从大门进了城。

楚王接见晏子时，为了嘲笑这个矮小的家伙，故意捆绑一个齐国人上朝，然后问晏子："这是一个刚刚捉住的盗贼，是齐国人。难道齐国人都爱干偷盗的勾当么？"晏子并不恼怒，很巧妙地说："大王，你可知道？橘子长在淮南就叫做橘子，而长在淮北就称之为枳。虽然说样子相似，但是味道却大不相同，这主要是水土的原因。同样的道理，齐国人在齐国不偷盗，而来到楚国后就爱偷盗了。要怪的话，就只能怪楚国的风水不好。"

楚王想了半天，找不出反驳晏子的话，只好作罢。

晏子不愧是春秋时期一位著名的政治家和外交家，幽默的攻击性被晏子使用得恰如其分，幽默的话看似不动声色、貌似温和，实际上却是绵里藏针。面对楚国人的侮辱，他运用自己的聪明才智，以及机智幽默的语言，给予了这些自大的楚国人强有力的还击，不但维护了自己的尊严，还彰显了齐国的国威。

无论是在生活中，还是工作中，领导们如果遇到一些无理取闹或是故意挑衅的人，一定也要学会用幽默进行反击，以彼之矛攻彼之盾，这样一来，不仅化解了对方的无故挑衅，还令对手哑口无言，自讨没趣。

✿ 遇到咄咄逼人之人，学会后发制人

咄咄逼人，常常用来形容气势汹汹，盛气凌人，使人难堪。领导者在工作中遇到这种下属时，要镇定自若，面对下属的尖锐语气，不要急于开口，而是要寻找其语言中的漏洞，后发制人，一语中的。

有一位大姐在路上行走时，朝地上吐了一口痰。正好赶上这天刮风，不巧风就把这口痰刮到在路边坐着的一位小伙子的裤腿上。这位大姐一看，自己闯了祸，赶紧从包里拿出纸巾要给小伙子擦擦。令大家意想不到的一幕发生了，小伙子非但不让这位大姐给自己擦，还一把揪住大姐的脖领子，让这位大姐把裤腿上的痰舔干净。大姐再三道歉，好话都说尽了，但是小伙子还是得理不饶人，无论怎么说都不同意，非得舔干净了才行。

再加上旁边有一些起哄的人，小伙子闹得是更凶了，非要大姐给他舔干净。后来，这位大姐实在忍无可忍了，就从包里拿出一把钱，大声说："大伙听好了，谁能把他摆平了，这钱就归谁。"话音刚落，从人群中窜出两个壮汉，把小伙子狠狠地收拾了一顿。

在生活中，我们经常会遇到这样的一些人，他们一旦觉得自己有理，就会揪住对方的失误或者缺点，穷追猛打，直到对方乞求讨饶、举起白旗不可。而这个小伙子就是一个典型的得理不饶人的主儿。人们经常会用"咄咄逼

人"来形容这样的人,形容他们的气势汹汹,盛气凌人,使人难堪。

那么,领导者在日常交际中,也不可避免地会遇到这种"咄咄逼人"的人。遇到这种人该怎么办呢?如何做才能摆脱难堪呢?被世人尊为"现代小说之父"的巴尔扎克说过这样一句话:"人类所有的力量,只是耐心加上时间的混合。所谓强者,是既有意志又能等待时机的人。"对付这种"咄咄逼人"的人就是要积蓄力量,等待时机,后发制人。

当然,也许人们听到最多的就是"抢占先机"、"先下手为强,后下手遭殃"这类的话,但是遇到"咄咄逼人"的人时,"硬碰硬"只会让情况变得更加糟糕。再加上这种人一般都是有备而来,或者对本身的条件估计得比较充分,有信心战胜自己。此时采用这种方法就不是上上之策了,而应该暂避其锋芒,静观其变,采用后发制人。

最初,不管对方的气势是如何凌人,也不管对方是如何霸道,都要耐心地听取对方的要求和理由,并不时向对方请教问题,好像有被对方说服的倾向,其实是在暗中做充分准备,积蓄力量,以便一击而中,一击而倒。三国演义中记载了杨修和张松论辩的一个故事,张松就用"后发制人"将杨修一举击溃。论辩的大致意思如下:

有一天,张松来到了曹操的营帐,碰见了杨修。张松知道,杨修是个口才出众、思维敏捷,能言善辩之人。据说口才很好的曹操都曾经被杨修说得哑口无言,最后只能甘拜下风。杨修也久闻张松的大名,但是杨修觉得自己口才出众,便从来不把别人看在眼里。于是,为了给张松一个下马威,杨修把张松请到了书房里。杨修开口就说道:"先生远道而来,辛苦了。"

张松说:"奉主公之命,即使赴汤蹈火,也不敢推辞。"

杨修又问:"蜀中的人才怎么样啊?"

张松答道:"文人有司马相如那样的天资,武将有严君平那样的精英。三教九流,出类拔萃的,记也记不清,数也数不过来啊。"

杨修继续说道:"当今刘季玉手下,像你这样的人才还有几个?"

张松说:"能文能武、智勇双全、忠义慷慨之人,数以百计。像我这样的无才之辈,车载斗量,不可胜数。"

杨修问:"那你现任什么职位啊?"

张松说:"说起来令人汗颜,滥竽充数,做了个伴驾的差事,十分不称职。斗胆问一下您在这里担当什么重要职务啊?"

杨修道:"现任丞相府主簿。"

张松说:"早就听闻你家中世代都是做大官的,你为什么不在朝中做丞相辅佐天子,却洋洋得意地做相府的一名小小官吏呢?"杨修听后不禁满脸通红。

由这场论辩中可知,杨修在整个论辩的过程中,气势汹汹,咄咄逼人,一心想让张松难堪。而张松明确杨修的意图后,十分冷静,他始终在静中待动,终于等到了机会,一句反问的话,给予杨修致命的一击。"后发制人"这一招,足以显示张松高超的口才。

"后下手"不一定就失去了主动权,从某种程度上来讲还是一种优势。因为你可以在等待时机的过程中,根据对方的话语找寻他的破绽,及时、有针对性地调节自己的语言,以便在时机到来的时候一击即中,达到自己"后发制人"的目的。因此,领导一定要学会"后发制人",以免在日常社交过程中,遇到咄咄逼人的人,使自己难堪。

❂营造良好氛围,使话题进展更顺利

领导在与人交谈的时候时常会有这样的感觉:和有的人在一起交谈,会谈得很尽兴;而和有的人在一起交谈,总感觉很别扭,不能畅所欲言。造成这种不同感受的因素有很多,其中最关键的一个是谈话气氛。谈话气氛是谈话能否顺利进行的前提。

的确,在日常交际中,不少谈话都是不欢而散的。原因就在于谈话者不会营造良好的谈话氛围,致使谈话"夭折"。研究表明,在良好的谈话气氛中交流,讲话者心情愉快,妙语连珠,听者也会积极配合,说、听双方都能实现交流沟通的目的;而在紧张或死气沉沉的气氛中谈话时,说、听双方都会有一种窒息感,这样一来,自然就难以产生共鸣,更难有愉悦的交谈。

因此，领导们在日常交际的过程中，为了使谈话能够更好地进行下去，为了使说、听双方都能够身心愉悦地达到沟通的目的，就要学会营造良好的谈话氛围。心理学研究表明，在愉快的氛围中交谈，人们很容易产生求同或包容心理，常常喜欢接受对方的观点，不愿意排斥对方的不同意见。所以，学会营造良好的氛围，在交谈中显得至关重要。

有一位姓赵的女教师，今年55岁。最近刚刚接手了一个新的班级，这个班的学生学习成绩各方面都很优秀，就有一点令很多老师都头疼：不注重环境卫生。

一次上课之前，赵老师洗了脸，擦了雪花膏，还刻意地喷了香水，就来到了教室。刚一进门，一股淡淡的幽香就飘进了教室。

前排的学生马上开始叽叽喳喳地说："赵老师都多大年纪了？还擦得香喷喷的？"

尽管说话声音很小，但是赵老师还是听见了，于是，她就接过话茬："老师我今年芳龄55了，你们别看我一脸的皱纹，我还挺爱美的！这不，我刚洗过脸，还擦了点雪花膏呢，还喷了点香水。"

话一出口，女生乐了，男生也禁不住笑了。

赵老师于是趁热打铁，把话题从爱美之心对心理健康的作用，顺利过渡到环境之美对学习、生活及精神面貌作用上面来，说得学生点头称是。从那时候开始，教室、宿舍乱抛纸屑、果壳的现象少了，值日生比以前更重视卫生了。

俗话说，良好的开端是成功的一半。语言也是这样，愉快的开头是谈话得以深入的关键。赵老师开了个好头，很快便进入了角色，一下子缩短了师生间的距离，让学生感觉到老师不但可敬，而且可亲、可爱，从而增强了说服效果。赵老师的经验告诉我们：在谈话过程中，营造一种愉快而和谐的氛围，让谈话在活泼的气氛中进行，一般都能够获得"话"半功倍的效果。

那么，领导在日常交谈时，如何营造良好、和谐的谈话气氛呢？下面归纳了几种方法，可供使用。

1.适度的寒暄

如果交谈的对象对你来说是陌生人，那么，在交谈之初，可以通过适度地寒暄来化解因为彼此不熟悉造成的无话可说的尴尬局面。

比如,交谈之初,使用一些寒暄语做开头:"最近的天气真热啊"或"最近在忙些什么呢?"等,虽然这些寒暄语大部分并没有多大意义,但这些话却可打破因为初次见面而无话可谈的尴尬局面,还可借此营造良好的谈话氛围,使谈话更好地进行下去。

但是要记住,适度的寒暄可以缓和、营造良好的氛围,但如果你过分地寒暄,对方可能会因为你的过度热情而产生反感,这样一来,你的目的就很难达到了。

2. 表达方式多口语化

口语来自于生活常态,它自然、灵活、通俗、生动。而且,口语化不仅仅是一种表达方式的选择,更重要的是营造了一个自由、平等、开放的谈话空间。我们很讨厌别人打官腔,一旦对方这么跟你说话,你就知道再谈下去已经没有任何必要了。口语化营造的亲切氛围,让心的距离更近,让双方更容易敞开心扉。

比如,央视的著名主持人崔永元,就很善于用平民化的语言来营造良好的谈话氛围。崔永元的平民化语言,使得他好像在和嘉宾聊家常,这样的氛围打消了嘉宾的顾虑!使之能够轻松地畅所欲言。

3. 善用幽默

很多实践证明,在交谈中,不时地使用一些幽默的语言,有助于营造良好的谈话氛围。

不可否认的是,有很多场合需要庄重,但是长时间地保持庄重会让人产生紧张的情绪,不利于话题的顺利进行。真正的谈话高手,不但能用幽默的语言表达比较重要的内容,而且还可以借此缓和紧张情绪、营造良好的氛围。

❀ 巧妙圆场,及时补救各种失误

在日常的社会交往中,任何人都难免有失言的时候,领导自然也不能幸免。此时要做的就是随机应变、设法缓和和化解因为失言造成的尴尬和僵局。这就要求领导们调整思维，巧妙应答，用别出心裁的话语为自己或别人打圆场。这时不要再在原来的话题上停留，而应换一个角度，尽力以新的话题和新的内容把原来的问题引开或转移，分散对方的注意力，这样才能救自己于"危难"之中。

央视著名节目主持人白岩松，以其能说会到的口才和随机应变的临场能力，深受广大观众的喜爱。

在"感动中国？2004 年度人物"颁奖晚会的现场上，白岩松作为主持人除了要主持节目，还比别的主持人多了一个任务：送受奖者到台下，然后再迅速地跑上台去迎接下一位受奖者。

晚会进行的过程中，令人尴尬的一幕出现了：当在 2004 年雅典奥运会上获得世界冠军、被誉为"亚洲飞人"的刘翔准备上台时，白岩松却因为送一位受奖者下台，足足耽误了半分钟才上台迎接刘翔。在这半分钟里，刘翔不得已只能先跟台下的观众招手，再与另一位主持人握手，之后又做着各种各样胜利的姿势。

此时，刚刚返回到台上的白岩松意识到"冷场"了，于是，他急中生智，将错就错地说道："我故意晚一会儿上台，让大家多欣赏一下我们的奥运英雄。看着我们的英雄做着各种各样动感强烈、美感十足的造型，大家说，是不是很过瘾呀？"

话音刚落，台下响起一片欢呼声。刹那间，颁奖晚会的现场气氛再一次被"点燃"了。再看看台上，只见白岩松对刘翔正进行有条不紊的访谈……

对于主持人来说，最忌讳的事情莫过于在众目睽睽之下出现冷场，哪怕是主持经验丰富的白岩松也未能幸免。但是，他的过人之处就在于能很好地利用自己的口才和临场应变能力。他将错就错地巧妙圆场，不但很好地化解了这次"现场危机"，而且没有让观众看出丝毫破绽，更是引来了台下的一片欢呼声。

当然，对于白岩松这样的说话高手来说，有这样的表现也是情理之中。打圆场就是从善意的角度出发，用巧妙的言语去缓和气氛、调节人际关系。

打圆场也要讲究技巧,聪明的人只用一两句话就能扭转情势,化解对方的不悦,从而取得良好的交际效果。请看下面这则故事:

有一个刚刚学会理发的年轻人,开了一个剃头铺。尽管他的手艺没有多精湛,但由于他很会说话,所以总是令他的顾客感到满意。

有一天,接连来了三位顾客。

他给第一位顾客理完头发之后,顾客说:"理个头发只用了 20 分钟,太短了。"年轻人笑着对顾客说:"现在呢,人人视时间为生命,'顶上功夫'速战速决,我帮你赢得了时间,就等于延长了您的生命,您何乐而不为呢?"这位顾客满意地离去。

他给第二位顾客理完头发之后,顾客说:"理得太长了,手艺一般哪。"年轻人对顾客解释道:"头发长使您显得很含蓄,这叫做藏而不露,非常符合您的身份。"顾客听完,高兴地离去。

他给第三位顾客理完头发之后,顾客说:"头发太短。"年轻人面对顾客不紧不慢地说:"短头发使您显得特别精神,还很朴实、厚道,令您让人感到亲切",顾客听后欣喜地出了门。

故事中的年轻人真是能说会道。他通过机智灵活的语言,不仅每次都能帮助自己摆脱尴尬,而且还使顾客转怒为喜,高兴离去。

打圆场是一种说话的艺术。领导只有认真学习并掌握这门艺术,才能在特定的场合帮自己或他人有效地摆脱尴尬和困境,同时展示出机智过人的谈吐与无穷的个人魅力。那么,究竟应该如何打圆场呢?下面总结了几种方法,希望能对领导者有所帮助。

1. 善用幽默的语言圆场

幽默是化解尴尬的良方。幽默的语言能使人转怒为喜,开怀一笑。

2. 善用动听的语言圆场

用动听的话博得顾客的欢心,是年轻人用来给自己解围的第一要诀。每个人都喜欢听好听的话,年轻人正是利用了这一心理,在顾客抱怨的时候,有针对性地选择动听的话来讨客人欢心。这样一来,自然就消除了顾客的不满,使顾客满意地离开。

比如说，年轻的理发师那句"短头发使您显得特别精神，还很朴实、厚道，令您让人感到亲切"，在动听的语言中夹带着一丝恭维，这就大大加强了话语的感染力和说服力。

3. 用辩证的眼光圆场

任何事物都有两面性，都是相对存在的。比如，有对就有错，有利就有弊。因此，辩证地看问题，引导别人换个角度看问题，是打圆场的另一个技巧。年轻人针对不同的情况，用巧妙的语言去解释，让顾客从一个新的角度去看待原来的不满之处，并体会到其中的妙处，从而接受了年轻人的观点。

✿用打趣的方式挽救冷却的气氛

我们在与人交谈时，有一种情况时常发生：谈话的过程中，我们发现自己讲话的对象给自己的反馈少了，或者说气氛没有谈话之初热烈了，好像突然间气氛就冷却下来。这一情况就是在谈话或交流过程中经常会出现的"冷场"。

之所以出现冷场，大多都是因为讲话者和听者之间彼此不太熟知，存在性格、年龄、兴趣、职业、身份、心境等方面的差异。冷场一般分为两种情况：一种是在单向交流中，比如演讲这样的场合。讲话者在台上充满激情，可是听者却注意力分散，毫无兴趣；另一种是在双向交流中，比如聊天、谈判这样的场合。对于讲话者说的话，听者要么毫无反应，要么仅以"嗯"、"噢"这些词应付。冷场无论出现在何种场合，都是令领导者尴尬、窘迫的局面。

因此，对于一名领导来说，要想摆脱令人窘迫的局面，要想达到彼此交流的目的，就一定要学会打破交谈中的冷场以吸引听众。

而一个善于打破冷场的人，不仅能够消除尴尬冷场的局面，还可以重新营造谈话的氛围，达到沟通交流的目的。

有一位记者去采访一位科学家。到了科学家的家中，由于科学家不是很喜欢媒体的采访，所以在记者短暂的开场白过后，场面眼看着就有沉寂下去的可能。就在这个时候，这位记者看到了科学家客厅的墙壁上挂着几张缩小版的电影海报,于是记者灵机一动,就指着这几张海报向科学家请教。

原来科学家是一个电影迷,每当自己喜欢的导演或演员有新的电影上映时,他就收集一些关于这些电影的海报。科学家从记者的口中得知他也是一个电影"发烧友",于是就跟记者大谈特谈有关电影的东西,比如喜欢哪个导演、哪个演员等,科学家还拿出自己珍藏多年的电影海报给记者看,谈话气氛非常融洽。

当然,在这个过程中记者可没有忘记此行的目的,在聊天过程中,适时地提出自己的问题,科学家也都很耐心地做了解答。

"冷场"是每个领导在与人交流或者演讲过程中都不希望出现的情况,因为一旦出现冷场,会令交谈的双方都陷入尴尬中。因此,对于领导者而言,掌握一些打破冷场的方法尤为重要。下面归纳了打破冷场的方法,供大家参考。

1. 变换话题

冷场的出现,往往跟话题有关。因此,在交谈过程中,遭遇冷场时,可以通过临时变换话题来打破冷场,吸引听者的注意力。

比如,在谈话时可以穿插一些趣闻轶事。趣闻轶事是人们在生活中津津乐道的闲谈资料,生活中的很多情趣都是由此而来的。讲话者在适当的时机穿插一些奇闻趣事,借此来吸引听众的注意力,这样就可以迅速地将冷却的谈话气氛重新活跃起来,听众的注意力也可以很快转移到讲话者说话的内容上面。这时就算讲话者把话题转到原先谈话的内容上,效果也会比之前好很多。

2. 找准兴趣

这种方法的使用,是要根据听者的年龄、职业等来判断他们感兴趣的话题,以此来吸引对方的注意力。

比如,如果听者是年轻的妈妈,你就要多聊一些有关孩子的话题。孩子是年轻妈妈最疼爱的宝贝,关于孩子的吃、穿、住、行等事情都是她们感兴趣的;老人们最在意的是他们的经历,青年人的兴奋点是怎样才能让他们得到最大的发挥,他们的工作、爱好、生活都是他们感兴趣的话题。

3. 制造悬念

一个好的悬念，不但能使讲话者在说话的时候，成为听者瞩目的重心，而且还能活跃谈话过程中的气氛，激发听者聆听与参与的兴趣。

因此，在说话的时候，制造一些悬念，是激发听者兴趣、吸引听者注意力的一种好方法。

4. 故意制造争论

在遇到冷场时，说话人要装出很愚笨的样子，故意制造一个明显错误的观点，引起对方的反对或争论，借此来打破逐渐冷却的谈话气氛。

这种方法，是借助了人的自炫心理。你故意抛出错误的观点，然后再加上"请教"二字，就可以激发对方的优越感，引出对方滔滔不绝的话语。因为一般人的心理都是"好为人师"，而不喜欢请教别人。

5. 做个小游戏

这种方法的好处是可以增加听者的参与性，使之放松紧张的心情。就算对方再不情愿，但是碍于面子，肯定会参与进来。只要他参与进来，就不存在所谓的冷场了。

总之，在谈话的过程中，出现冷场并不可怕，只要领导们能够沉着冷静面对，通过自己的智慧和各种打破冷场的方法，就能迅速摆脱尴尬的局面，把即将冷却的气氛挽回。

❀委婉拒绝，不伤和气地回应请求

领导在日常交际过程中，总会遇到别人的一些请求。有的请求合情合理，也在领导的能力范围之内，这样的请求自然可以给予对方承诺。可是，对于一些超出自己能力之外或者很无礼的要求，该拒绝的就要拒绝。否则，如果碍于情面，当场不好意思说"不"字，轻易承诺了，结果事情却办不成，以后就更不好意思见人了。因此，领导在必要的时候要学会果断地"拒绝"。

拒绝是令人深感遗憾的，却又是难以回避的。有些亲朋好友，轻易不开口求人，偶尔求你一次，不幸竟然遭到拒绝，轻则失望、伤心，重则大发雷霆；

有的是患难之友，曾经在你困难时仗义相助，如今有求于你，你却心有余而力不足，但他不相信，指责你忘恩负义。因此，领导在拒绝别人提出的请求时，应该讲究一些方法和策略，既达到拒绝的目的，又不伤和气。

拒绝的方法多种多样，最简单的就是直接拒绝。在别人向你提出请求时，简单地说"不"就可以了，但是这种直截了当的拒绝方式容易刺伤对方的自尊心，造成对方心理上的伤害，说不定还会因此与对方结下仇怨，这样就得不偿失了。不过，拒绝也不一定要做得不近人情，也可以既拒绝了，又不伤感情。所以，聪明的领导一般都会选择比较聪明的拒绝方式——委婉地拒绝。

下面来看一个故事，看看伟大的戏剧家萧伯纳是如何委婉拒绝别人的。

20世纪初，有一位风靡欧洲的舞蹈家——邓肯，她曾经追求过欧洲大名鼎鼎的戏剧家萧伯纳。

邓肯在给萧伯纳的信中含情脉脉地写道："亲爱的萧伯纳先生，如果我们两个能够结合，那生下来的孩子肯定有我一样的容貌，有你一样充满智慧的头脑。这该是多么理想、多么美好的事情啊。"

萧伯纳看着邓肯这封饱含暧昧之词的信，却无动于衷。因为他根本不喜欢邓肯这样的女人。可是应该怎样拒绝一位世界级美女的求爱呢？片刻之后，他在给邓肯的回信中写道："我很担心，怕孩子生下来，容貌像我，而头脑却像你，那岂不是很糟糕的一件事？"

面对一些自己不情愿的请求时，拒绝的时候也需要智慧，不妨迂回一些、幽默一点。萧伯纳告诉人们：拒绝别人时，可以坚持原则，但是并不意味着掰脸搞僵。

拒绝别人的请求时，也是有一些技巧的。如果你拒绝得体的话，对方有可能心悦诚服地接受；如果你拒绝得比较生硬，就可能引起别人的不满，更有甚者会因此跟你断绝关系。那么，领导怎么才能既达到拒绝别人的目的，而又不使双方的关系恶化呢？下面列举了几种委婉拒绝的方法，供领导参考。

1.幽默诙谐地拒绝

比如，有一位推销钟表的业务员，挨家挨户敲门，推销他的闹钟。他敲开了一家的门，对站在门口的男主人说："先生，我想你应该有个闹钟，这样早上可以叫你准时起床。"男主人笑着对他说："你还不知道我妻子的性格吧，她就是我的闹钟，到时她就开始'闹'了。"

这位男主人用幽默风趣的话轻松拒绝了业务员，令他不好意思再开口。

用幽默诙谐的语言拒绝，可以使由于拒绝产生的紧张气氛马上松弛下来，交谈双方不会有太大压力。

2. 搪塞式拒绝

搪塞式拒绝方法是对提出的要求不作实际性的回答，用一些无关紧要的、可说也可不说的话搪塞，以达到拒绝的目的。

比如说，当一位同事约你晚上到一家餐厅吃饭，你想到还有许多工作要做，需要加班，这时你可以说："真不巧，今天晚上有一些工作没做完。下次再说吧。"这个例子就是不正面回绝对方所提出的问题，而是找一些借口和托辞来委婉地应对，以达到拒绝的目的。

3. 模糊应对式拒绝

比如说，有一位重症病人问他的主治大夫："我的病是不是很重，你能不能告诉我我还有没有痊愈的希望？"

大夫说："说实话，你的病确实不轻。但是经过治疗，再加上调养，慢慢会好的。"

大夫在这里用"慢慢会好的"就是模糊语言。"慢慢"是多久呢？谁也说不定，有可能是一年，也可能是十年。但是大夫使用这句话，不但拒绝了回答病人提出的问题，还给了病人以安慰和希望。

❀ 看准人再开口，软硬要适宜

领导们随着社交活动的增多和社交圈子的不断增大，会面对越来越多的人。这些人形形色色，无论是脾气秉性，还是心理特点，又或是语言习惯，都不相同。因此，这就决定了领导在与人交流的时候，要根据对象的不同，选用不同的说话方式和说话内容。也就是要摸透对方的脾气秉性，再选择或软或硬的语言。只有这样，才能取得绝佳的谈话效果。

在一次户外集体活动中，当大家风尘仆仆地赶到预定的旅馆时，却被告知当晚因旅馆方工作失误，原来订好的套房（有单独浴室）中竟然没有热水。针对此事，领队打电话把旅馆经理找来。

领队说："对不起，这么晚还把您从家里请来。但大家满身是汗，不洗洗澡怎么行呢？何况我们预定时说好供应热水的呀！这事只有请您来解决了。"

经理说："这事我也没有办法。锅炉工回家了，他忘了放水，再说我已经叫他们开了集体浴室，你们可以去那洗。"

领队说："是的，我们可以到集体浴室去洗澡，不过咱们可要把话讲清楚，套房一个人五十元一晚是有单独浴室的，现在到集体浴室洗澡，那就等于降低到通铺水平，我们只能照通铺标准，降到一人十五元付费了。"

经理肯定不同意了，他说："那不行，那不行的！"领队毫不相让地说："那就只能给我们供应套房浴室热水。"经理说："我也没有办法。"领队还是不饶人地说："您有办法！"经理不耐烦地说："你说有什么办法呢？"领队说："您现在有两个办法：一是把失职的锅炉工找回来；二是您可以给每个房间拎两桶热水。当然我会配合您劝大家耐心等待。"这次交涉的结果是旅馆经理派人找回了锅炉工，四十分钟后每间套房的浴室都有了热水。

领队强硬的语气，值得领导者借鉴。用强硬的语言去"威胁"对方，让他从内心里感到压力和恐惧感。一般在心理上输掉的人，很快就会"缴械投降"。当然，这里讲的"威胁"并不是真正意义上的威胁、胁迫，只是当领导者在沟通的过程中遭到拒绝或恶意嘲弄、欺压时，运用一种善意的"威胁"使对方产生恐惧感，从而达到交流目的的技巧。

领导者在沟通交流中，要摸透下属的脾气秉性，对于吃软不吃硬的下属，宜采取温和的语气，以达到说服的目的。

比如，如果你要下属遵照你的指令去做事情，你可以用商量的口气去说服他："你看这样做好不好呢？"你要秘书写一封信，并且把大意对她讲明白了，这时你可以再问她一下："你看这样写是不是妥当？"虽然站在发号施令的地位，也要懂得每个人都不爱听命令，所以，尽量不要使用命令的口气。

假设在一个盛夏的中午，一群工人正在休息，一位监工走过去把大家臭骂一顿，说拿了工钱坐着不做工是不对的。工人们怕监工，当然立刻站起来去工作了，可是当监工一走，他们便又停手了，这是肯定无疑的。因为那位监工不了解工人的心理，他用一种强硬的态度，反而使工人产生了一种逆反心理，更要与他作对。

相反，如果那位监工走过去和颜悦色地说道："天气真是热了，坐着休息还是不断地流汗，这可怎么办呢？兄弟们，现在这些工作很要紧了，我们忍耐一下赶一赶好吗？我们早点干完，早点回去洗个澡休息，怎么样?"如果这样，工人们当然会一声不响地忍着暑热去工作了。

中国人最大的特点就是爱面子，我们无论做什么事都会考虑到自己的面子。因此，领导者在说服下属时，别忘了给下属也留些尊严，这一点是非常重要的。

在与下属单独谈话时，因为每个人的性格都是不同的，领导在说话前，如能充分了解下属的各种特点，再采取软硬适宜的谈话方式，下属就容易接受领导的意见或建议了。

领导者在采用时软时硬的说服技巧时，应注意克服以下几种常犯的错误：

（1）居高临下，以"压服"代替说服；

（2）不从对方最感兴趣的话题入手，妄想一步到位，"直捣黄龙"，急功近利；

（3）态度呆板、语言生硬，说话教条，空话、大话、套话、假话连篇；

（4）准备不周，仓促上阵。不围绕中心问题展开说服，出口千言，离题万里，不着边际；

（5）自说自话，像老师教育学生、长辈训导晚辈一样"教诲"对方，却不给对方留有表达同意或不同意的观点以及陈述理由的余地；

（6）婆婆妈妈，絮絮叨叨，令对方产生厌倦感，直至昏昏然，不知所以然；

（7）缺少应有的诚意，走过场，搞形式主义。一厢情愿，不能将人心比自心、站在对方的立场来思考问题；

（8）避实就虚，避重就轻，回避问题的关键处、焦点处，对敏感问题含含糊糊、哼哼哈哈；

（9）千篇一律，缺乏人情味、个性化，不能针对下属的年龄、性别、性格特点等采用有效的说服方式；

（10）触发对方的逆反心理和对抗意识，使说服的效果适得其反，南辕北辙。

第4章

收获人气,聚拢人心的演说口才必具备

演讲是一种交际工具,一项语言艺术,一门口才学问,一种人才素质,从演讲艺术的发展进程中,我们不难看出:凡欲成大事者,无不努力锻炼,提高自己的演讲能力;凡已成大事者,无不推崇演讲的重要性。思想家追求真理需要演讲,政治家就职施政需要演讲,科学家破除迷信需要演讲,教育家传播知识需要演讲,企业家管理经济、实施经营也需要演讲……当然,作为企业里的一名领导者,更应以提升自己的演讲能力来聚拢人气,让员工更好地为企业做贡献。

❋开门"有道"，一说话就要让下属投入进来

领导在日常交际的时候，或多或少地需要做一些演讲。要想在演讲的时候有出色的表现，达到吸引听众、收获人气的目的，不光要有精彩的演讲内容，还要有一个好的开场白。如果一开口不能吸引听众的注意力，那么，下面就算有再精彩的内容都是枉然。所以说，开场白直接关系到演讲是否成功。

开场白如果讲得不好，听众就有可能会对你接下来的内容不感兴趣，直接影响沟通的效果。反之，如果你的开场白很精彩，能立即吸引听众，激发他们继续听下去的兴趣，那么你的演讲注定会达到很好的效果。

由此可见，无论什么性质的演讲，开场白都很重要。领导们在做演讲的时候，如果开场白不能立即抓住听众的心，那么接下来你的演讲也不会收到好效果。所以，一些优秀的领导都很注重自己演讲时的开场白，并根据特定的听众和演讲的主题来选用一些与众不同的开场白。与众不同的开场白，能够唤起听众的兴趣和求知欲，产生巨大的吸引力，紧紧抓住听众的兴头，使观众非听下去不可。

在一次毕业欢送会上，班主任老师正在给学生们致辞。他刚一开口，台下的学生就露出了迷惑的表情。

他说："本来呢，我想说一些祝福的话，但是现在我改主意了，觉得这样不好。"这句话一下子把下面的学生弄得丈二和尚摸不着头脑，于是，大家就屏息静气地继续听了下去——"说人生一帆风顺就如同祝愿某一位长者万寿无疆，是一个美丽而又空洞的谎言。人生漫漫，必然会遭到许多艰难困苦，在逆风险浪中拼搏的人生才是最辉煌的人生。祝大家奋力拼搏，在坎坷的征程中用坚定有力的步伐走出美好的未来。"班主任的话语给学生们留下了不可磨灭的记忆。

"一帆风顺"本来是一种常见的祝福语，但是这位班主任老师却偏偏反其道而行，从另外一种角度悟出人生哲理。第一句话无异于平地惊雷，又宛

若异峰突起,这样的开头,如何能不吸引听众?

好的开场白就像一个出色的导游员,一下子就能把听众带入讲话人为他们所拟定的场景中;好的开场白是讲话人奉献给听众的第一束多姿的鲜花;好的开场白最易打开局面,便于引入正题。因此,对于领导者而言,精心设计一个独特的开场白是很重要的,它的好坏直接关系到演讲的整个进程和效果。

下面归纳了一些独特的开场白采用的几种形式,希望对领导者有借鉴作用。

1. 幽默式

在演讲时,以幽默、诙谐的语言或故事开头,能使听众迅速集中注意力,激发兴奋点。

胡适先生在一次演讲时,就是以这样的方式开场的:"我今天不是来给大家作报告的,我是来'胡说'的,因为我姓胡。"话音刚落,就引起听众的一片笑声。这个开场不但巧妙地介绍了自己,而且活跃了台下的气氛,拉近了与听众之间的距离,为接下来的演讲做了一个很好的铺垫。

2. 讲述故事式

用形象并且生动的语言讲述一个故事作为演讲的开场白,会引起听众极大的兴趣。

1962 年,82 岁的麦克阿瑟将军回到他的母校——西点军校,在发表演讲时他采用了这样的开场白:"今天早上,我走出旅馆的时候,看门人问我:'将军,您去哪里啊?'他一听我提到西点,就说:'那可是个好地方,您以前去过吗?'"

这个故事情节极其简单,叙述也朴实无华,但饱含的感情却是丰富的、深沉的。既说明了西点军校在人们心目中非比寻常的地位,从而唤起听众心里强烈的自豪感,也表达了麦克阿瑟将军浓浓的眷恋之情。接下来的主体部分,自然是水到渠成。

3. 自我贬低式

在一次联欢晚会上,台湾的著名节目主持人凌峰做了一段精彩的演讲,他的开场白是这样的："在下是凌峰，尽管我得过'金钟奖'和最佳男歌星称号，但是我不得不承认我长得确实很难看……一般来说，女观众对我的印象不太良好，她们认为我是人比黄花瘦，脸皮比炭球黑。"

其实，这种自我贬低并不是真的贬低，而是表现出演讲者的幽默、机智、随和。用这种方式开场，确实能博得观众的掌声。

当然，方式不止这些，这里只列出常用的三种。具体的方式，领导们可以自己发掘。

总之，无论采用什么样的开头，主旨都是不变的，那就是抓住听众的心，吸引他们的兴趣，让他们全身心地投入到听你的演讲中来。

❀ 抑扬顿挫，让语调充满魅力

在日常交际中，很多领导在演说时，为了向听众显示自己流利的口才，总喜欢把话说得特别快。但是，往往事与愿违，听众非但不买他的账，还会表现得很不耐烦。听众们总是嘲笑这些领导不是在演说，而是在念"流水账"，从头到尾只有一种语调。之所以会出现这样的情况，主要在于，这些领导过于追求快速或流畅，而忽视了语调上的变化。

事实上，过于追求"流畅"并非什么好事。语速稍慢、语调变化明显的演讲反而更能突出演说重点，增强语言表达效果，因此也就更能吸引听众。设想一下，如果总是用一种平板的语调，不仅讲话者所讲内容毫无特点，听众也会很快产生疲倦和厌烦的心理。

那么，什么是语调呢？

唐朝大诗人白居易说过这样的话："感人心者，莫先乎情，莫始乎言，莫切乎声，莫深乎义。"他强调的就是，语调是口语中表情达意的声音的高低变化和快慢轻重，是增强口语表达能力的重要手段。

众所周知，口语表达是以句子为基本单位的。不过，由于讲话者对待事物的看法千差万别，再加上表达的意思和感情不同，所以，说话的时候才会产生语调，以此来显示不同语气，因此，语调才有有高有低、有快有慢、有轻有重、有停有连的种种变化。讲话者借助语调上抑扬顿挫、轻重缓急的变化，就能表达不同的感情和复杂的内容。

事实上，一个口语表达能力出众的人，在讲话的时候非常重视语调的抑扬顿挫、轻重缓急的变化。即使一些枯燥晦涩的内容，从他们口中讲出来，也是悦耳动听、饱含感情，牢牢吸引听众的。

法国有一个著名的歌剧演员，名叫格林。有一次，他去参加一个宴会。在宴会上，他用意大利语以及悲凄的语调把一张菜单朗读了出来，使宴会上的嘉宾们一时间都受到了他的情绪的感染，个个泪流满面。

上面这个例子很好地说明了语调在传递情绪方面的巨大作用。

语调的抑扬顿挫的变化在演讲或说话中同样起着至关重要的作用。演讲时，语调的抑扬顿挫的变化不仅能使演讲更加生动，而且还能传达演讲者丰富的感情。

20世纪，著名作家赵树理就曾经运用语调的抑扬狠狠嘲弄了十年动乱时期的造反派。

在十年动乱中，作家赵树理经常被揪斗。有一次，赵树理被造反派们揪斗。造反派给他捏造了很多条罪状，写在一张纸上，然后强迫他签字承认。赵树理写道："你说我是我就是？"造反派一看赵树理签了字，欣喜若狂，抓着这张罗列有赵树理种种罪状的纸张如获重宝，大声说："赵树理，这可是你亲自写上的，说话可要算数。明天在大会上当众交待你的罪恶，到时候别抵赖。"

第二天的批斗会一开始，造反派拿着那张纸条，叫道："乡亲们，反动作家赵树理终于承认了他是罪恶累累的反革命分子……现在押上来让他亲口向革命群众交待。"

赵树理被押到台前，对着麦克风说："我没有承认！"

造反派气急败坏地说："混蛋，这不是你的亲笔供词吗？"

"我写的是：你说我是我就是？你就不看看后面用的是问号吗？"

顿时，台下哄堂大笑，那几位造反派闹了个自讨没趣。

赵树理根据实际情况，选用疑问语调，既辛辣地嘲讽了造反派，又有效地保护了自己。

因此，领导在日常演说的过程中，要想让自己的语言充满魅力、吸引听众，就要重视并且熟练掌握语调的抑扬顿挫的变化。

善于运用这种变化，即便是抽象枯燥的内容也能讲得娓娓动听，牢牢吸引观众；如果不善于运用语调的变化，过于古板平淡，即使是生动有趣的内容，也会变得单调平淡，致使听众昏昏欲睡。

❂ 有急有缓，灵巧掌控说话的节奏

领导们在与人交往时，要想所说的话让人家爱听、喜欢听，就要注意控制好自己说话的节奏。否则，很难让别人明白你所说的是什么。

张凡在肯德基碰见了一位刚刚看完 2011 年 NBA 总决赛的小伙子。张凡问道："今年谁夺了冠军?"小伙子兴奋地说："小牛队大败热火队夺得冠军。"

张凡迷惑了：到底是小牛队打败了热火队获得了冠军，还是热火队打败小牛队获得了冠军呢? 张凡打电话问了他的同事后，才知道是小牛队获胜了。

这位小伙子说的话之所以让人听不明白，就是因为他没有掌握好说话的节奏。

说话的节奏是指说话时不断发音和停顿形成的强弱有序和周期性的变化。简单来说，说话的节奏其实就是说话的快慢。"书面语"是借助标点符号把句子断开，以便使内容更加具体、准确。而领导们在说话时就要借助节奏，来帮助自己传递信息或表达感情。

生活中，有很多领导根本不考虑说话的节奏。其中一些领导说话很快，一大堆话一口气就能说完，别人听起来好像是打机关枪。而另外一些领导则相反，说话慢慢吞吞，半天也崩不出一句话来。这两种极端的情况就是没有掌握好说话的节奏。说话时，领导们如果不懂得控制节奏，不仅不能发挥口才的魅力，还会导致沟通障碍，就像上文的那个小伙子一样。

而快慢适中、起伏有度的语言不仅有助于传递信息、帮助听者理解所说的内容，还使语言有了美妙的乐感，使人愿意听，喜欢听。

有位意大利的音乐家，一次他上台不是唱歌，而是把数字有节奏地、有变化地从1数到100，结果倾倒了所有的听众，甚至有的听众都感动得流下了眼泪，可见，节奏在生活中是多么重要。节奏主要体现为快慢和停顿。说话没有节奏变化就会像催眠曲一样使人昏昏欲睡，反之，如果能够掌握好说话的节奏，就会使人愿意听，喜欢听。

某大学举办写作知识讲座，主讲老师在谈到细节描写时，提出了这样一个问题："请问同学们，男生和女生回到宿舍时，摸钥匙开门的动作有什么不一样呢？"然后就闭口不言，停顿下来，让同学们自己去揣摩。台下的大学生们活跃起来了，有的小声议论，有的举手回答，有的干脆掏掏口袋，模拟一下自己回宿舍时找钥匙的动作。等同学们讨论了一阵子之后，老师才说："据我观察，大多数女生上楼梯时，手就在书包里摸索，走到宿舍门口，凭感觉捏住一大串钥匙中的某一把钥匙，往锁孔里一塞，正好把门打开了。而大多数男生呢？他们匆匆忙忙地跑到宿舍门口，'砰'的一脚或一掌，门打不开，于是想起找钥匙。摸了书包摸裤袋，摸了裤袋又摸衣袋，好不容易摸到了钥匙串，把钥匙往锁孔里一塞，门打不开。原来摸错了钥匙。"主讲老师的描述引起了会场中一片会心的笑声。等到同学们笑过之后，老师趁势总结道："把男女生回宿舍摸钥匙开门的动作描述出来，就是细节描写，而细节描写的生动又来源于对生活的细致观察。"

这位写作老师很巧妙地利用了停顿，让听众探索悬念的答案，然后利用解答悬念抛出讲学要点，取得了很好的教学效果，这就是利用说话节奏的妙处。

那么，领导们应该怎样才能把握好说话的节奏呢？其实也没有什么神秘的地方，只要掌握了什么地方应该加速，什么地方应该减速，自然就能做到这点。

第一，说话时应该加速的地方有：遇到任何人都知道的事情，或不太重要的事情，或精彩的故事进入高潮时等情况，此时需要加快语速。

第二,说话时应该减速的地方有:遇到需要特别强调的事情,或极为严肃的事情,或使人感到疑惑的事情;另外,在遇到数据、人名、地名等时,也需要减慢语速。

下面归纳了几种常用的语言节奏,领导在日常的谈话中若能有效运用,也能起到吸引听众的效果。

1. 轻快型

轻快型语言节奏是最常见的,听来不费力。日常性的对话,一般性的辩论,都是使用这类型的节奏。

2. 凝重型

这种节奏听来一字千钧,句句着力。声音适中,语速适当,既不高亢,又不低沉,重点词语清晰沉稳,次要词语不滑不促。此类型多用于发表议论和某些语重心长的劝说。

3. 高亢型

高亢的节奏能产生威武雄壮的感觉。高亢型的语言声音偏高,起伏较大,语气昂扬,语势多上行。此节奏类型多用于鼓动性的演说,或叙述一件重大的事情,或宣传重大决定及激动人心的事情。

4. 舒缓型

这种节奏是一种稳重、舒展的表达方式。声音不高也不低,语速从容,既不急促,也不大起大伏。舒缓型节奏多用于说明性和解释性的叙述。

5. 紧张型

紧张型节奏,往往显示迫切、紧急的情况。声音不一定很高,但语速较快,语句一般不延长和停顿。这种节奏多用于下级向上级汇报情况。

❀突出重点,让演说有明确的主题和意义

生活中,人们讲话总是有目的的,要么为了表达意愿,要么为了表达情感。领导者当然也不例外。因此,领导者在讲话的时候,应该围绕一个主题去讲。换句话说就是,领导者讲话要有重点。

领导者说话要有重点，那就要求领导在讲话时能突出中心，把话说明白。只有这样，你的意见或建议才可能被听众领会、接受。如果说话没有重点，信马由缰，不着边际，想要表达什么就表达什么，那么只会出现一种结果：你讲了半天，可听众还是云里雾里，不明你到底要表达什么，或者你讲的这些到底有什么意义。

有位总经理在年初的动员大会上，做了这样一段报告，可在报告结束的时候，他的下属们依然是一脸的茫然，不明白他到底想说什么。

总经理说："新的一年到了，我们公司今年的销售目标是要达到3000万元，我们的产品质量一定要过关，要花三个月的时间去攻克技术难题，销售目标最好能在10个月内就完成，关于财务问题……，公司的奖励制度是这样的……"

这位总经理从一开始就没有给听众一个明确的信息，而是想到什么就说什么，没有重点，也难怪下属会有如此反应。究其原因，主要是这位总经理在开口说话之前，没有确立要表达的中心思想，边想边说，以至于说话时中心不突出。

领导者想要表达什么意思，应该事先在脑子里做一番思考，对想要表达的内容做一些梳理，确定了中心思想后，再按照合理的顺序，先说什么，后说什么，一一表达出来。

讲一个主题，涉及的方面很多，这就要求领导者讲得有条理、有逻辑性，一环扣一环，使人一听便知道领导者的主要意图和论据依据。如果一次讲话有多个主题，可以有目的地把他们分开来讲，或者先讲要点，以便听者掌握。下面来看看大科学家法拉第的老师戴维是如何围绕自己要表达的主题讲话的。

大科学家法拉第年幼的时候，是一个穷孩子。在为装订商和图书出版商做学徒时，偶然的机会使他接触到了关于"电"的文章，从此他迷上了学习科学知识。后来，经过一位好心人的帮助，认识了著名的化学家弗莱?戴维。他把自己记的一本关于戴维讲座的笔记和一封信一起交给了戴维，戴维才认识了法拉第，并邀请他到家里做客。下面是二人见面时说的一番话：

戴维说："很抱歉，法拉第先生，我不得不告诉你，那边的实验仪器随时都有可能爆炸，因此我们的谈话也可能随时被打断。不过，看来你今天很幸运，因为化学仪器这会儿还没有爆炸。法拉第先生，你记的笔记我看过了，你能告诉我你上的是哪所大学吗？"

法拉第答道："我没有上过大学，尊敬的先生。"

戴维惊讶地说："是吗？天哪！那怎么可能？你记的笔记里已经说明了你肯定上过大学，要不然怎么能了解那么多科学知识？老实告诉我事实。"

"我喜欢科学知识，所以我就尽可能去学习，并且我还在房间里建立了一个很小很小的实验室，先生。"

"是么？小伙子，我太感动了。不过，很明显，你是没有在充满危险的试验室里干过，才愿意到我这里来的。你知道吗？搞科学太艰苦了，虽然你付出了很多劳动，但是报酬却少得可怜。"

"对我来讲，只要能做这件工作，就是最大的报酬。"

"你看到我左眼旁边的这块伤疤了吗？这是在做一次关于氢气的实验时，爆炸留下来的纪念。我想，你在商人那里装订图书总不至于让你出血或被电晕吧？"

"是的，的确没有过。可是，每当我翻开那些装订的科学书籍时，那些知识经常让我目瞪口呆……"

经过一番交谈，两个人都很开心，法拉第顺利进入了戴维的实验室工作……

这段有趣的谈话，的确是重点突出，详略得当。化学家戴维自始至终强调的都是从事科学研究不是一件轻松快乐的事情，需要付出艰苦的劳动，甚至要付出伤残或牺牲的代价；而法拉第表达的是对科学知识的强烈渴望，对科学的执著追求。由于二人讲话时都有着明确的主题，所以，二人才能达到如此良好的沟通效果。

总之，领导无论在演讲还是说话的时候，都不能忘记说话的目的，也就是此番想要表达什么内容，在说话时要紧紧围绕主题展开谈话。你展开的谈话内容就是为了论证你的主题，或者你演说的意义。只有突出重点的演说，才能被听众认可，才能称之为一次成功的演说。

✿适时地停顿，让谈话显得更有力度

领导在日常的口语表达中，要想让你说的话听起来有节奏感，就要学会让你的语言在恰当的、合适的时机"停顿"下来。停顿，是指口头表述中，词语之间、句子之间、段落之间、层次之间在声音上的间断。领导无论是说话还是演讲，如果不注意停顿，是无法传情达意的；如果没有适当的停顿，有时会造成表意的错误。同样，好的停顿处理，不仅是表达说话意图的需要，而且也是增强语言表现力和精确性的需要。

20 世纪 50 年代初，有一位知名作家曾经主持一场中外记者招待会。会议期间，有一位外国记者问他："中国有没有妓女？"作家回答道："有！"然后停下来向四周看看……几秒钟后，作家接着说："那是在旧中国。"听完作家这句话，场下响起雷鸣般的掌声。

在这则故事中，作家恰到好处地停顿使他后面的话产生了更深的含义。

英国的一位议员在一次关于建筑工人的演讲中，突然停顿，取出怀表，站在讲台前一声不响地看着听众，时间长达 20 秒之久。正当观众迷惑不解之时，这位议员说话了："各位刚才感到局促不安的 20 秒钟，就是普通建筑工人垒一块砖所用的时间。"

这位英国议员用停顿的方式在表现演讲内容的同时，还吸引了听众的注意力。这样运用停顿的功力绝对是炉火纯青。当时，伦敦各大报纸将此事作为新闻争相登载。

由此可见，"停顿"在演讲和讲话中有着多么重要的作用。

然而，在现实生活中，也有很多领导并没有注意到这一点。他们总是在滔滔不绝地展示自己的口才，总希望给人们留下"能说会道"的印象。可是，他们的谈话真的很受欢迎吗？答案是：也不尽然。这些人误将"说个不停"当成是一种优势，自我感觉一向很好。他们不顾听者的感受，不顾听者的表情，自己总是说个不停。也许听者在第一次面对这样的人时会佩服他们的口才，甚至会对他们拥有这样的口才感到嫉妒。但是，如果这样的人跟你说话的次数多了，相信你也难以忍受他们这样的"机关枪"，自然不会对他们产生好印象。因此，在说话的时候一定要学会停顿，尤其是在合适的时机停顿，更能给你带来意料之外的收获，就像上面那位做演讲的英国议员。

停顿，也是一种语言表达上的技巧。要想掌握这种技巧，就要了解一下这种技巧的种类。

在一般情况下，停顿可以分为以下四种：

1. 语法上的停顿

这一种类主要是根据语句中的标点符号来停顿的。

不同的标点符号有着不同的停顿时间和停顿方式。比如，段落之间的停顿是停顿时间最长的，而顿号的停顿时间却是最短的。顿号的停顿时间次于段落之间的停顿时间，而逗号、分号、冒号的停顿时间长于顿号，却短于句号、问号、感叹号。

2. 感情上的停顿

这种停顿也称为"心理停顿"，主要是为了表达语言蕴涵的某种感情或心理状态所采用的停顿。

恰当地运用感情停顿，可使疑虑、紧张、沉吟、想象、回忆、思索、悲痛等各种感情和心理状态表达得更准确。感情停顿是一种特别重要的表达技巧，它能充分展现"潜台词"的魅力，使听众从"停顿"中体会语言的丰富内涵以及难以言表的感情，从而使语言更具打动人心的力量。

3. 逻辑上的停顿

文字语言中有标点的地方一般都需要停顿，但在一个句子中间，为了准确地表达语意，揭示语言的内在联系，可根据文义，合理地划分词组，做一些适当的停顿。

词组之间的停顿千变万化，到底是停还是连，要以表意准确清晰为出发点，然后做出适当的选择。

4.生理上的停顿

即在演讲或说话的时候，停下来换口气。一般来讲，这种停顿是与上述三种停顿结合使用的。因为这种停顿必须服从语法、逻辑和事态的需要，一般不单独进行。

总之，对于领导而言，讲话时的"停顿"，需要掌握好技巧。因为，有意识的停顿不仅能使你的谈话具有层次感，还可以突出重点，吸引听众的"眼球"；适当的停顿，能够使听者明白你所讲的内容究竟分为几个段落，做到前呼后应。只有条理清楚的讲话，才具有更强的说服力，更会使听众佩服你的口才。

✿ 情感互动，和听众产生共鸣

现如今，有很多领导者在演讲的时候总是犯这样的错误：只顾自己在演讲台上"自说自话"，全然不把听众放到心里，至于听众是否对他的演讲感兴趣，或者能否接受他的观点，根本不在他的考虑之中。其实，演讲和谈话一样，是双方的"言语"交流。所以，它需要演讲者和听者的共同参与，才能达到演讲的目的。

演讲的目的就在于向听众传达一种思想、一种态度或者一种观点，并希望得到他们的认可和接受，从而达到鼓励人、教育人的目的。因此，领导者在做演讲的时候，要想让听众接受你的思想，就必须和听众在情感上产生互动，在思想和心理上产生共鸣。否则，如果只是领导者在讲台上滔滔不绝而不把听众放在心里，不顾听众的感受，那这样的演讲还有什么意义呢？

领导者在演讲的过程中要想与听众产生共鸣，产生互动，方法其实有很多。比如，可以寻找与听众之间的共同点，以拉近双方之间的距离。

英国前首相哈罗德·麦克米兰受邀到印第安纳州绿堡的德堡大学给毕业班的学生做一次演讲时，就是这样打开沟通的通道的。演讲开始时，哈罗德做了这样一个开场白：

"我很荣幸受到贵校的邀请,能来到德堡大学进行演讲,我感到很亲切。虽然我现在身为大英帝国的首相,但我想这恐怕不是我被邀请的主要原因。我的母亲出生于印第安纳州,我的父亲是德堡大学的第一届毕业生,所以,我与印第安纳州和德堡大学都有着密切的关系,我以能够受到这里的传统教育的熏陶而备感骄傲。"

哈罗德·麦克米兰用朴实、充满感情的语言打开了与听众交流的通道,说出了自己与听众之间千丝万缕的联系,必然使听众产生情感和心理上的共鸣,不但迅速地为自己赢得了友谊,更为演讲的成功奠定了基础。

然而,领导者演讲时要想与听众在一开始就产生共鸣、互动往往很难,除了发掘你与听众之间的共同点之外,还应针对听众的特征,仔细分析他们的兴趣所在,设计出符合他们口味的演讲风格,这样才能将自己的思想或观点有效传递给听众,达到演讲的目的。

那么,除了上述的"发掘你与听众之间的共同点"这一方法之外,还有哪些方法或技巧能够让领导者在演讲的时候与听众产生良好的互动和共鸣呢?下面总结了几个方法,希望领导者在演讲的实际过程中加以运用,更好地传达自己的观点或思想。

1. 告诉听众你要说什么

领导者在面对听众进行演讲时,应先设想他们要听你说些什么。领导作为演讲者,作为众人瞩目的中心,如果不能考虑到听众,而只是一味地以自我为中心,自己想说什么就说什么,那么你很快就会发现你面对的是一些烦躁不安的听众,他们对你的演讲会迅速地表现出不感兴趣或不满,也许会不时地左顾右盼。这样的反应对任何一位演讲者来说都是一种打击。

因此,领导者在开始演讲之前可以问问自己:"你所进行的演讲主题对听众有什么好处?能否帮助他们解决一些问题?"然后再开始讲给他们听,这样必然可以使他们做到聚精会神。比如,你是一位理财专家,你在一开始的时候可以这样说:"我现在可以告诉你们一个如何把100元变成1000元的方法。"不管怎么样,只要你把听众真正地放在心上,就一定能够在你的专业领域内找到对听众有帮助的话题。

2. 让听众参与演讲的过程

领导者在演讲时，如果能够借助一些小技巧让听众参与演讲的过程，是与他们产生互动和共鸣最好的方式之一。这样做的好处是使听众跟着你的思路去关注你的每一个词汇。

比如，你为了说明汽车在不同速度下紧急刹车后，还需多长时间才能停下来，这个时候你就可以邀请台前的一位或几位听众来帮助你共同完成这个实验。比如，你可以让听众当标杆，还可以让听众拿尺子来丈量距离……

如果能够让听众参与到你的演讲过程中，听众就变成了你的合作人而不是单纯的听众了。这样可以有效拉近你与听众之间的距离，让听众感觉他们也是"演讲者"，更容易产生亲切感，你的观点也就更容易被听众接受了。

3. 对听众表示赞赏

领导者在演讲时，如果能对听众做过的值得赞美的事情表示赞赏，他们就会获得心理上的极大满足，在心理上会主动拉近与你的关系，更容易接受你的观点或思想。

不过，领导者要记住的是，在说赞赏的话时要充满真诚。没有诚意的话语，只会让他们感到你很虚伪，会顿生反感。如果你真的不会说赞赏的话，那最好的办法就是不要开口，否则可能会因为赞赏不当而让人产生误解。

❀ 有力的收尾，让听者能够回味良久

演讲要有好的开头，同样离不开好的收尾。如果把整个演讲比作画龙，那么，好的收尾就是点睛之笔，能给人留下深刻的印象，让听者回味无穷。反之，如果整篇演讲都非常精彩，而到收尾的时候却啰唆一大堆没有实际意义的话，或是自谦一番，客套一番，这样无形中就会冲淡听众的感情，结果是演讲结束了，听众却什么都没记住，这无疑是一场失败的演讲。

戴尔·卡耐基说过："最后，也是最重要的。"下面介绍几种常见的演讲收尾方法：

1. 对整个演讲进行简单的总结

这种结尾方式要求简明扼要地对全篇进行总结,即使听众没有听到演讲的其他部分,也完全能够了解演讲者通篇讲话的大致内容,但是这种收尾要注意一点,一定要简明扼要,切不可啰里啰唆,让听众感到厌烦。

毛泽东《实践论》演讲的结尾就是对整个演讲很好的总结:"通过实践而发现真理,又通过实践而证实真理和发展真理。从感性认识而能动地发展到理性认识,又从理性认识而能动地指导革命实践,改造主观世界和客观世界。实践、认识、再实践、再认识,这种形式,循环往复以至无穷。而实践和认识之每一循环的内容,都比较地进到了高一级的程度。这就是辩证唯物主义的全部认识论,这就是辩证唯物论的知行统一观。"

2. 号召性收尾

这种收尾方式是经常见到的一种收尾,在整个演讲结束后,发出号召收拢全篇,它的优点在于鼓动性、号召性强,能够给听众极大的鼓舞和深刻的印象。

周恩来在《亚非会议全体会议上的补充发言》的结尾就属于号召性收尾:"十六亿亚非人民期待着我们会议的成功。全世界愿意和平的国家和人民期待着我们的会议能为扩大和平区域和建立集体和平有所贡献。让我们亚非国家团结起来,为亚非会议的成功而努力吧!"

3. 以幽默或名言收尾

在所有结尾方法中,幽默或者用名言结尾是最能被听众接受的了。幽默对于口才的重要性,我们已经说过了。演讲者如果能在收尾时充分、灵活地运用这种方法,将会起到画龙点睛的作用。另外,如果能够找到合适的名言或者诗句作为自己演讲的收尾,不仅能够表现你的个人独特风格,更能带给大家美的感受。

复旦大学四辩蒋昌健在 1995 年国际大专辩论会即有名的"狮城舌战"上,进行总结演讲时,就引用了顾城的名言,令无数听众拍手叫绝:"只有认识人性本恶,才能调动一切社会教化的手段来扬善避恶。光阴荏苒,逝者如斯,在物质和科学技术突飞猛进的同时,而人类的精神家园可谓是花果飘零。在这个时候，我们要警惕，人性本恶这个基本的命题。可喜的是，在东方的大地上，我们说传统文化的发扬光大，已经开始走向了新的春天。我们也相信，通过传统文化的精华，必将使人类从无节制的欲望中合理地扼制并加以引导，从他律走向自律，从执法走向立法，人类才可能挽狂澜于既倒，扶大厦于将倾。黑夜给了我黑色的眼睛，而我却要用它来寻找光明！"

4. 感情升华式的结尾

有的人误以为演讲和写文章一样，一定要有界限分明的开头，正文和收尾，其实对于演讲而言，不一定非得把结尾划出来，讲到高潮部分或者感情得到升华的时候戛然而止，有时更耐人寻味。

帕特里克·亨利，美国革命时期杰出的演说家和政治家。他的《不自由，毋宁死》脍炙人口的演说在美国革命文献史上占有特殊地位。而他的结尾就是到感情升华的时候戛然而止的。

在演说中，帕特里克·亨利以"我比任何人更钦佩刚刚在议会上发言的先生们的爱国精神和才能"开头，然后慢慢陈述他的观点，先是从事实出发说明求和不是出路，只有战争，反抗才能换来和平，然后再反对保守派提出的问题，感情一步一步升华，直到走向高潮："退路已经切断，除非甘受屈辱和奴役。囚禁我们的枷锁已经铸成。叮叮的镣铐声已经在波士顿草原上回响。战争已经无可避免——让它来吧！我重复一遍，先生，让它来吧！企图使事态得到缓和是徒劳的。各位先生可以高喊：和平！和平！但根本不存在和平。战斗实际上已经打响。从北方刮来的风暴将把武器的铿锵回响传到我们耳中。我们的弟兄已经奔赴战场！我们为什么还要站在这里袖手旁观呢？先生们想要做什么？他们会得到什么？难道生命就这么可贵，和平就这么甜蜜，竟值得以镣铐和奴役作为代价？全能的上帝啊，制止他们这样做吧！我不知道别人会如何行事；至于我，不自由，毋宁死！"

总之，领导者要注意演讲中的收尾，提升演讲效果，从而通过演讲增加下属对目标实现、事业成功的信赖，并由这种信赖而使下属感到精神振奋，并且愿意追随领导而行动。

❂即兴演讲,使用一些技巧

领导者在进行日常社交活动中,由于自己"领导"的身份,经常会被邀请做一些即兴演讲。所谓即兴演讲,多是指在毫无准备的情况下,被要求并且当众对某一话题发表自己的看法,或是在某一特定的语境中表达某种感情、某种愿望,是一种不凭借文稿来表情达意的口语交际活动。即兴演讲最大的特点就是事前毫无准备,随想随讲,根本没有思索的余地。因此,对于演讲者而言,即兴演讲不仅最能展示才华和风采,同样也最能暴露自己的弱点和短处。

即兴演讲对于一个善于言辞的"讲话高手"来说,自然是不成问题的。比如,伟大的领袖毛泽东。

1927年秋收起义失败后,毛泽东在文家市对打散后又重新集结的起义队伍做了一次朴素而又振奋人心的演讲:

"我们工农武装现在的力量还很小,就好比一块小石头;蒋介石反对派现在的力量还很大,就好比一口大水缸。但是,只要我们咬紧牙,挺过这一关,我们这块小石头就总有一天会打烂蒋介石这口大水缸!"

这篇即兴演讲使用了形象化的语言,哪怕下面的起义队伍没有什么文化,也便于他们很容易地接受和理解。因为这里的"小石头"和"大水缸"是出身工农的起义战士都熟悉的,这也是做好即兴演讲的技巧之一——善用比喻。由此可见,毛泽东在即兴演讲时对语言运用的绝妙之处。

即使你是一位缺乏辞令、害怕在众人面前讲话的"新人",那也不用紧张、回避,要敢于拿出你的全部热情和胆量来,然后针对不同的场合和听众,说出你的意见和真实情感。当然,前提是你要熟知即兴演讲的一些特点。

特点一:话题有限制

即兴演讲一般是对眼前情况的"临时发言",这就使话题的内容限制在一定的范围之内,并且有比较鲜明的针对性。这对于演讲者而言是个"福音",只要"就事论事"就可以了。

特点二：说话不能绕弯子

即兴演讲一般是在特定的地点、特定的时间内对现实话题所做的迅速反应。这一特点要求演讲者直截了当地陈述自己的观点或看法，不能说话一直绕弯子。

特点三：要根据话题而讲

即兴演讲主要靠"临场发挥"，但切记不能信口开河，要紧紧围绕上面提到的"话题"去讲，而不能跑题。

特点四：短小并言之有物

即兴演讲的篇幅通常都比较短小，以简明扼要来显示其力度。但是短小不代表言之无物，恰恰相反，它不但要言之有物，更要信息密度大。

这一特点就要求演讲者具备一定的自己所从事的专业知识，并能了解日常生活常识，比如大环境、形势、风土人情等。

不过，仅仅了解即兴演讲的特点，就想在做即兴演讲时出彩，那是远远不够的。下面总结了即兴演讲时的一些技巧，希望能为领导者在即兴演讲时提供借鉴。

1. 使用数字表达

在即兴演讲的时候，使用数字表达，不仅能使演讲表达准确、说服力强，还能使演讲显得精辟和清晰。

在一次纪念周总理的座谈会上，有一位代表这样讲道："总理身上有'六无'：一是死不留灰（骨灰），二是官而不显，三是生而无后，四是劳而无怨，五是去不留言，六是党而不私。"如此简洁、精辟的开场白，使全场代表都竖起了耳朵。接着这名代表围绕"六无"展开阐述。

这种用数字表达的技巧，尽管能为演讲增色不少，但也有要求：一是必须浓缩提炼，突出重点；二是必须整理分类，用数字串联内容。演讲者切忌信口胡说，一定要把材料分门别类，排定顺序，从而使演讲条理清晰，受听众欢迎。

2. 善用形象化的语言

一篇短小精悍的即兴演讲，其语言离不开形象化。因为形象化的语言更容易让听众接受。

比如，上面的一个关于毛泽东在秋收起义失败后的演讲，就是使用了"小石头"和"大水缸"这样形象化的语言，才更容易让工农兵们接受和理解。形象化的语言能够把问题解说得一目了然。

3. 多用风趣幽默的语言

除了肃穆庄严的重要会议之外，即兴演讲要尽量多地使用幽默风趣的语言，在谈笑声中阐述自己的观点或看法，不仅能够活跃现场气氛，还能缓解与会者的疲劳。

总之，即兴演讲的技巧有很多，上面只是列举了常用的三种。但是，领导者要明白，技巧固然重要，但是决定技巧的是领导者的心理素质和文化底蕴。因此，领导者只有不断地提高自身的综合素质，并能很好地掌握技巧，才能在即兴演讲时做到游刃有余。

第5章

树立威严,获取威信的领导口才

领导威信是检验现代企业领导称职与否的重要尺度,它反映了领导者在下属心目中的形象和分量,体现着下属对领导者的认可程度。领导者在下属中的威信是通过自己的言行而树立起来的。与下属谈话不能像朋友之间的聊天,想怎么说就怎么说,它是有一定技巧的。领导者说话有威信,下属就乐意接受他的指令,并认真执行,如果没有威信,就难以得到下属的尊敬和服从。

❀三思而后言,每一句话都要经过"过滤"

世界上任何一个人天生就有说话的能力,但并不见得每个人都会说话。也许有人会对此嗤之以鼻,反驳说,说话这么简单的事情谁不会?动动嘴就说出来了。其实,说话远远没有那么简单。

俗话说:"三思而后行"。意思是说,在做事之前一定要经过深思熟虑。实际上,不仅做事情要这样,说话更应该如此。说话之前也必须三思,如此才能确保说话的质量。"说出去的话,泼出去的水",一旦说错了话,那么就如泼出去的水,想收也收不回来了,只会对别人造成伤害或导致无法弥补的局面。

一项调查显示,在谈话过程中出现的失误,几乎有85%都是由于没有认真考虑造成的。比如,有的人喜欢跟人开玩笑,但却不能把握玩笑的"度",说话时往往不顾场合,不考虑对方的身份,结果造成十分尴尬的局面。这不仅影响自己的人际交往,对以后的事业、人生等也没有一点好处。

明朝开国皇帝朱元璋,出身贫寒。很小的时候就开始给别人家放牛,给有钱人家做短工,甚至最困难的时候为了吃饱肚子而出家当和尚、沿街乞讨。不过,就是这样一个人人都看不起的小人物,后来竟然建立了自己的国家。

朱元璋当上开国皇帝之后,有一天,他儿时的一位伙伴来求见,朱元璋也很想见见这位老朋友,不过又怕他当众说出他们那些不堪回首的经历。但犹豫再三之后,还是决定召见这位老朋友,他心想:总不能让别人说我现在富贵了就忘记了旧情。这个人一进大殿就跪下行礼,高呼万岁,还说道:"当年微臣随驾扫荡庐州府,打破瓦罐城。汤元帅在逃,拿住豆将军,红孩子当兵,多亏菜将军。"朱元璋见他对自己满是敬仰之情,且用词十分含蓄,又加上回忆起当年大家在一起有福同享、有难同当的情形,心里十分感动,于是就重重赏了这位老朋友。

很快,朱元璋不忘旧情、重赏老朋友的事情就被传得沸沸扬扬。朱元璋的另一位少年时的伙伴听到这件事情后，也想借此发一笔横财。于是，他也去求见朱元璋。他见到朱元璋高兴极了，就站在大殿上指手画脚地说："陛下您还记得小时候吗？当时咱俩都给有钱人家放牛，有一次，我俩把偷来的豆子放在瓦罐里煮着吃，可是还没有煮熟我俩就抢起来了，结果把瓦罐打破了，豆子撒了一地。你那时只顾抓地上的豆子吃，结果不小心把红草根卡在喉咙里，还是我帮着你解决了问题。"说完表现出一副得意的样子。

当着文武百官的面，朱元璋实在下不了台，他又气又恼，说道："这个人是从哪里来的疯子，满口胡说八道，来人，将他拉出去砍了。"

二人都是朱元璋儿时的朋友，讲的又都是儿时的经历，可为什么第一个朋友得到了重赏，而第二个朋友却因此被砍了头？究其原因，主要在于第一位朋友在说话的时候经过了深思熟虑，知道什么该说、什么不该说，他的话重点在于突出朱元璋当年的英勇和对自己的帮助，让身为皇帝的朱元璋听着顺耳，并且有面子；而第二个朋友却是将以前的事情当众直接说了出来，想到什么就说什么，想到哪儿说到哪儿，全然不顾及皇帝的感受，落个被砍头的下场也就见怪不怪了。

因此，领导说话前一定要三思，这样做不仅是对听者的一种尊重，也是对自己的一种保护。经过粉雕细琢的话，往往能为自己的形象和人格加分，同时也是为自己留下一条退路，即使沟通的过程不如自己想象的那样顺利，但最起码不会那么尴尬。

为什么有些领导说的话就入耳，让人听起来舒服；而有些领导说的话却像机关枪一样，让人听起来像吃了火药？很简单，前者说话经过了认真思考，而后者却没有。阿里巴巴的创始人马云说过这样一句话："傻瓜用嘴说话，聪明的人用脑子说话，智慧的人用心说话。"意思是说，只用嘴巴、不用脑子说出来的话是傻话，而聪明的人则经过大脑思考，用心说话则又上了一个层次。话说到这里，领导们应该知道该如何说话了吧？

✿ 凡事以事实例证为依据，话语更有信服力

领导者拥有好的口才固然重要，但说话办事切记要以理服人，而不是以

权服人,或以权压人。以理服人就是摆事实,讲道理,让下属从领导者讲的事实中领悟到道理,从而接受领导的建议,遵照领导的建议行事。领导者在劝导说理时要讲究以事实例证为依据,既不能讲空话、大话、套话,也不能像作报告那样"宽纵面,大纵深",而是要实实在在地论证说服。

在日常生活中,许多时候都离不开说服。比如,父母说服自己的子女学钢琴、学外语,老师说服学生少看电视,干部说服群众遵守制度,店里的售货员说服顾客购买商品等。说服别人转变原来的想法是有意义的,但也是不容易的。

领导者要想向下属证明自己的观点,就一定要学会用事实来说服下属。以理服人最重要的一点就是摆事实,出言有据,论证有力,道理很明白,对方的观点就会不攻自破。这个事实有可能是一些数据,也可能是一些已经发生的事情,还可能是来自行业的一个标准等,千万不要轻视这些事实,因为只有事实才最具说服力,才能让人把抽象的事物具体化,才能使对方从事实中感受到领导观点的可信度,从而彻彻底底地信服领导做出的决定。

在第二次世界大战中,有一位海军士兵被派往一艘油轮上执勤,跟他一同的还有他的一位战友。但是,当任务具体下达的时候,他们却表示不愿意接受这项任务。因为他们听说,在油轮上执勤,一旦油轮被敌军的鱼雷击中,大量汽油爆炸,顷刻之间就能把他们送上天。为此,他们感到十分恐慌。

下达命令的海军军官听说此事后,就找到了他们两个人,他向他们提供了一些准确的统计数字,指出被鱼雷击中的100艘油轮中,有60艘没有沉到海里。而在真正沉下去的40艘油轮中,只有5艘是在不到5分钟的时间内沉下去的。所以,他们有足够的时间跳下船。也就是说,死在船上的可能性很小。

这样一算,知道了这些平均数字之后,那两位海军士兵的恐慌一扫而光,于是,他们欣然接受了任务。

士兵们之所以最终能够接受任务,主要在于海军军官的说理方式,他以实实在在的事实为证据,而不是简单地讲大道理,空话或大话,最终才使那两位士兵信服。可见,用事实来支持观点,是一种最有力、最科学的说理方式，而准确的统计数字就更有权威性，能够让人深深的信服。

然而，现在企业中有很多领导者在说服下属的时候，往往忽略了以事实做依据或用事实说话，而是花很大精力向下属描述宏伟的蓝图，告诉他们能够获得多大的利益，又或者赞美前景是多么的美好……但是，无论你讲得如何天花乱坠，给出的理由如何多，都不一定能够说服下属。原因很简单，他们没有得到准确的信息，他们听到的都是大话、套话，甚至是空话。这样没有实际价值的话，自然不会让下属信服。

俗话说得好："有理胜三分"。事实胜于雄辩，"用事实说话"是说服对方最犀利、最有效的方法。因此，擅长用事实说话，是领导者说服下属时必须掌握的方法。

那么，"用事实说话"时应该注意哪些问题呢？下面总结了几条建议，希望能对领导者有所帮助。

1. 道理要讲清

领导者"用事实说话"的前提就是自己先要明理。在说服下属时，要清楚地阐述事件的理论依据，这些理论依据必须是对方理解的理论。讲清的过程是逻辑思辨的过程。说理时，哪些先讲，哪些后讲，哪些重点讲是关键。这些是为下一步的例证做准备。

2. 用事实说明或举例说明

领导者要举出大量的实例来证明你所阐述的理论是有根据的，当然，这些例子越现实越好。

在选择事实的时候最好具有典型性，因为只有典型的事例才能反映出事物的本质和规律，才有证明意义。

选择的事例还必须真实可靠。一旦你采用的事例被对方识破，那么，所有的事实都将成为怀疑的对象，就会因此失去说服的力量。另外，领导者在举例的时候语言应该简明扼要，将道理说清、说明白就可以了，切忌啰唆，画蛇添足。

❀利用权威效应，谈话更让人信服

所谓"权威效应"，指的是如果说话者地位高、有威信、受人敬重，那么他所说的话就容易引起他人的重视并相信其正确性。权威效应之所以普遍存在，主要有如下两个方面的原因：一个是人们具有安全心理，也就是说，人们总是觉得权威人物常常是正确的楷模，服从权威人物会让自己具有安全感，增加了不会出现错误的"保险系数"；二是人们都具有获得赞许的心理，人们总是觉得权威人物的要求常常与社会规范相一致，按他们的要求去做，就会获得各个方面的赞许与奖励。

在美国，一些心理学家做过这样一个试验：他们在给某一大学心理学系的学生们讲课的时候，给学生们介绍了一位从外校请来的德语老师，并对他们说这位老师是德国非常著名的化学家。上课的过程中，这位著名"化学家"煞有介事地拿出了一个里面装有蒸馏水的瓶子，并告诉学生，这是他最新发现的一种化学物质，有一些说不清的味道，让在座的每个学生闻到气味时就举手，结果大部分学生都举起了手。

为什么明明是没有气味的蒸馏水，却被大部分学生认为是有气味呢？其实这就是社会中存在的一种的普遍心理现象，即"权威效应"。

在现实生活中，利用"权威效应"的例子还有很多：比如，做广告时请权威人物赞誉某种产品，辩论说理时引用权威人物的话作为论据等。在人际交往中，利用"权威效应"，有时还能引导或改变对方的态度和行为。作为一名管理人员，就该树立起自己的威信，该严肃时就必须严肃。当你的下属犯了错误之后就必须得到相应的惩罚。否则，你的训话就会被他们视为儿戏，你这样的管理者就是不合格的。

举世闻名的航海家麦哲伦完成了环球一周的壮举，从而证明了地球是圆的，改变了人们一直以来的天圆地方的观念。而他的成功正是因为得到了西班牙国王卡洛尔罗斯的大力支持，那么，麦哲伦在当时是怎样说服国王赞助并支持自己的航海事业的呢？原来，麦哲伦利用了"权威效应"，请了当时著名的地理学家路易·帕雷伊洛陪同自己去劝说国王。

那个时候，由于受到哥伦布航海成功的影响，很多骗子都想打着航海的招牌来骗取皇室的信任，从而为自己骗取金钱，因此，国王对一般的所谓航海家都持怀疑态度。而和麦哲伦同行的帕雷伊洛却久负盛名，是人们公认的地理学界的权威，因此，国王不但不怀疑他，反而非常信任他。

由于这种心理作用的驱使，帕雷伊洛给国王历数了麦哲伦环球航海的必要性与各种好处后，国王心悦诚服地同意支持麦哲伦的航海计划。也正是因为权威效应的作用，才促成了这一举世闻名的成就。但事实上，在麦哲伦环球航海结束之后，人们发现，那时的帕雷伊洛对世界地理的某些认识是不全面甚至是错误的，得出的某些计算结果也与事实有偏差。

从这个例子中，我们不难看出，在谈话中要想让别人支持自己的观点，恰当地利用权威效应，不仅可以节省很多精力，还会收到非常好的效果。在企业的日常经营与管理中，领导的工作其实就是一个发挥自身威信产生力量的工作，一个善于树立威信的领导往往容易受大家的欢迎和认可，也会给企业创造优良的业绩。而一个威信不高的领导，开展工作就如逆水行舟，时常会遇到人为的阻力和压力，经常会陷入说话没人听的尴尬境地。

那么，如何利用权威效应让人信服自己所说的话呢？

1. 说话要言简意赅

如果你平时注意观察就会发现，一个真正有权威的领导往往都注重总结，而那些地位稍微低一些的领导才会和自己的下属唠唠叨叨。所以，要树立自己的威信就要做到言简意赅。

2. 最后出场讲话

"重点置之于后"的心理，中国人最具有代表性。说话时，越将重点放在后面，越能显示说话的重要性，同样，开会时，官阶越高的人越后到。

3. 说话要有自己的风格

要想让别人时刻不忘自己，就要有自己的特色，做到最优秀很难，但是做到拥有自己的风格则比较容易。作为领导，应该在说话时，为自己树立一个独特的商标，让大家很容易认出是你，比如，加入一些比较有独特风格的

"句式、口头语等"。

✿ 配合适当的眼神，获取听者的信任

人们用嘴巴说话，用眼睛视物，这也许是我们了解它们的最基本的用途。其实，眼神也可以达到交流的目的。美国19世纪著名的哲学家劳夫·沃尔多·爱默生曾说："人的眼睛和舌头说的话一样多，不需要字典，却能从眼睛的语言中了解整个世界。"确实，眼神这种看起来悄无声息的交流却是可以直达人心，也是在交流的过程中不可或缺的。心理学家通过研究发现，在交流中，语言所占比重为7%，声调占了37%，而眼神和肢体动作所占的比重却高达56%，其中，眼神是最重要的交流工具。

荣获第21届美国夏威夷国际电影节最佳影片大奖的中国电影《紫日》，里面的三位主人公杨玉福（中国人）、秋叶子（日本人）、娜加（俄罗斯人）就充分运用了眼神的交流。三位主人公因为来自不同的国家而语言不通，但是即使不能用语言交流，他们最终却用眼神的交流，达到了与语言交流同样的目的。

当秋叶子与她的同学在草屋里被发现时，眼神满是惊慌，还噙着泪水。同学自杀后，她的眼中除了惊慌，更多的是恐惧和愤怒。当杨玉福发现秋叶子是日本人，想到自己的母亲被日本人残酷地杀害时，就目不转睛地瞪着她，仇恨就像一把利刃从眼中迸射出来，想杀死秋叶子。当音乐盒清脆的声音使原本僵持的局面变得缓和后，杨玉福眼里又流露出同情的神色，当他和娜加对视的一刹那，娜加仿佛一下子明白了他的意思，便阻止同伴杀掉秋叶子。

当他们走出雷区后，娜加的眼神告诉杨玉福杀掉秋叶子。当杨玉福举着刀慢步走向秋叶子时，年轻的秋叶子眼神中流露出恐惧和乞求，使杨玉福犹豫了起来，一切思想活动都表现在眼中。结果杨玉福只是割断了捆绑她的绳子，而此时的秋叶子眼中则多了一份信赖。

最后，在大兴安岭发生火灾，危难就要发生的千钧一刻，秋叶子用一种自信的眼神希望大家相信自己，用了一种常人认为冒险的方法救了众人。

当他们一个个从趴着到站起来，用一种探求的目光看到其他人之后，又

欣喜地笑了。是秋叶子把他们从死神手里拉了回来，娜加也不再用仇恨的目光看秋叶子了。所有人的眼神中都充满了真诚和感谢。

而在这一系列的活动中，眼神架起了他们沟通的桥梁，也使大家的关系发生了微妙的变化。在电影中眼神成为一种无声的交流工具，但是交流却又是畅通无阻的。这就是眼神交流的力量。

由此可见，眼神是最具表现力的体态语，能传递丰富的信息和情感。因此，领导在与下属的交流过程中，除了要学会运用"有声语言"外，还要在说话的时候配合适当的眼神，学会运用眼神的力量。只有这样，才能够更多地获取下属的信任。

既然眼神在交流沟通中有如此重要的作用，那么，领导就要学会善于运用眼神。下面是运用眼神的一些技巧，希望能在实际的交流中对领导们有所帮助。

1. 注意视线接触对方的时间

在谈话交流时，要注意视线接触对方的时间。

比如，不能直视或长时间地凝视对方，这是一种不礼貌或挑衅的行为；如果交谈时，完全不看对方，会被别人认为你很傲慢、自高自大，或者企图掩盖什么，比如慌张、空虚等。

2. 注意视线停留的部位

在沟通交流中，运用眼神要注意根据关系亲密程度来确定视线停留的部位，也可以依据语境、场合来确定。

比如，领导找下属谈话，运用严肃注视，即视线停留在对方前额的一个假定的三角形区域；朋友间的谈话，则使用亲密注视，即视线停留在两眼与胸部之间的三角形区域。

3. 注意眼神的变化

眼神的变化能够准确地传递某种信息。

不同的视觉方向表达不同的含义，比如仰视表示思索，俯视表示忧伤，正视表示庄重，斜视表示蔑视等。

另外，眼神的变化要自如协调，要与有声语言有机地结合在一起，不能只顾眼神，不顾其他或两者分离。眼神的变化要与其他的表情动作协调一致，成为一个有机的整体。眼神变化后，即完成了一个意思的表达，之后要马上恢复正常，否则就会产生词不达意的后果。

❀ 真诚的微笑，更易获取下属的认同

"笑"是人类表情达意最基本的方式之一，也是言谈交流中有力的工具。笑，能传递快乐；笑，能打破僵局。相比较而言，会笑的人在社会交往中比那些严肃的人具有更大的优势，更有利于促进人际关系的和谐和增进朋友之间的友谊。

在笑的范畴中，人们最推崇的就是微笑。微笑是最重要的一种表情语言。微笑具有强化有声语言沟通功能，增强交际效果，改善形象，拉近距离等多方面微妙、奇特的作用。

美国著名的"旅馆大王"希尔顿就是靠微笑发了大财的。

希尔顿在一次新旅馆营业员工大会上问大家："现在我们旅馆新添了一流的设备，你们觉得还应该配上哪些一流的东西，才能使顾客更喜欢希尔顿旅馆呢？"员工们很快就提出了自己的意见，但希尔顿并不满意，他说："你们想想，如果旅馆只有一流的设备，而没有一流服务员的微笑，顾客会认为我们提供了他们最喜欢的全部东西么？如果缺少服务员的美好微笑，能使我们的上帝有回家的感觉吗？"

稍停片刻，希尔顿接着说："我宁愿走进一家设备简陋而到处充满服务员微笑的旅馆，也不愿去一家装饰富丽堂皇但不见微笑的旅馆。"正是这微笑，让希尔顿旅馆赢得了大量的顾客，给希尔顿带来了信誉和成功。

的确，微笑是人际沟通的通行证。微笑能给人以温暖，令人愉悦和舒畅。微笑还能让你更有亲和力。曾创下世界寿险推销记录20年未被打破的"推销之神"原一平，就凭借"微笑"给自己赢得了大量的客户和巨大的荣誉。

原一平进入寿险公司后，一连跑了好几个月都没有什么成绩。他仔细分析了情况之后，明白：在面对陌生人的时候，要想让他心甘情愿地掏钱来

买保险，就应该想方设法让顾客信任你，让你更有亲和力。只有具备了这样的前提，你才能有机会向他们介绍你的保险，并被大家了解和接受。

但是如何才能给客户以亲切的感觉呢？原一平决定从改变自己的言谈举止、穿着打扮、表情开始。为此，他专门买了一套二手西装。当他穿上西装去拜访客户的时候，发现自己的表情不够好，成了唯一的不足。为了达到良好的效果，他每天回家都要对着镜子练习三个小时的微笑。"功夫不负有心人"，当可以自然而恰到好处地微笑时，他发现人们对他的态度有了很大的改变，因为没有谁会拒绝一张真诚的笑脸。

就这样，没过多久，他的销售业绩慢慢地赶了上来。最后，他的业绩终于成了公司的第一名。他觉得这些成绩都得益于微笑的力量。而后来，他也因为微笑被评为世界上最有亲和力的推销员之一。

微笑富有魅力，微笑招人喜爱。英国诗人雪莱说："微笑，实在是仁爱的象征，快乐的源泉，亲近别人的媒介。有了笑，人类的感情就沟通了。"确实，微笑可以缩短人与人之间的距离，化解令人尴尬的僵局，是沟通彼此心灵的渠道，使人产生一种安全感、亲切感、愉快感。当你向别人微笑时，实际上就是以巧妙、含蓄的方式告诉他，你喜欢他，你尊重他，这样，你也就容易博得别人的尊重和喜爱，赢得别人的信任。

微笑既然有如此的魔力，那么是不是所有的微笑都有这样的魔力呢？答案是否定的，只有真诚的、发自内心的微笑才具有如此的力量。真诚的微笑是一片诚心的体现，也只有真诚的微笑才能化解人与人之间的隔阂，拉近人与人之间的距离，让你变得更亲切。

不过，微笑看似简单，但是要想把握得恰到好处，也不是一件容易的事情。微笑把握得不到位，经常会出现这样一些问题：笑过了头，嘴巴咧开得太大，给人一种傻乎乎的感觉；还有就是皮笑肉不笑，让人看上去觉得很不舒服。那么，要解决这些问题，改掉这些毛病，领导们需要如何做呢？下面有两条建议，有助于领导者在微笑时做到恰到好处。

1. 端正态度

如果你在谈话时能够以完全平等的态度对待对方，尊重对方的感情、人格和自尊心,那么,你的微笑就是真诚的、发自内心的、美丽的,就具有强大的凝聚力、感染力和亲和力。否则,你的微笑就是虚假的、丑陋的,你得到的也只能是逆反心理和离心力。

因此,只有说话人的基本态度改正了,"皮笑肉不笑"的问题才能迎刃而解。

2. 掌握微笑时的动作要领和方法

微笑时,口腔打开到不露或刚露齿缝的程度,嘴唇呈扁形,嘴角微微上翘。

领导在与下属说话的同时,配合真诚的微笑,不但可以增加语言的魅力,还能够拉近与下属之间的距离,增加自己的亲和力,更能得到下属的认同。

✿ 巧用手势语,增加言谈的力度

有研究表明,一个人的信息表达是由 7% 的语言 + 37% 的声音 + 56% 的态势语言组成的。由此可见,"身体语言"对信息的传递起着至关重要的作用。人与人交流时,如果只是单纯地动"嘴"不动"手",就会使语言显得苍白且没有力度。因此,要想让自己的谈话有吸引力且富有力量,就要在说话的同时多借助手势语言,来达到表情达意的目的。

2000 多年前,在远征途中,因为断水,马其顿全军面临崩溃的危急形势。亚历山大国王在战马上做鼓动演说:"勇敢的将士们,我们只要勇敢前进,就一定会找到水的。"只见他右臂向正上方高高举起,张开五指,而后迅速有力地挥下,使人有无可置疑之感。讲到"壮士们,勇敢前进吧!"他右手平肩往后收回,然后迅速有力地将五指分开的手掌猛地推向前方,形成一种锐不可当、所向无敌的坚定气势。

伟大的无产阶级革命家、政治家列宁经常用左手大拇指横插于坎肩,右手做有力的挥动手势。以右手坚定地挥向前方,身体向前倾,构成了一种独特的姿态。

由此可见,恰当的手势语不但对表达情感有所帮助,而且它还有很大的"包容量",这种"无声"的语言比"有声"的语言更加有力量。在交谈时,必要的手势语能增强讲话的效果，还能引起听者对讲话者所说词句的重视。运用手势语，更能使讲话者自己感到振奋。

当然，并不是在所有的场合都能够随心所欲地运用手势语。领导们在运用手势语的时候也要看场合、看事情，特别是单独与某位下属交谈时，不要过多地运用夸张、动作幅度比较大的手势语，否则会适得其反，对方会因你不合时宜的态势而否定你的谈话内容。因此，领导们要善用手势语，用得恰到好处，才能为语言增添魅力。

领导在运用手势语时要注意以下几点：

1. 手势语不能乱用、误用

在交谈的时候，适度地运用手势语能够为你的谈话增添魅力，但是要切记手势语不能乱用、误用，更不能在与人交谈时做出一些不雅、不友好的手势动作。

有一次，美国前总统门罗在招待外国外交官时，法国的一名外长就被安排在了英国外交大臣沃恩的对面。沃恩很快就发现，自己每讲一句话，那名法国外长都要咬一下大拇指。沃恩越来越气，最后忍无可忍地问对方："你在对我咬手指？""是的。"话还没有说完，双方就准备大打出手，幸好门罗总统及时挡在了二人的中间，才避免了一场恶斗。

2. 运用手势语要看场合

根据不同的场合运用不同的手势语，才能给人留下良好的印象。

比如，在长辈或上级面前讲话，应该少用甚至不用手势语，否则，会给长辈或上级留下"此人爱指手画脚，不够稳重"的印象。再如，在庄严的场合和比较和谐的气氛里，直接伸食指对着别人是非常不礼貌、不道德的，这时应该五指并排，以手掌做指示。

3. 运用手势语要讲究频率和幅度

"凡事皆有度"，运用手势语自然也不例外。在交谈中，手势语使用得太少、幅度太小，自然起不到作用，反而给人一种拘谨、不够大气的感觉。

但是，手势语如果使用得过于频繁并且幅度过大，就会给人留下缺乏涵养、不文雅的印象。

以下是几种手势语的类型,领导者应该掌握并加以灵活运用:

1. 象征手势

象征手势主要表示较为复杂的情感和比较抽象的概念,有特定的所指,又带有一定的普遍性。

比如,将大拇指和食指构成一个圆圈,其余三指伸直张开,象征良好、顺利、赞赏;再如,握拳伸出右手的食指和中指构成"V"字形,用来象征胜利,因为"V"是英语中'胜利'一词的第一个字母。

象征手势能创造出一种有激情的语言环境,使听众产生共鸣。

2. 指示手势

指示手势常用来指明谈论的具体对象,如指明不同的人称、方位、数目、事物等。

指示手势只适用于在谈话时视力可及的范围,如在场的人或物,有时虽离得较远,但也应能弄清楚大概方向。

另外,在运用这一手势时,不应该总是指着对方点点戳戳,如果说话的语气加重,就更是失礼的表现,严重时会引起冲突。

3. 情感手势

情感手势是用来表达说话人某种情感、意向或态度的手势。

比如,挥舞拳头表示愤怒,抚摸鼻子表示犹豫,捶打胸脯表示悲恸,敲打前额表示悔恨。这些手势语的运用应伴随着表达内容的内在感情基调自然地流露,才能使对方加以理解。

总之,手势语没有固定的模式,没有规定的角度,不受外在条件的限制,领导可以在谈话的时候根据实际需要自由运用、自由发挥,借此来增加语言的魅力、增加言谈的可信度。

❖ 以身作则,谈话要以自己作为例证

"人无完人",没有哪个下属是十全十美的。而作为领导,就要帮助他们改进不足之处。不过,下属们的"不足之处"虽然不是什么了不起的大事,但

想要轻易地说服他们也很难。当然，如果领导们的方法得当，说服他们也不是难事。

然而，很多领导在说服下属时都用这样的方法：在和下属进行交谈时总喜欢讲很多大道理，或者用墙上的公司制度来约束下属。虽然这样的谈话不会让下属感到反感，但是也很少有下属能够真正听进去，更别说理解或按照要求去做了。为什么会出现这样的结果？究其原因，主要是大道理和墙上的制度很空洞，不管领导者的口才多好，说得多么精彩，也总会缺乏足够的感染力。

不过，也有很多优秀的领导，他们在和下属交谈时，往往抛开空洞乏味的大道理，选择"现身说法"的形式，大大加强了谈话的魅力。

所谓的"现身说法"，就是用自己的经历为例证，对他人进行说服或劝导。"现身说法"对消除人与人之间的分歧，统一认识，具有积极的作用。

在美国著名大学麻省理工学院的一次校内集会上，学院校长头戴方帽，身着礼服，面容严肃地登上讲台就开始讲话。出人意料的是，他刚讲了几句开场白就停住了，从身上的口袋里掏出了一个便签本写着什么，随后又把便签本丢在地上。然后又拿出来一根香蕉，剥了皮就吃，香蕉皮顺手就扔在了地上。接着又不断地掏出花生、糖果吃，最后更令人大跌眼镜的是他竟然把口香糖的渣子吐到了讲台上。

麻省理工的学生个个都是精英，虽然他们平时都不太注意这方面的行为，可是他们还是第一次看到如此行事的校长，一时间交头接耳，议论纷纷。

校长直到讲台下这些精英们再也看不下去的时候才停止了这些行为，然后说："同学们，大概你们已经看清楚了，什么叫做缺乏公德！我们的校园里是不是有这样的行为？我们应不应该马上改正？好了，从现在开始，让我们共同维护校园的整洁吧！"

校长说完，马上把自己的这番表演所造成的损失弥补了回来。从此以后，麻省校园里渐渐地变得整洁了起来。

可见，在恰当的时候运用"现身说法"的方式，比单纯地讲大道理的效果好得多。

但是,不是对什么事情都可以用现身说法的。领导在运用这一技巧时要注意以下几点:

1.所讲的自身经历要真实

领导谈话时,讲出来的自身经历必须真实可信,切记不能胡编乱造,无中生有。否则,就失去了说服下属的前提和力量。

2.以眼前的问题为出发点来讲经历

"现身说法"主要是为了解决眼前问题而举证,所以,它又不同于一般的说经历、拉闲话。因此,讲什么经历,怎么讲,都要根据眼前的问题而定,也就是说,要以眼前的问题为出发点来讲经历。现身说法的目的是用过去的事实来论证现时的问题,因此,讲出来的经历一定要与现时的问题有可比性。因为,只有两者之间可比,现身说法才有意义,才易于由彼及此,引起人们的思索和联想,诱发其内心斗争,进而产生呼应和共鸣,最终形成认识上的沟通。

如果所讲经历与待解决的问题没有多少联系,那就难以形成比较、联想和推理的过程。自然也就谈不上有说服力了。

3.自身经历与表达的观点要结合

领导在运用现身说法时,一定要记住,你讲出的经历必须紧紧围绕你的观点展开,以理论理。

比如,有的领导经历很丰富,在运用现身说法时,就要根据自己的观点,来选择合适的、匹配的经历说服下属。哪怕你的一些经历在你的人生中具有再重大的作用,但是跟你现时讨论的问题无关,就不适合拿来作为论证的例子。只有把最具说服力、又能与正在讨论的问题相结合的事情作为现身说法的例证,才有助于引发对方认识上的变化,最终产生说服效果。

综上所述,领导在说服下属时,不能总是拿"空洞的大道理"说服人,更不能总是拿公司的制度或条条框框来"压人",而应该更多地以自身经历为依据,"现身说法",只有这样才能增加语言的说服力。

第6章

了解有方,窥探到下属内心的问话术

领导威信是检验现代企业领导称职与否的重要尺度,它反映了领导者在下属心目中的形象和分量,体现着下属对领导者的认可程度。领导者在下属中的威信是通过自己的言行而树立起来的。与下属谈话不能像朋友之间的聊天,想怎么说就怎么说,它是有一定技巧的。领导者说话有威信,下属就乐意接受他的指令,并认真执行,如果没有威信,就难以得到下属的尊敬和服从。

✿消灭官僚主义，让下属有说话的机会

如何与下属进行有效的沟通，已成为现代企业领导必须面对的问题。很多事实证明，领导要想带领企业发展，就应集思广益，与员工进行流畅的沟通。只有领导和员工拧成一股绳，企业才能发展得更好。

然而，现如今，在很多企业里，能够真正坐下来听取下属意见的领导已经难得一见，很多领导根本不愿意给下属说话的机会，即使对方是向自己反映有助于企业发展的建议，他们也会找借口说"没有时间"或者"我很忙"等来搪塞，即使勉强坐下来听下属说话，他们也是心不在焉，要么根本不听，要么就是下属还没有表达完自己的意见就被他们打断，没有一丝诚意。

其实，这是沟通上的一个误区，很多领导由于受到官僚主义的影响，高高在上，很少听下属的意见，结果导致和下属沟通的渠道被有着浓厚官僚主义作风的领导堵塞了。

要知道，沟通是一个双向交流的过程。在一个公司里，作为管理者可以不同意下属们的建议或意见，但是不能剥夺他们说话、表达意见的权利，这是最起码的准则，也是沟通的基础。然而，很多领导做不到这一点，他们只热衷于表达自己的观点，很少或压根就不给下属说话的机会，这样，自然就达不到沟通的目的。下面这则故事里的处长就是有着典型官僚主义作风的领导的代表。

老王再过三个月就要退休了，这一天来找处长商量一些事情。可处长不在，秘书就安排老王在办公室等一会儿。没有想到的是，处长办公室办公桌的玻璃突然碎了，恰巧这时处长走了进来。处长见此情形，不问情由地就把老王训斥了一顿，说他不爱护公共财产。处长没有给老王解释的机会。老王后来想了想，算了，认倒霉吧。于是，就把自己办公桌的玻璃换给了处长，自己把坏的粘好继续使用。

又隔了几天，处长检查卫生时，看到老王桌上的烂玻璃，老王还没有张嘴，处长就批了老王一顿，说他故意破坏公物。老王气得浑身发抖，但是处长就是不给他解释的机会。

第二天，老王自掏腰包上街买了一块新的玻璃，把自己桌上的那块烂玻璃换了下来，但是老王舍不得扔掉那块烂玻璃，于是，下班后就准备把那块烂玻璃提回家。刚走到单位门口，处长的车迎面开了过来。处长看到手上拎着玻璃的老王，立即跳下车，怒气冲冲，指着玻璃把老王狠狠骂了一顿，根本不容老王说一句话。处长的训斥从行为到思想，还上升到政治的高度，最后说："老王，你明天不用来上班了，在家写检查。什么时候有了深刻的认识，什么时候再回来上班，这段时间没有工资、没有奖金。"

这时正值下班的高峰期，很多员工和路上的行人都过来围观。老王一辈子本本分分，在单位工作了将近40年，何时拿过单位的一针一线？此时哪受得了这气，再加上老王的年龄稍大，一激动，心脏病就犯了，立刻被周围的同事送进了医院。

后来，单位的一些领导去医院看望他，老王只是颤颤巍巍地拿笔在纸上写了一句话："给我说话的机会。"

从这个故事里不难看出，之所以出现后来的结果，主要是处长与老王缺乏有效的沟通。不是老王不去沟通，而是有着浓厚官僚主义作风的处长不给他机会，这也是老王最后写下那句话的原因。

对于现在的企业来讲，员工的创造力和知识能力已经成为企业最重要的财富，是企业立足市场的根本。特别是对于那些有着自己独特的个性和思维方式的知识性员工，他们的思维、创意是企业竞争力的来源。企业要想有更好的发展，就要重视这些员工，吸取和发掘他们的思维和创意，但是，这所有的一切都要建立在良好沟通的基础上。而作为企业领导，由于受官僚主义的影响，连说话的机会都不给员工，那么这种沟通更是无从谈起。

企业里的很多员工，他们的生存需要已经得到了满足，更加注重的是自己的能力能否得到肯定和尊重，自己的人生价值能否很好实现。所以说，企业的领导们只有接近他们，关心他们的需要，肯定他们的价值，才能和员工建立起和谐的关系，也才能够使企业内部安定团结，更能使企业得到长足的发展。

在《管理未来》一书中,彼得·杜拉克大声疾呼:"走进群众,发掘他们的问题。这是最好的领导。"因此,作为公司领导,在日常管理中,一定要消灭官僚主义,给予下属说话、表达意见的机会。不能任凭你一个人在说,而下属只配做听众。

❀ 正面刺激,让闷葫芦型的下属开口

现实中,爱说话的人很多。但是,也有一部分人,由于性格内向或其他一些原因,很少开口说话。那么,遇到这种类型的人,采取何种方式才能引导他们跟你互动交流呢?下面看看王鹏是怎么做的:

王鹏在沈阳工作,有一次坐火车去长沙出差。在火车上王鹏觉得很无聊,就想找个人聊聊天,借此来打发时间。他看到坐在旁边的一位看上去很有趣的乘客,于是,就走上前搭讪:

"打搅一下,你有指甲刀吗?"

可对方一句话也不说,只是从挎包里拿出一串钥匙,卸下指甲刀递给了他。王鹏接过指甲刀,说了声"谢谢",就假装剪指甲,心里想:看着挺有趣的一人,原来是个"闷瓜"。

于是,王鹏继续说:"这么长的一段路程,真是无聊啊。你有同感吗?"

对方说:"嗯,有。"他附和着,但还是不愿多说一句话。

"不过,看外面的天气倒是蛮好的,阳光这么充足,此时要是躺在家里看球,那真的很爽啊!"王鹏接着说。

那位坐在旁边的旅客坐直了身体,眼光从他手中的书上移向了王鹏。

"你也喜欢看球?足球还是篮球?"他问。

"当然是篮球了,中国足球那么烂,谁看啊,哈哈哈。"王鹏笑着回答,"我特别喜欢NBA,我最喜欢洛杉矶湖人队。"

"真的?你也喜欢湖人队啊。真是巧了,我也是湖人队的球迷啊!那你觉得他们今年能夺冠军吗?"那位旅客激动地说。

"我当然希望湖人队夺冠了,但是我觉得今年的形势对他们不利,随着

个别球队的崛起,加上湖人队的几个主力相继受伤,不容乐观啊!"

"是啊,我也是这么看的。不过,如果湖人的当家球星科比能超常发挥,还有拜纳姆最近强势的崛起,说不定还能再度问鼎呢! 那你看好哪个队夺冠?"那位旅客十分同意王鹏的分析,不住地点着头。

……王鹏继续跟他聊着。

这位刚才还属"闷瓜"的旅客,经过王鹏一番刺激,终于激起聊天的兴致,王鹏心里乐开了花:有这样一个"聊友",漫漫旅途不会寂寞了啊!

王鹏的这段经历告诉人们,并不是所有的人都是善谈的,在现实中也有很多沉默寡言的人。这些沉默寡言的人在现实中被人戏称为"闷葫芦"。他们不是没有谈话的欲望,只是害羞或是不知从何说起而已。王鹏告诉我们,遇到这种人,只要不断地找话题,不停地刺激他们,就算是再闷的"闷葫芦",也会开口说话的。

很显然,领导们的下属不可能全是能说会道的人,也有这种"闷葫芦"式的员工。那么,在日常交往中,领导们要想了解这些人的想法或心思,究竟应该采取何种方式才能激发或鼓励他们说话呢? 下面总结了几条关于这方面的小技巧,以供领导们参考。

1. 直接提问题

面对少言寡语的下属,要明白他们的心理:他们一向惜字如金,经常会说"是"、"不是"这样的话。因此,作为领导,不能排斥他们的这个特点,应该加以利用。在跟这些人交谈时,应该直截了当地提出只需要回答一两句话就直击要害的问题,或是更简单一些,只需要回答"是"或"不是"的问题。

2. 多说赞美的话

领导们可以跟不爱说话的下属多说一些赞美的话,让他们明白,即使他们不爱说话,自己仍然很欣赏他,并感谢他对公司做出的贡献。赞美之后,再让他们表达对某一件事情的看法或观点。

世界上没有哪一个人不喜欢听赞美的话。即使不爱说话的人也不例外,他们听了你的赞美之词,同样会心花怒放,主动开口说话。

3. 及时做出反馈

要想让已开口说话的下属继续讲话，就应该适时说一些鼓励他们的话，让他们有信心继续讲下去。比如，你可以对他们说："你说的东西很重要"、"你说的细节非常好"。这些都是鼓励的话，领导们可以适具体情况做具体分析。

另外，领导还应该使用一些下属看得见的身体动作来给讲话者积极的反馈。比如，同意时点点头，赞许时微笑一下等。

4. 别打断，更别插嘴

如果你已经让你的"闷葫芦"型下属开了口，还想让他们继续说下去的话，这时你就要把嘴巴闭上。中途不要随便插话，更不要打断他们的谈话。因为，如果你中途插嘴，陈述自己的观点，就会使他们有借口停止说话。即使你有更好的见解要表达，也要等他们说完。

❀ 不当"话霸"，会说更要会听

很多领导在与人交谈的时候，总有这样的事情发生：他们顾不上听别人说了一些什么，就匆匆忙忙地打断别人的谈话；或者即便在听别人说话，也是心不在焉；或者滔滔不绝，自说自话……这一切只说明了一件事情：这些领导只喜欢"说话"，却并不喜欢"听话"，也就是说，这些领导说的能力很强，而听的能力却很差。

的确，上面那些领导"只说不听"的交谈方式是被很多人所讨厌的。这就是人们常说的"话霸"，爱说不爱听。如果领导用这样的方式跟下属交谈，那么，结果会很明显，要么下属从头到尾保持沉默，要么就是为了照顾领导的面子，用"嗯"、"哦"的话敷衍，并且心里极度反感。所以，领导在说的同时，还要注意听，要适当地把话语权交给别人。

下面，就来看一则有关"听"的重要性的小故事。

李倩是某公司的总经理秘书，有一天，她接到通知，说总公司领导第二天到他们公司进行巡查。由于当时总经理不在，李倩便准备自己拟定一套接待方案,等总经理回来再向他汇报。等总经理回来后,李倩就拿着准备好的接待方案向他汇报。在汇报的过程中,总经理什么也没有说,只是不停地点头。李倩心想:总经理点头就表示同意了这套方案。于是,她走出办公室后,就把自己的这套方案交给相关部门,让他们照着去执行。

可是,等总公司巡查组的人员走了以后,总经理对这套接待方案非常不满,不但严厉批评了李倩,还警告她下次不要再自作主张,他才是总经理。后来,经过李倩的解释,总经理还是没有想起来。原来,在李倩向他汇报这个方案的时候,他根本就没有听,而是自顾自地想事情。

还有一次,李倩去向总经理汇报公司这个季度的销售情况。她在汇报的时候,还特意对总经理说,销售部门综合了一下意见,大家一致觉得公司在下一季度甚至下下季度应该在开辟市场上多下工夫,否则很有可能被竞争对手挤出市场。李倩说完之后,却发现总经理没有任何反应,跟上次不同,上次最起码还不住地点头。原来,总经理看似在认真地听李倩汇告,其实心里想的却是如何降低公司运营的成本,如何减少公司的日常支出。李倩很失望,就再也不提这件事情了。而总经理没有认真听李倩的汇报,看她走出了办公室,估计也没什么重要事情,就没有叫住李倩。

时间又过了将近半年,公司由于在这半年内没有开拓市场,自己公司的产品隐隐有被挤出市场的趋势,总经理就赶紧询问了具体情况,但为时已晚。

从上面这则故事中可以看出,倾听对于领导来说是多么重要。

在现实中,很多领导都很重视"说"的能力,却忽视了"听"的重要性。俗话说:"会说的不如会听的"。领导者拥有一副能说会道的好口才固然是好事,但是如果能在锻炼好口才的同时,去注重培养一下自己的"听"力,那更是锦上添花的事情。

"会听"能给伶牙俐齿的领导带来很多的好处。比如,在跟下属交流沟通的过程中,"会听"能给下属留下深藏不露,沉稳含蓄的好印象;"会听"还可以给你带来好人缘,因为下属在与你交流沟通时,感觉到了你对他的尊重。久而久之,自然就会在你需要时站出来拥护你;"会听"更可以让你及时了解"民意",有助于你更好地管理企业。

既然"听"是如此的重要,还能给领导带来如此多的好处,那么,究竟怎样才能成为一个"听话"的高手呢?下面总结了几条听别人讲话时要遵循的原则,希望领导们在实际"听"的过程中能够遵守。

1. 不要让个人的喜好支配自己

有时候,领导会因为不太喜欢讲话者的声音,或者讨厌讲话者的表达方式就不去仔细倾听,这些个人好恶会阻碍领导听别人讲话。但是,作为领导更需要去注意话中的内容,而不是去关注自己的喜好。

2. 听话时要全神贯注

别人讲话时,切忌在脑袋里想其他事情,要把注意力放在讲话者身上,用眼睛注视着讲话者,而不是东张西望。

3. 有响应地倾听

听话时要给说话人及时的反馈,比如微笑、点头等一些身体动作,这样能很好地鼓励对方说下去。

4. 别轻易打断别人讲话

打断别人讲话是很不礼貌的一种行为。因此,在别人讲话时,即使他说的某个观点你不同意,也要等对方话说完之后再进行反驳。

❀ 认真倾听,是对下属的一种尊重

作为一名优秀的领导者,在跟下属交谈时,除了要具备绝佳的口才之外,还要学会如何倾听。因为,只有你学会如何专注地倾听下属讲话,才能提高你在他们心中的地位,才能让他们在你说话的时候更好地接受你的意见和建议。

倾听,不同于简简单单的"听见"。听见仅仅是用耳朵去听,而倾听是用心在听。倾听,能使下属感受到领导对于他们的尊重。

美国的一家经营日化品生意的公司,有这样一位奇怪的销售总监。之所以说他奇怪,是因为,虽然他对该行业的特点以及销售上的技巧一窍不通，但是他却得到了下属们足够的尊重，并且在公司里被认为是最好的领导。

每当下属的经理或业务代表需要他的建议或忠告时，他却不能给予他们帮助——因为他对销售一窍不通。但尽管如此，这位销售总监每次都能以足够的耐心和沉静去倾听下属或业务代表们的讲话，并且无论对方问什么建议，他总是适时地回答："你觉得该怎么办？"这个时候，经理们或者业务代表就会提出自己的意见或建议，他就会很认真的倾听，并且点头同意。最后，经理们或者是业务代表总是满意地离去，并且还会在心里想：总监还真是有一套！

每一个人都希望得到别人的尊重和欣赏，你的下属也不例外。倾听，就是一种很好的办法，它能够让你的下属有种被尊重和被欣赏的感觉。这位销售总监虽然不懂什么销售技巧，但却掌握了更加重要的能力，那就是"倾听"。下属们在他那里感受到了足够的尊重和欣赏，无怪乎他被认为是最好的领导。由此不难看出，最成功的领导一定是善于倾听下属们讲话或发表意见的。

善于倾听的领导能够帮助自己及时并准确地了解自己的下属，并且通过这种了解解决矛盾和冲突，还可以解决下属们的抱怨。通过倾听，领导还可以向他人学习知识和方法，进一步帮助自己了解更准确、更详细的信息，何乐而不为呢？

可是，现实中往往有一些领导不懂得倾听。他们往往花费大量的时间用来准备谈话内容，用来发表自己的意见，结果往往事半功倍，不能与下属进行流畅的沟通，因此，一定要避免这种现象的发生。而要想避免这种现象，领导们就要了解影响倾听的因素有哪些，只有了解了这些因素，才能想办法避免。否则，将无从谈起。

一般情况下，影响倾听的因素有如下几点：

一是环境干扰。比如，办公室里此起彼伏的电话铃声或者是打印机的响声等来自外部环境的声音，都可能影响到倾听的效果。

二是对下属有反感。先入为主，对讲话的下属反感。如果一个领导很不喜欢讲话的下属,甚至很排斥这样的人,那么,在对方说话的过程中,就不能做到很好地倾听。

三是思想不集中。有些领导在下属说话的时候,总喜欢看看墙上的装饰,或是时不时地看看天花板,甚至有些领导表面上在听下属们讲话,心里却在想着下午的会议该怎么开。领导们这些看来看去的"小毛病"和心里的"杂念"都会导致领导无法专注地听下属讲话。

四是受主观主义影响严重。下属在讲话的时候,有些领导总是主观上想办法挑对方的不是,或者想着办法去反驳下属,总认为下属的发言不正确。比如,秘书向领导汇报各部门报上来的策划方案时,领导却在想着如何去反驳秘书。这种主观的思想就会影响倾听的效果。

为了达到与下属沟通的良好效果,领导在倾听下属讲话的时候,就要克服上述干扰因素,提高倾听的效果。同时,领导在倾听下属讲话时还应该掌握一些技巧:

1. 不应距离下属过远

在倾听下属讲话时,如果与对方保持过远的距离,或者昂首俯视下属,都会让下属有被疏远或被压迫的感觉,这样一来,下属就很难敞开心扉与你说话。

你可以调整一下自己的肢体来表明你正在耐心地听他讲话,比如,靠近下属或是身体前倾。

2. 使用肯定的语气认同对方的讲话

下属在讲话时,应该尽量多地使用一些"嗯"、"哦"、"明白"、"有意思"之类的带有明显肯定语气的短句,来肯定对方说话的内容。另外,还可以说一些"我想听听你的看法"、或"我对你说的很感兴趣"等这样带有鼓励语气的话,借此来鼓励下属说更多的内容。

3. 不要轻易发表意见

这也是最重要的一条。在没有听完下属讲话之前,不要轻易发表自己的意见,因为在你没有真正了解下属话中内容就匆匆下结论的话,肯定会打击下属说话的情绪,下属的谈话可能会因此而终止,最终影响沟通的效果。

❂ 问题要具体，别让下属摸不着头脑

交谈的过程，实际上是一种信息传递的过程。说话是为了向听者传达新的信息，而听者对于新信息的接收和理解，必须建立在已知信息的基础上，这就是"话语前提"。比如，小王告诉小张："他今天不来上班。"小张要理解这句简单的话，首先必须要知道这个"他"指的是谁，否则就会丈二和尚摸不着头脑。所以，说话一定要注意前提，不要说没头没脑的话，让对方无所适从。

然而，有些领导在与下属沟通时，并没有注意到这一点，因此，常常造成说话的意思含糊不清，令人费解。

王校长到北京的一所高校接受培训时，经常对同班的培训生们自我介绍说"我在一中工作"，以期引起别人的注意。由于对方根本就不知道一中在当地是怎样的热门，所以，也就领会不到这句话所包含的荣誉感和自豪感了。

那么，领导在与下属交流的过程中，应该如何做才能注意前提，不会说出让下属摸不着头脑的话呢？领导们可以从以下几个方面入手：

1. 说话内容要有足够的信息量

比如，甲问乙："那天我在路上看见一个人，很像你，是不是你？"对于这样没头没脑的话，乙是很难回答的。要让问题变得具体，就必须在问话中提出具体的时间、地点等。

正确的问话应该是："上个礼拜五我在陇海大道路口看见一个人，很像你，是不是你？"这样，乙一听就能够明白甲话里的意思，从而才能够给甲一个满意的答案。

2. 避免表述含糊和有歧义

比如，某公司有两位姓张的部门经理，一位是财务部经理，一位是培训部经理。一次，总经理对秘书说："你去通知一下张经理，让他明天来主持会议。"这句话就是含糊不清并带有歧义的。明天上午还是下午，又或是晚上，让张经理来主持会议？张经理是哪一个？财务部的，还是培训部的？这些问题都要讲清楚、讲具体。

3. 言语要有顺序

比如，你是刚上任的领导，第一次到下属单位去检查工作时，如果没有人陪同，到下属单位后，首先应该先做自我介绍，然后再说明来意。如果颠倒这一系列的言语顺序，就很可能使对方弄不明白你到底是谁，想干什么。

总之，在说话之前一定要把想说的内容在大脑里组织一次，理出个头绪，这样你一开口，别人就明白你说的是什么了，而有了这样的前提，接下来的谈话就会顺利很多。

另外，领导者在说话时一定要突出中心，把话讲明白。一个不具体或不明确的命令或问题，很容易让听者产生误解。

某公司为了庆祝成立十周年，宣传部门准备让部分员工做列队练习。一个宣传干部负责整理队伍。

他高声宣布："市场部、技术部的人员分开，男同事和女同事分开，一律按高矮排队。"

大家听后，茫然地站在原地，并且互相问道："我站在哪里？我站在哪里？"

这位宣传干部还以为大家没有听清楚，就又大声重复了一遍。可是员工们还是没有明白往哪里站，犹豫了好久，队伍一直没有成形。

员工最后为什么不知道站在哪里？不是员工们的理解能力差，而是这位宣传干部的指令出现了问题。例如，一个市场部的员工，既是男同志又是高个子，那他应该站在哪里？或者，一个技术部的员工，既是女同志又是矮个子，她又该站在哪里呢？

总之，按照这个不明确、不具体的指令行事，谁也不知道自己该站在哪里。

这位领导者在一开始就没有给听众一个明确的信息，所以，大家都不清楚他到底要讲什么。之所以出现这种情况，是因为领导者在说话之前没有想清楚，边想边说，以致一个简单的问题都说不清楚。

可见,在谈话中要把话说明白,才能够准确而快捷地把信息传输到对方的大脑里。

❂ 提问循序渐进,更易被对方接受

在领导与下属谈话的过程中,提问往往是语言交流的开始。提问对于了解对方、获取信息、达到良好沟通有着很重要的意义。一个善于提问的领导,不但能掌握交谈的深度,控制交谈的方向,而且还能调动下属与自己交谈的积极性。

然而,在交谈的过程中,也有一些领导往往有这样的疑问:为什么自己对下属的提问总是得不到满意的回答呢? 甚至不被对方接受? 其实,不是他们提问得不深刻,也不是他们提问的时机不正确,而是他们提问的方式有问题。有这种疑问的领导,在提问题时都有一个共同的缺点:提问题时太过急于求成,总指望三言两语就能够得到满意的答案。

心理学家指出,适当地、循序渐进地多提一些问题,不但能够让对方敞开心扉,赢得对方的信任,而且还能得到满意的答案,有利于交谈的顺利进行。因此,领导在交谈过程中,要想让听者更好地接受你的提问并能给予你满意的答案,就不能急于求成,必须要循序渐进提问。正如俗话所说,心急吃不了热豆腐。

电脑推销员小李向一位先生推销电脑,当把电脑的性能做了详尽的描述,并且发现对方有购买意向后,小李突然发问:"先生,您是想买普通显示器还是液晶?"

这个时候,顾客很容易就陷入两难的境地,于是说:"我只是来随便看一下,以后再考虑。"然后扭头走出店门。

之所以会出现这种情况,主要是因为小李在提问的时候急于求成,忽视了对方心理上的变化,对方一下子接受不了,更别说给你答案了。

因此,在交谈的过程中,提问的时候应该采用循序渐进的方式,这样不仅有利于创造一些条件使其心理上发生变化,更能达到良好沟通的目的。

下面来看看小张是如何与别人沟通的。

小张在电脑城做销售员,有一天,到一个小区里做宣传活动。在等待工人布置展台的时候,他向旁边一位带着孩子的家长推销家用电脑:

小张说:"您家的孩子真是幸福啊,生活在这么一个舒适的环境中!"

家长说:"是啊,我们一家子为了这孩子的成长可没少操心哪。"

小张说:"是的,可怜天下父母心啊,现在做父母的不仅要照顾孩子的衣食住行,还要为孩子的学习操心哪。"

"我看到许多父母为了孩子的全面发展,只要是对孩子的学习成长有帮助的,不管有多贵,都舍得买。"

"为了孩子学好音乐,父母愿意买电子琴、钢琴等孩子喜欢的乐器。为了孩子学好画画,父母愿意为孩子买最好的画笔,请一些优秀的家教。在孩子的学习投入上从来不吝啬。事实上,为了孩子的全面发展,多投资一点也是值得的。"

"先生,您觉得电脑在以后的社会生活中重不重要?如果一个孩子不懂得电脑,算得上全面发展吗?"

这个时候小张不再说话了,只是静静地看着这位家长,几秒钟后,顾客终于说:"是的,未来是电脑的社会,为了孩子的全面成长,就买一台吧。"

最后,小张达到了顺利成交的目的。

小张在和客户交流的时候,采用循序渐进的方法,很快就把对方吸引到了自己想要说的问题上面,不仅有利于表达自己的感受,更有利于被听者更好地接受。

其实和下属交流也是如此,如果你想了解下属内心到底在想什么,那么就先找到一个切入点,先跟对方攀谈,等到下属已经完全跟随自己的提问回答时,再往主题上过渡,这样就很容易地得到想要的答案,也不会使对方产生反感。

不过需要注意的是,提问分不同类型,在提问时,要针对不同的目的和不同的下属的特点,巧妙地运用不同类型的问题。下面归纳了几个问题的类型,希望能帮助领导在与下属交谈时实现顺利沟通。

1. 假设型问题

假设型问题是指领导为下属假设某种相应的环境并提出问题，让下属自由表达自己的观点。这种类型的问题对鼓励对方评价、分析或表达其感受有着很大的帮助。

假设型问题就是让下属想象在领导假设的情况下会怎样做，从一定程度上来说，它可以帮助并引导下属思考更进一步的问题，或是按照领导的期望做出决定、给出答案。

2. 开放型问题

开放型问题指的是让下属充分发表自己的看法，阐述自己的意见或是陈述某些事实现状的问题，它能够使领导得到广泛的信息。

此类型问题适用于向下属了解详细、具体、全面的信息，通常是在问题涉及多方面或有多种解决方案等比较复杂的情况下使用。

3. 诱导型问题

诱导型问题是指对答案有强烈暗示性的问题，它可使下属毫无选择地按照领导所设计的答案作答。

采用诱导型问题是为了让下属对领导所提出的问题持肯定、支持的态度，对问题做出领导期望的回答。

4. 封闭型问题

封闭型问题是指在特定的领域内得出特定答案的问题，它可以使领导获取特定的信息。

一般来讲，这种类型的问题常用于查问或确认某些事实，以及对话内容不太复杂，只需要简单回答的情况。

❂ 不要急于否定，要更多地表示理解

在日常交流中，有一些领导，在听下属说话的时候，总是不等对方把对某件事的意见或看法说完，或是刚刚讲完，就急于否定对方的意见或看法，这是一种不尊重对方的无礼行为。

尊重对方是日常交流中的一项基本原则，而说话是思想的直接反映，尊重某个人的意见，也就如尊重他本人一样。但一些人为把自己的意见凸显出来，引起他人对自己谈话的重视，常常刻意地对他人的意见加以贬低、否定，结果引发了对方的不满和对抗，不仅自己的意见未得到重视，还因此遭到冷落和否定，给人留下不好的印象。

小刘是某服装公司的设计师，他的设计能力毋庸置疑，可是在公司却不招人待见。原因很简单，小刘经常不尊重别人，并且总是自以为是。

有一次，公司召开下一季度服装设计讨论会，小刘作为设计师之一也参加了这场讨论会。会议一开始，主管经理做了个简单的开场白，就直奔会议主题，让各位设计师对自己的设计方案进行阐述，然后大家表决，选出三个最佳设计方案，最后上交公司高层进行审批。

小刘是第二个进行阐述的，可能是对自己的方案充满了信心，只见他说得口沫横飞，激动不已。他很快就结束了自己的阐述。轮到第三位设计师阐述了。谁知，这位设计师刚阐述了一半，就被从座位上站起来的小刘打断了，不仅对对方的方案给予了否定，还罗列了一大堆理由，证明这个方案没有自己的好。顿时，气氛有些尴尬，第三位设计师面红耳赤，再也没有说下去的勇气，只好坐下。这时的小刘还是一脸的得意之色。接下来是第四位、第五位、第六位设计师……接下来整整九位设计师，都是在方案阐述到一半时，就被小刘中途打断并给予否定了，说人家的这个不好、那个不好，总是找出一些理由，最后来证明自己的设计才是最棒的。本来讨论会是三个小时的进程，结果由于小刘的"积极发言"，讨论会在主管经理的一句"设计师把方案都交上来，散会吧"中草草结束。

方案审批结果公布时，并没有小刘的方案。小刘一时傻了眼。而且，在公司举行年会的时候，小刘被同事在私下里评为"年度最没风度达人"。

一个会说话的人，在发表自己的意见时，常常会采取和小刘相反的态度，他们会巧妙地从不同角度对已经发表的意见加以肯定和褒扬，甚至采取"补充发言"的方式表明自己的意见。这样，别人才会以积极、良好的心态倾听他们的高见，结果既表达了自己的意见，又体现了自己的风格。

康杰在公司内部的一次谈论会上，认为一名同事的观点不合理，忍不住想出口反驳，摆明自己的意见。然而话一出口，场面顿时由热转冷，那名同事也是备感尴尬、脸现怒色。此时的康杰猛然醒悟，觉得同事间应该以和为贵，有什么问题应该好好讨论，不能急于否定，这样"火药味"太浓了。

于是，他灵机一动，立即改口，从另一角度把反话说成正话，结果场面得到了转变，大家个个释然，场面又重新热烈了起来，康杰也把自己的不同意见准确完整地表达了出来。最后，大家存大同、求小异，讨论会收到了很好的效果。

身为领导，在听取别人的意见时，不管对方的观点有多么不合理，都不要急于否定对方，给予对方一定的时间和空间，让对方把话说完，只有这样，你才能够了解对方的想法，才能从中得到一些有用的信息。然而，很多领导做不到这一点，他们总是急于否定下属的谈话，结果下属本想继续的话题，因为他的打断而无法继续进行，而作为领导的你也没有从中得到任何有价值的信息。

因此，领导在听下属说话的时候，一定不要急着打断，要认真倾听，给予对方更多的理解，而要做到这一点需要遵守以下两个原则：

1. 不要急于表态

有些领导在听取下属的意见时，往往急于表明自己的态度，或赞成或否定。其实，这对下属充分发表意见是很不利的。对赞成的意见表了态，其他下属如果有不同的意见就有可能不说了；对不赞成的意见表了态，发言者就会受到影响，妨碍充分说明自己的想法，甚至话讲到一半就草草结束。

因此，领导者在听取意见时，最好多做启发，多提问题，不仅使下属把全部意见毫不保留地说出来，还要引发他说出事先没有考虑到的一些意见。

2. 不要心不在焉

领导者在听取意见时的态度，对下属的情绪有着很大的影响。如果态度认真、精神专注，下属会感到领导是重视听他的意见的，从而毫无保留地把自己的想法讲出来。如果在听取意见时态度不专注，在听意见的过程中小动作不断，或者插入一些与谈话内容不相干的问题，就会使下属感到领导对自己的意见并不重视，不是真心诚意地听取自己的意见，因此，就会产生消极的情绪，没有继续讲下去的欲望。

总之，领导在听取下属意见的时候，一定要做到态度认真、精神专注。在谈话之前最好把其他事情仔细安排好，排除在谈话中会出现的一切干扰。

第7章

增进情感,亲切开口拉近与下属间的距离

领导卖弄权势,等于出卖自己的无知;领导卖弄富有,等于出卖自己的人格,一个喜欢摆架子,没有亲和力的领导是很难处理好上下级关系的。因此,在企业管理中,领导者应该将情感融入到管理沟通的全过程,增强与下属之间的情感沟通和思想联络,让下属感觉到自身存在的价值,从而拉近彼此之间的距离。

❀态度温和，平日说话要学会温婉

美的心灵，还需要美的语言去表述。在现代企业中，如果仔细观察，就会发现那些态度温和、讲究语言美的领导者，不仅能够赢得下属的尊重和理解，还会得到下属的信任和拥戴。相反地，那些态度粗暴、动不动就出口伤下属的领导，无论他们的心肠有多好，常常是被下属反感和讨厌的对象，更别说被下属尊重了。

可见，一个领导平日里态度是否温和，说话是否讲究语言美，不仅关系到在下属中是否有好的口碑，还关系到能否得到下属的理解、尊重、信任和拥戴。因此，领导者在与下属沟通交流的时候，态度要温和，说话要温婉则显得至关重要。

库班·伊休斯是一家家具制造企业的优秀老板。有一次，在中午休息的时候，他看到几个工人蹲在"禁止吸烟"的牌子下面抽烟。面对这些违背了规定制度的工人，库班·伊休斯该怎么办呢？是阴沉着脸、指着"禁止吸烟"的牌子说："难道你们的眼睛都瞎了吗？没有看到这么大的牌子吗？"不，库班·伊休斯并没有这样做，如果这样做，他也就称不上是这家家具制造企业的优秀领导人了。

相反，库班·伊休斯朝那几个工人走过去，友好地递给了他们几根雪茄，并且态度温和地说："诸位工友，如果你们能到外面去抽完这些雪茄，那我真是感激不尽了。"这几位吸烟的工人立刻意识到自己违背了"禁止吸烟"的制度，于是，赶紧把烟头掐灭，同时对库班·伊休斯这位老板产生了好感。

库班·伊休斯并没有简单、粗暴地训斥这些犯了错误的工人，而是态度温和地采用充满人情味的语言，不仅让工人意识到了自己的错误，还赢得了工人的好感和爱戴，可谓一举两得。企业里有这样的领导，哪一位下属不愿意与他共事呢？由此可见，领导者在与下属交谈时，态度温和，说话语气婉转是何等的重要。

说话时态度温和、语气委婉、谈吐优雅，这些都是高素质、高修养的表现。在领导者和下属相处的过程中,优雅的谈吐发挥了不可估量的作用。古往今来,和颜悦色、态度温和、语气温婉的领导者无一不受人尊敬,他们的语气亲切,措辞委婉,下属与他们交谈常常备感亲切。即使领导者做错了事,说错了话,向对方道歉的时候,对方也会因为他们温婉的语气而原谅他们,可以这么说,哪怕是领导犯了错,语气温婉地道歉也能增加他们的修养,更能提高他们的魅力,拉近与下属之间的距离。

萌萌开了一家服装店,这一天的下午,店里来了一位十分挑剔的女客人,萌萌给她拿了好几套衣服,可是,这位女客人挑了快一个小时了,还是没能挑中一件合适的衣服。恰好这时候店里的顾客也多了起来,萌萌不得不去照应别的客人。这个时候,那位先来的女顾客便认为自己被冷落了,于是把脸沉下来,对萌萌大声说:"你怎么做生意的啊?你怎么是这样的服务态度啊?不知道我是先来的么?快让我先买,我还急着去做别的事情呢!"

这句话听着实在是刺耳,倘若这个时候萌萌真的与她较真儿,必定吵得不可开交。然而萌萌却没有这样做,她安排好其他顾客后,对这位女顾客说:"很抱歉,请你原谅,我们店生意比较忙,对你服务不周到,让你久等了。"她说话的态度和语气温和、真诚,丝毫没有争执的意思。这样做反而使那位女顾客的脸一下子红了起来,转而难为情地说:"刚才我说话也不好听,也请你原谅。"

萌萌说话时温婉的语气充满了对客人的尊重和理解,从她身上不难看出,不是咄咄逼人的话才会让人信服,当人们用温和的语气与对方沟通时,本身就具有了一种感化力,对方的心理自然就会产生变化,彼此之间的尴尬也会得到及时的开解,人与人之间的距离也会在瞬间被拉近。

总之,领导在与下属的沟通交流中,要注意自己说话的态度和说话的语气。说话简单粗暴、语气咄咄逼人不是一个优秀领导应该具有的素质,这样说话只会引起下属的反感和讨厌。态度温和、说话温婉才能体现一个优秀领导的修养和风度,才能赢得下属的感激和信任,拥有良好的人缘、增进与下属之间的情感。

❀言谈之间，懂得以情动人

情感是人的意识的一种自然流露，虽然人的情感不会像语言或者文字一样可以直接的表达，但是人的一切行为无不带有感情的成分。作为企业的领导者，要想和下属沟通达到一定的目的，以情动人就是一个很好的方法。它有助于上级领导和下属之间找到共同点，并在心理上强化这种意识，从而消除一些不必要的隔膜，缩短双方的心理距离。

1923 年 5 月，柯伦泰被任命为苏联驻挪威全权贸易代表。那一年，苏联国内急需大量的食品，柯伦泰奉命与挪威商人洽谈购买啡鱼的生意。

当时的挪威商人非常清楚苏联的情况，他们准备乘机捞上一把，所以报价非常高，柯伦泰竭力与其讨价还价，但是对方根本不让步，即使让步也只是一小步，无奈双方距离较大，谈判陷入了僵局。这让柯伦泰心急如焚，怎样才能以较低的价格成交呢？他努力思索着。

这天，他再次与对方会晤，以和解的姿态，主动做出了让步。他十分慷慨地对对方说："好吧，我同意你们提出的价格。如果我的政府不批准这个价格，我愿意用自己的薪水来支付差额。"

听到这样的话，挪威商人感到非常震惊。

柯伦泰继续说："不过，我的工资有限，这笔差额要分期支付，可能要支付一辈子。如果你们同意的话，就这么决定吧！"

经历过这么多的谈判，挪威商人们从未听过这样的事情，更没见过这么全心全意为国效力的人。他们为柯伦泰的言语所感动，经过一段时间的考虑，商人们终于降低了售价，双方签订了协议。

在这次谈判中，柯伦泰的言语算不上什么奇言妙语，更没有什么技巧可言，他凭的就是自己真诚的心，感动了挪威的商人，正如人们所说："动人心者莫先于情。"作为一名领导，在和下属说话时，晓之以理，动之以情，才会取得好的效果。

遗憾的是，在现实社会里，很多领导在和下属谈话时，忽视了"真情"的重要性，他们错误地认为，作为领导就一定要有自己的权威，而要显示权威就一定要在说话的时候态度严肃、语气冰冷，因此和下属说话时，他们总是以一副居高临下的姿态，要么咄咄逼人，要么非常生硬，在这样的氛围下，也许下属当时会表现得诚惶诚恐，但是事后他们经常会把那些指令忘得一干二净，试想，谁会愿意去牢记别人的恶言恶语呢？

因此，领导者一定要记住一句话：一盎司的真诚胜于一磅的智慧。谈话的时候，只有态度真诚，才能以情动人，引起听者感情上的共鸣。

一天，太阳和北风打赌看谁能够把路上行人的大衣脱去。于是太阳用它温暖的光轻而易举地就使人们脱下了大衣，而北风使劲地吹，反而让行人把大衣裹得更紧。

太阳与北风的故事，向我们说明了这样一个道理：对下属要像太阳那样，用温暖去感化他们，使他们自觉地敞开心扉；如果像北风那样使劲地吹，一味地强制逼压，反而会使他们对领导心存戒备。

那么，在和下属谈话中，领导者如何做到"以情动人"呢？

1. 情应该出自"真心"

无论你是一个什么样的领导，只要是从内心深处去尊重一个下属，那么，你就能够拥有一个谦逊的胸怀，能够发自内心地去发现下属的优点，从而认可他们所做的贡献和拥有的潜力，以一颗仁慈的心去对待他们。你对他们亲近了，他们自然愿意亲近你，信赖你，进而把你的事业当成是他们的事业来做。

2. 学会专注地倾听

领导在和下属谈心时，要多倾听而非一味地表达和灌输自己的思想。倾听中你甚至会得到一些意想不到的东西，你会了解到下属内心的真实感受，以便日后更好地相处，有些下属也会在谈心时，不经意地说一些对公司的看法和建议，这对领导日后的管理也会起到一定的帮助。

小刘最近心情不太好，因为和他相恋多年的女友要出国留学，这让他非常苦恼。毕竟三年的分离不是一个很短的时间，而且女友出国后和他分手也是很可能会发生的事情。这时，小刘最需要的是倾诉，而不是别人来告诉他应该怎么做。在谈心时,领导非常认真地倾听,而且没有批评他最近工作上的心不在焉,这让小刘很是感动,他知道正是因为领导的理解和原谅,他才更应该冷静地处理好工作和感情的关系。

3. 不要替员工下结论

在谈到下属的一些私人为题时,领导可以给下属提出一些建议或者预见性的结果,但是最后一定要表明"这些只是个人意见",供其参考。因为你不可以代替他去思考,也不能代替他去经历人生的每一个历程。

很多领导因为自己经验丰富显得比较主观,做出一些真理性的结论。这会给下属带来很大的压力,好像谈心也要领会领导的意图,然后去执行。此时,你应该和下属换位思考一下,如果一旦你开始主观判断,下属就很难与你敞开心扉了,那么谈心的结果很可能是,你自己陶醉于一场无人喝彩的演说当中。

✿从生活上学会对下属问寒问暖

在企业中,作为领导只会下命令是远远不够的,关心下属也是领导者的一门必修课。在以人为本的现代社会里,纯粹的上下级关系正在被摒弃,关心、爱护、珍惜和尊重人才已经成为社会的主流风尚。在领导者和下属之间加入个人友谊和情感的因素,对开展管理工作大有裨益。

领导者只有在情感上和下属有交流和互动,才能有效地驾驭下属,从生活上关心、体贴下属是一个增进彼此感情的绝妙方法。杰弗逊说过:"天下至乐,莫过于对我欣赏的人表示关心。"人是有丰富感情的动物,作为领导者,真心实意地去理解、关心、体贴下属,就是对下属最好的慰藉和赞赏。

然而,有些领导者却不屑对下属从生活上问寒问暖,甚至说,公司这么多员工,如果每一个都要我去问寒问暖,哪里还有时间来管理公司?殊不知,对自己的下属问寒问暖也是一种管理,一种人性化的管理,一个人性化的公司能留得住人才,一个人性化的上司更能得到下属的拥护。

某家公司的一个部门里,正副经理都是博士生毕业,年龄也差不多,极富才华。唯一不同的就是一位经理为人和善，善于与员工交流，在日常工作中，对下属恩威并施，分寸得当，在业务上对下属严格要求，从不放松，但如果下属偶尔犯了错误，他却总是自己承担责任，为下属着想，每次出差回来，都不忘带点小礼物、小玩意，下属人人有份，如果哪个下属生病了，或者家里出了什么事，这位经理比他的亲人还着急，嘘寒问暖，令人感动。

而另一位经理则截然相反。他对下属严厉有余，温情不足，有时甚至还有些不通情达理，没有一点人情味。有一天，一位在公司里工作非常努力，而且平时几乎没有迟到过的下属迟到了，站在经理面前着急地解释说因为母亲得了急病，要送母亲去医院，路上赶上堵车，所以迟到了几分钟，可这位经理根本不听，先是对他进行了严厉的批评，然后扣掉了他的奖金，经理的做法让每一个同事看了都忿忿不平。

不久之后，公司内部进行人事调整，富有人情味的经理工作颇有业绩，而且口碑极好，更符合一个高层领导的素质要求，因此被提拔为公司副总经理；而那位严肃冷漠的经理尽管工作干得也不错，但上层领导认为他的管理方式不利于团结人，不利于留住人才，于是打消了提携他的念头。没有人情味的经理心里很窝火，在原有位置上又干了半年，但是下属对他的态度都是畏而不敬，而他自己也感觉干得不舒心，最后只好卷铺盖走人。

那位富有人情味的经理，即使官升一级，仍然没有摆出高姿态，一如既往地关心、爱护自己的下属，对他们问寒问暖，口碑一直都很好，后来成了公司总裁最得力的助手。

作为一个领导者，千万不要忽视自己那些并不起眼的下属或者员工，也许有一天，就是这些不起眼的下属把自己推上高位置，也有可能是他们把你掀翻在地，可谓"水能载舟，亦能覆舟"，平时多多进行感情投资，对他们的生活和家人多多问候，其实并不是什么难事，但是就是这种小事，往往在关键时刻会予你很大的回报。

下属的生活状况如何，直接影响到他的思想活动、精神状态以及工作效率。一个优秀的、高明的领导者不光善于支配下属，更善于在平时的沟通中，对下属的生活和家庭问寒问暖。

而问寒问暖不是口头上随便说几句就可以了,还需要领导者做到以下几点:

1.批评下属时

当下属在工作中出现懈怠或者经常犯错时,不要直接对他进行批评,而应该关心地问问他是不是生活上有什么困难,导致自己经常犯错。这样既不会伤害下属,也让下属意识到自己的错误,而且很感激你对他的照顾。

2.表扬下属时

当下属为公司做出了卓越的成绩时,领导一般都会表扬,在肯定他本人的能力时,不妨也肯定一下他的家人为他所做出的奉献,必要的时候,给予他的家庭成员一些奖励。

3.平时和下属沟通时

作为一个企业的领导者,时不时对自己的员工进行一些感情方面的投资,对他们的生活多一些问候,多一些关心,员工则会对老板对企业死心塌地、忠心耿耿。感情投资,不需要成本,却能得到丰厚的回报。

❀注意小细节,给予最及时的问候

有这样一句话:"成大事者不拘小节。"在现代企业中,有很多领导对这句话很认同,他们认为自己是领导,没有必要太在乎小事,更没有必要把下属的小事放在心上。殊不知,领导者对下属的关心,不仅仅体现在对下属基本需求的满足上,还更多地体现在日常生活的点点滴滴上。

作为一个领导者,如果懂得以热情的姿态,发自内心地关心发生在下属身上的小事,给他们最及时的问候,会让他们深受感动,能给下属留下平易近人的好印象,更会获得下属的认同和拥戴。这样一来,下属会在工作中更加努力积极。因此,领导者有必要从小事着手,通过一些小事,来表达自己对下属的关心和爱护之情,以达到增进与下属的感情,拉近与下属的距离的目的。

众所周知,美国第32任总统富兰克林·德拉诺·罗斯福,一直被视为美国历史上最伟大的总统之一，是20世纪美国最受民众期望和爱戴的总统，也是美国历史上唯一连任4届总统的人，任职长达12年。为什么罗斯福如此受人敬仰呢？主要原因就在于他能够真诚地关心每一个人，哪怕是一些身份卑微的侍从，哪怕是一些琐碎的事情。

安德烈是罗斯福的一名贴身男仆，他和妻子住在一栋小房子里，离罗斯福总统的住房很近。由于安德烈的妻子一向深居简出，所以，很少有机会看到野生动物。有一次，在跟罗斯福交谈的过程中，她问野鸭是什么样子的？于是，罗斯福总统耐心地给她描述野鸭的习性和模样。

第二天早晨，罗斯福给安德烈的妻子打电话，说他们家的草坪上有一只野鸭子。当安德烈的妻子放下电话，推开窗户时，看到的是却是罗斯福从对面房屋窗户递过来的微笑面容。

因为这件小事，安德烈夫妇对罗斯福感激不尽，从此更是对罗斯福敬佩有加，悉心照料罗斯福的生活起居。

还有一次，罗斯福去白宫，可是他并没有直接去客厅和接待室，而是径直走向了厨房。他非常和蔼地和每个人打招呼，就像多年不见的老朋友一样："你好，杰弗森，你看起来精神棒极了！""可爱的休斯，胃口还好吗？还是和以前一样爱喝酒吗？有时间了咱们两个喝上一杯。"

罗斯福的一言一行感动着许多人，在白宫工作了将近30年的老厨师史密斯热泪盈眶地说："罗斯福总统总是那样热情地关心着他人，在小事上关心别人的感情，怎么会不得到大家的爱戴呢？"

由此可以看出，罗斯福总统如此受人尊敬和爱戴的原因。作为一个国家的最高领导，能够发自内心地对身边的人从小事上进行关心，这就使得他在众人心目中不是一个高高在上的总统，而是一个拥有巨大亲和力的人。他的下属们因为他的关心而深受感动，并更加认真地对待工作。

注重细节的领导，往往会使下属感到格外的高兴。下属病了，当他回来上班时，要向他问候。下属的妻子病了，他请假回去照顾，你应该让他代为问候。这样做是轻而易举的，但这样做会让下属觉得你是一个好领导。因此，领导者要懂得从小事上关心下属，把下属的喜怒哀乐、生活烦恼、情绪困扰都放在心上,适时地表示关切和慰问,这样会让下属感激不已,更会通过积极的工作来表达对你的感激之情。

现实中,有很多领导也渴望调动下属的工作积极性,服从他们的安排和管理,希望与下属保持融洽的关系,可是他们却苦于找不到实现这些愿望的办法。其实,办法很简单,那就是从小事上关心下属,真诚地关心下属。领导者可以从以下几个方面对下属表示关心:

1. 关心下属,以下属为本

得人心者得天下。领导者在管理中要尊重和关心下属,以下属为本,多点人情味,使下属真正感觉到领导者给予的温暖,从而甩掉包袱,燃起工作的积极性。正如华人首富李嘉诚说过:"虽然老板受到的压力较大,但是做老板所赚的钱,已经多过员工很多,所以,我事事总不忘提醒自己,要多为员工考虑,让他们得到应得的利益。"这也许应该是每一位领导都应该持有的待人之道吧。

2. 不仅要当好领导,也要当好老师

一个优秀的领导者,要想增进与下属之间的情感,关心下属是一方面,给下属一定的教诲也是一方面。比起对自己的关心,一个下属更渴望从领导那里学到一些实用的东西。因此,领导应该在这方面多加注意,如果发现下属比较自卑,就要帮助他建立自信,告诉他"你真的很棒!"如果下属能力有限,就在这方面多多提醒他,让他更快地提升自己的能力等。

◎让下属诉苦,巧妙予以安慰

每个人都有自己脆弱的一面,都会遇到一些伤心难过之事,下属也不例外。作为一个领导者,在生活和工作中就应该给予遭遇困难的下属一些安慰。在他们伤心难过的时候,给他们一些安慰是为人处世的一种美德,也是领导者应尽的责任。

我们华夏民族是一个重情义的民族,自古以来就有"患难见真情""雪中送炭"之说。当下属伤心难过之时,很多领导都会好言相劝,对下属说:"没事的,坚强点……""一切都会好起来的……"或者帮助他分析问题,告诉他如何去做。然而,也有一些领导在这个时候批评下属说:"早和你说过……""活该,谁让你当初……"这种做法不但不会给下属一定的安慰,反而会让下属认为,你这是"幸灾乐祸"的表现。

要知道,每一个下属在需要安慰之前一般都是经历过不断尝试和努力的,所以这个时候,领导者要做的就是探寻他所走过的路,了解他在这个过程中所经历的痛苦,让他被听,被懂,被认可,然后告诉他已经做得够多够好了,这就是一种安慰。

因此,安慰是需要讲一些技巧的,恰当的安慰会让对方从伤痛中走出来,而不恰当的安慰则会适得其反。

汶川特大地震的时候,有一位妇女不幸失去了自己的丈夫,一位心理救援人员知道后,安慰这位妇女说:"我知道,你的爱人死了。没关系,失去了丈夫以后还可以再找。"另一个心理救援人员对一个刚刚死里逃生的男士说:"别伤心了,你已经够幸运了,起码还有胳膊有腿呢。"

他们的行为让被安慰者紧紧地闭上嘴,不再表露任何话语和情绪。

其实在平时,像这样错误的安慰还有很多很多,比如,在朋友失去亲人的时候,有人会说:"别哭了,哭不是办法。"当朋友失恋时,有人安慰道:"失恋的人多了,又不是你一个。"这样的安慰方式之所以起不到好的效果,主要原因就在于他们没有和被安慰者形成同感共情,而只是忙着将他们与其他社会标准进行比较。

如果说错误的安慰就像割裂伤口的刀子,那么,正确的安慰方式则是对心灵的包扎,大致有以下几种方法:

1. 倾听很重要

由于每个人的人生经验、家庭背景以及工作性质等方面的不同,对苦恼的理解也会有所不同。因此,领导者在试图安慰下属前,首先要了解他的苦恼,这个时候,倾听就显得至关重要。倾听不是简单的沉默。倾听的过程中,要完全抛开自己的思想,将自己的想法以及意图全部搁置一边,用真诚的态度全身心投入。这样,被安慰者才会有一种温暖的感觉,对你产生信任。不仅如此,谈话的过程中,尽量不要插话,一定要让被安慰者将情绪全部宣泄出来。

很多安慰者在倾听的过程中一旦产生了共鸣,就迫不及待地提出自己的见解,其实这是一种很不好的做法,被安慰者有时仅需要安慰者当他们的"共鸣箱",且不厌其烦地供其反复使用。一颗失落沮丧的心需要的是温柔聆听的耳朵,而不长篇大论。聆听是"心心"相惜的过程,不要追问事情的前因后果,也不要急于做出判断,要让他自由地表达自己的感受。

2. 安慰是同情,但不是怜悯

同情是让你设身处地。将心比心地把别人的不幸当成是自己的不幸,从感情上产生共鸣;同情是彼此站在完全平等的地位上交流思想感情,给对方精神上、道义上的支持,并分担对方的感情痛苦。而怜悯则是一种不平等的思想感情交流,它是一种上对下、尊对卑、富对贫、强者对弱者、胜者对败者、幸运者对不幸者的感情施舍。

在安慰别人的时候,很多人往往搞不清楚同情和怜悯的区别,经常把"可怜"、"造孽"等词语挂在嘴边,仿佛在欣赏、咀嚼对方的痛苦。要知道对于一些事业心强、自尊心强、个性强的人,无论其处境多么不幸,怜悯对他们来说都是一种变相的侮辱,只会刺伤他们的自尊心,激起他们的反感。

因此,作为领导者,应该记住安慰是同情,但不是怜悯。安慰别人有劝慰也有鼓励,语气低沉而不乏力量,而且尽量不当面说出"可怜"、"造孽"等词语。

3. 使用一些善意的谎言

善良的谎言,有时胜过不该说的真话。在安慰下属时,领导者适时的谎言往往能起到意想不到的作用。

当然,这里所说的谎言是指善良的谎言,其用心肯定也是善良的,其目的在于帮助被安慰者减轻心灵上的痛苦,重新拾起勇气。这样的谎言,即使对方后来知道真相,也会感激你,而不是埋怨你。因为他是被关怀、爱护,而不是被欺骗、愚弄。否则,明知对方精神痛苦,于本来就感情脆弱、意志薄弱、身体虚弱,还如实地将他所面临的噩耗讲出来,对方就有可能因承受不住沉重的打击而一蹶不振，甚至危及生命。所以，在这种特殊情况下，与其立即如实相告，还不如暂时隐瞒真相。

当然，作为一名领导者，在实际管理中还是应该以真话占据主导地位，不到万不得已，不要说谎话。

❀ 春风化雨，下属的怨气要用话语柔化

领导在公司分配工作任务或者利益时出于不公，安排不当，或者对下属关心不够等都会让下属从心底产生不满情绪，这就是我们常说的怨气。这种怨气如果得不到及时的疏导，不仅会影响下属工作的积极性，而且会让领导陷入被动。

因此，作为一名领导，在面对有怨气的下属时，切忌置之不理，视而不见，而应主动找他们谈话沟通，用话语化解他们心中的怨气，调动他们工作的积极性。如果下属的抱怨是有一定道理的，领导应该给予重视，如果下属的牢骚纯属一己私利，发泄个人怨气，领导者也不能充耳不闻，应该及时做好疏导说服工作。那么，当下属发牢骚时，领导者怎么说话才更恰当呢？

1. 要善于营造和谐的谈话氛围

在谈话之初，由于下属心里有怨气，情绪不会太好，说起话来难免会有"火药味"，神色也会如梅雨季节的天空一样阴暗。这个时候，首先要给双方营造一个和谐的谈话氛围，让下属先平静自己的情绪，拂去脸上的阴云。要做到这一点，领导首先要把诚意写在脸上，用和蔼可亲的态度对对方嘘寒问暖，拉近与下属心理上的距离，这样下属才会把自己的心里话说出来，以便自己可以"对症下药"，否则，就很有可能短兵相接，不但不能达到谈话的目的，而且还会加深与下属之间的矛盾和隔阂。

2. 情况不同，方法不同

由于每个下属所处的环境，个人的性格等不同，每个下属产生怨气的原因也不相同，作为领导，应该根据情况分别处理，切不可所有的情况都用一种方法，这里介绍几种解决怨气的方法：

（1）冷处理

下属有怨气，发牢骚时，往往情绪比较激动，感情胜过理智，这个时候最好的化解怨气的方法就是采用冷处理的策略，其实也就是一个缓兵之计，这样可以暂时缓冲矛盾，为自己了解真实情况赢得时间，从而寻找解决问题的方法。

例如，老张已经在局里工作了很多年，但是每次年终评比老张都没得过奖，这让他非常生气。一天，他找到局长发牢骚，情绪激动地说："局长，我们这些人在局里只会老老实实工作，不会表功，可是局里也不能对我们视而不见，总是评那几个'荣誉专业户'吧，难道我们这些老员工就不先进了？"

听了老张的话，局长先是给老张倒了一杯茶，然后说："老张，你的心情我能理解，你先别急，等我了解情况后一定给你一个满意的答复。"听到局长如此真诚的话，老张的气消了一些，他坐下来心平气和地跟局长谈了一些他的看法，同时汇报了他一年来的工作情况，而有很多都是局领导所不知道的。

后来，局长经过调查了解证明老张所说全部属实，于是专门提交局领导会议研究，决定追加先进工作者。

（2）激将法

请将不如激将，对于一些明明不如别人，还不服气，"吃不着葡萄说葡萄酸"的下属，不妨运用激将法，有目的地刺激对方，使他们从自我压抑中解脱出来，化压力为动力。

例如，小王是大学本科毕业，每当他看到周围些学历不如他的人比他职位高或者挣的工资比他多时，心里就很不服气。一天，他跟自己的领导发牢骚说："现在的社会，学历低、胆子大的人挣大钱，而学历高、胆子小的人挣不了几个钱。"其实，这话的意思就是向领导埋怨自己的待遇太低。对此，领导说："如今社会讲究的是真才实学，学历高不一定能力强，相反，能力强不一定学历高，你要是不服气，有本事你也露两手让人瞧瞧。咱公司兰州那边的分公司现在效益不好，你敢不敢立军令状，过去把企业搞活，如果达到目标，公司一定重赏你！"

这话激起了小王的斗志，他想自己好歹也是有真才实学的，难道还不如那些连高中都没毕业的人吗？于是他果真要求去兰州市场，结果是使兰州公司扭亏为盈。

（3）辩证法

一些下属在看问题时立足点往往只是自身，缺乏全局观念，要化解他们的怨气，最好的方法就是对其进行辩证的分析，全面地看问题，帮助他们正确认识自己，正确对待别人，从而打开他们的心结。

例如，赵某是某实验室的一名管理员，在专业技术人员年度考评中，赵某没有被评为"优秀"，心里不服，他找到校长抱怨说："在这一年时间里，我按时上下班，风雨无阻，为教师准备实验也从来没有出过差错，我管理的实验室从来都是一尘不染，实验用品更是陈列得整整齐齐，为什么我没有被评为'优秀'？"

听了赵某的抱怨，校长耐心地解释说："您说得很对，您确实是一个尽职尽责的好同志，按时出勤，履行实验室的岗位责任也到位，按学校的规定您完全可以得到满勤奖金和实验室员工的岗位津贴，但是，在专业技术方面，评上的几位同志做得都比您好，如果来年您能在这方面再努努力，我相信您一定会有希望的。"校长的一番话，说得赵某心服口服，原因就在于孙校长很好地运用了辩证法。

总之，在化解下属怨气时，领导不要打官腔、说空话，而应说朴实之话，道肺腑之言，使下属切实感受到领导的开明，感受到单位的温暖。要真正给下属消气，还须立足于实实在在地解决问题，还蒙受不公的下属一个公道，而不能仅仅一谈了之，让下属觉得又受了一次蒙骗，以至于产生更大的怨气。

✦主动批评自己，拉近与下属的距离

人无完人，每个人都会犯错误。身为领导，当下属犯错误的时候，希望他能够主动认错，同样，当你犯错误的时候，你的下属也希望你能够主动承认错误，批评自己。勇于承认错误是一个领导者应该具备的素质，领导者的大气魄就体现在主动承认错误和批评自己上。

主动承认错误你会发现你的心情随之明媚，智慧随之增加，周围的同事和下属也都很乐意助你真正成为优秀团队的核心；而如果在自己犯错的时候把责任推给下属或者千方百计地为自己辩解，其结果不仅不能得到别人的谅解，还会受到道德上的谴责和形象的损害，让你在下属面前失去威信，疏远了和下属的距离。

在松下集团，一次，一位下属因为经验欠缺使一笔贷款难以收回，松下幸之助知道后勃然大怒，在大会上狠狠地批评了这位下属，认为他给公司造成了很大的损失。

事后，因为自己的怒气发泄完了，松下幸之助冷静了下来，仔细一想，他为自己的过激行为深感不安。因为那笔贷款的发送单上自己也签了名，而下属只是未摸准情况，没有把好审核那一关而已，既然自己也有责任，那么，就不应该这么严厉地批评下属，想通之后，他马上打电话给那位下属，诚恳地向他道歉，主动批评自己。当得知下属那天刚好乔迁新居时，松下幸之助立即登门祝贺，还亲自为下属搬家具，忙得满头大汗，令下属深受感动。

到此，事情还未结束，一年后的这一天，这位下属收到了松下幸之助亲笔写的一张明信片，内容是：让我们忘掉这可恶的一天吧，重新迎接新一天的到来。看到领导的亲笔信，这位下属感动得热泪盈眶。

领导不是神，总有自己的缺点，也难免会犯错误，有时甚至给别人带来精神上的巨大痛苦和经济上的巨大损失，对此，如果能够及时承认自己的错误并且主动批评自己，一般情况下，总能得到别人的原谅。

领导勇于承认错误，主动批评自己，就是一个了不起的人。事实上，这样的领导一定会受到下属的尊重，从而产生信任。而这个信任会产生一种力量，一种让人信服并且愿意主动追随你的力量，从而拉近与下属之间的距离。

美国南北战争时期北军的失败，给总统林肯带来了极大的烦恼。一天，一位养伤的团长直接向总统请假，原因是他的妻子生命垂危。本来心情就不好的林肯听到团长申请请假，非常生气，厉声斥责说："你不知道现在是什么时候吗？战争！苦难和死亡压迫着我们，家庭的感情，和平的时候会使人快活，但现在它没有任何意义了！"听到总统的斥责，团长很难过，但是无奈的他只能回旅馆休息。

第二天清晨，天还没亮，忽然有人叩响房门，团长打开门一看，竟是总统本人，正在团长不知所措，总统林肯握着他的手说："亲爱的团长，我昨夜太粗鲁了。对那些献身国家，特别是有苦难的人，不应该这样做。我一夜懊悔，不能入睡，现在请你原谅。"不仅如此，林肯还替这位团长向陆军部请了假，并亲自送那位团长到码头。

一个好的领导必然会在工作的过程中不断自省，对于错误也会坦然承认，并且主动向下属道歉，犯了错而不敢承认是欠缺自信的一种表现，因为一个自信的人会坚信自己不会再在同一个地方犯错。而且从另一个角度来讲，如果领导羞于认错，而下属又不敢指正，那么大家就只能眼睁睁地看着错误一再出现，这样不仅会影响团队的竞争力，而且也会减慢对自己能力的提升，影响在员工心目中的形象。

在犯错误之后，不敢承认错误是人性的本能而已，就像一个物体向你飞来时，你的第一反应是躲避它，不被它击中。不仅如此，很多人还会为此而寻找很多的理由来为自己的错误开脱，其实这样是没有任何好处的，试想一下，为了一个错误，你要绞尽脑汁地寻找很多借口，暂且不说这些借口是否合理可信，至少错误不会因为你的借口而消失，只要你不承认，不改正它，那么，说不定它就会回来反咬你一口，让你更加痛苦。

因此，最简单、最直接的方法就是在下属面前主动承认错误，批评自己。第一，这样做你不用为寻找掩饰错误的借口而抓耳挠腮了；第二，下属会因此更加信任你。主动批评自己不但不会降低你在下属心目中的威信，反而会增强他们对你的信赖。

第8章

影响力口才,激发下属的工作热情

在工作中我们不难发现,当下属的某种行为得到领导的正面影响时,其积极性就能得到充分调动,创造力也能得到超水平发挥。可见,领导的艺术不在于下指示、下命令,而在于如何激励、唤醒、鼓舞下属为工作目标去奋斗。一个只会下命令的领导不是好领导,一个真正优秀的领导会运用各种语言艺术正面影响下属的心理,激发他们的工作热情。

❀ 肯定工作业绩，员工才能更有动力

在企业里，每一位认真工作、尽职尽责的员工，每一个在工作岗位上得到或大或小成绩的下属，都非常在乎领导的评价，渴望得到领导给予自己成绩的肯定，可以说，领导的肯定是努力工作的下属最想要的奖赏。

这里所指的肯定，是指领导对下属所取得的成绩给予的一种肯定，一种赞誉或褒扬。"肯定下属的成绩"是一门领导艺术，及时地肯定下属取得的成绩，不仅是对下属的一种尊重，也体现出领导善于发现下属的成绩，还能有效地激发下属发扬长处、努力工作的积极性和下属的工作动力。

领导的肯定和鼓励胜过金钱。肯定是欣赏，是感谢，和下属的喜悦是无法比拟的。美国大器晚成的女企业家玛丽？凯什说："我认为，一个经理鼓励下属的最好方式莫过于肯定他们取得的成绩。""肯定工作成绩"对于鼓励下属、调动下属的工作积极性具有神奇的力量。尤其是一些接连遭受失败的下属，即使他们取得了一点成绩，同样会对干好工作失去信心，从而开始怀疑自己的工作能力，这个时候最需要的就是领导对他们取得的那微小成绩的肯定。哪怕是寥寥几句肯定的话，也能激发下属极大的工作动力。

法国一家化妆品公司新来一位年轻的化妆品推销员，在一次化妆品展销会上只推销了30美元的化妆品，因此，她感到很失落，情绪还很消沉，因为30美元确实微不足道，为此她怕经理责骂她。谁知，第二天经理得知这个消息之后，非但没有挖苦她，还惊讶地说："昨天下午你的营业额达到了30美元？是吗？真了不起！"这个时候，正好有一个女士从旁边走过，这位经理又激动地对这位女士说："尊敬的女士，请允许我给您介绍一下我新招收的工作伙伴，昨天下午她的营业额达到了30美元！"说到这里，她停了一下，然后压低嗓音说："她前两次什么都没有卖出去，可是昨天一下午的营业额就达到了30美元，这是多么值得骄傲的成绩啊！"很明显，这位经理是在鼓励她的下属，肯定她的成绩。

就是因为这位经理的鼓励和肯定，激发了这位推销员的工作热情。几年之后，这位化妆品推销员成为了公司最优秀的推销员之一。

假设一下，如果当时那位经理没有及时地对那位年轻的化妆品推销员取得的成绩给予鼓励和肯定，那么，这位推销员可能就会因为"30美元"失去信心，更不可能成为后来的最优秀的推销员之一。

玛丽？凯什认为："这种鼓励和肯定成绩的方法确实能够增强一个人的信心，能够激发一个人向前迈进的动力。由于我们对每一个细小的成绩都加以肯定，被肯定者才会有信心做出更大的努力。于是，小成绩往往为大成功铺平了道路。"

下属在工作中做出了成绩，不论成绩大小，领导者要及时予以肯定，要让其感到领导时刻在关注自己，并能感到自我价值的实现。这样做不仅有利于进一步提高下属工作的积极性，做出更好的成绩，还能够对其他下属起到鞭策和激励的作用。如果肯定得不及时，时过境迁，下属心灰意冷，这时再去肯定他们的成绩也就失去肯定的意义了。

当然，肯定下属的成绩要讲究一定的方法。要根据下属成绩的影响大小，采用适当的方法。比如，小到一个眼神，一个手势，或是拍一下肩膀；大到开会进行表彰等。还有就是，要对那些取得了巨大成绩的下属，要趁其才华横溢之时，果断地提拔到更加合适的岗位上。这种及时任用，是对下属工作成绩的最大肯定，无论是对工作，还是对下属个人都有重大的意义。

不过，肯定下属取得的成绩也不是无原则地肯定，下面总结了几条原则，希望领导能够遵照。

1. 肯定时要有诚意

领导在肯定下属取得的成绩时，说话要有诚意，要真心实意。不能虚伪地肯定，让人一看就是惺惺作态，与其这样，还不如不说。

2. 肯定时要有度

在肯定下属取得的成绩时，要掌握一定的"度"。

如果对下属的肯定过高，就会使他产生飘飘然的感觉，不利于下属正确认识自己所取得的成绩，或者会让下属感到领导是在说套话、说大话，因而对领导产生不信任感；如果对下属取得的成绩肯定不足，就会直接挫伤下属工作的积极性。

3.肯定时不要过于吝啬

有些领导不太注重肯定下属的成绩，尤其是跟自己关系密切的下属，在肯定的运用上就表现得很吝啬。

认为下属所取得的成绩是他本身该尽的职责，作为领导，心中有数，不用多费口舌。这样同样会打击下属的积极性。

❀ 赞扬下属的能力，令其受到鼓舞

著名的教育家叶圣陶先生说过这样的话："除非是圣人和傻子，人没有不爱听赞扬的。"赞扬能够拉近领导和下属之间的距离，能够激发下属工作的激情和潜能。赞扬在领导与下属的关系中尤为重要，这也是领导激励和认可下属的一种方式。

然而，现实中有很多领导都吝啬称赞下属做得如何好，他们将此归咎于缺乏必要的技巧。其实，称赞下属远远没有想得那么复杂，根本不用考虑时间、地点的问题，只要你愿意，随时随地都可以称赞下属。赞扬下属最有效的方法就是你走到你的下属面前，告诉他们："你的做法真是公司的榜样啊！好样的！""你做得太棒了，果然没有令公司失望……"。作为领导，要知道，打动下属最成功的方式就是真诚的欣赏和善意的赞许。总之，一句赞扬的话能够让下属的士气受到鼓舞，激发无穷的动力，拼命地工作。

道格拉斯是一家印刷厂的厂主，有一天，他收到了车间主管转交给他的一份非常糟糕的印刷品，这明显是一位刚进厂不久的工人干的活。这位新来的工人刚上班不久，由于怕动作慢了，不能按时完成任务，慌慌张张的，没有注意产品的质量，结果印刷出来的产品大部分不合格。

车间的主管认为这位新工人实在不认真工作，就狠狠地训斥了他一顿，说如果厂子里的工人都像他一样不负责任的话，那厂子里的残次品就堆积如山了。最后还说再出现这样的情况就要开除他。

道格拉斯在了解到这一情况后，找到那位新工人说："昨天我很荣幸看到你印刷的产品，印得相当不错，年轻人，你干劲儿很足啊，每天都能按时产出那么多的产品。要是我们厂子里的工人都能像你那样有激情，那么我们的厂子就少有对手了。希望你能继续努力，好好地干下去。"

道格拉斯从头到尾没有说一句批评的话，有的只是表扬和赞美，他的表扬和赞美对这位新工人影响很大。果然，这位年轻的新工人后来干得很出色。

由此可见，赞扬的话可以改变一个人。这是因为，赞扬可以奇迹般地激励他人，使其在心理上和生理上都振奋起来。适当的赞美和表扬能够给人一种不可思议的推动力量，甚至改变人的一生。

作为领导者，应该通过强调下属积极的东西——重视、欣赏和表扬下属做得好的事情，强化下属"把事情做好"的意识，这有助于让他们以一种更加积极的心态去对待本职工作。

美国哈佛大学心理学专家斯金诺通过研究表明：动物的大脑在收到鼓励的刺激后，大脑皮层的兴奋中心就会调动子系统，从而影响行为的改变。同样的道理，人作为万物之灵长，期望和享受欣赏是人类最基本的需要之一，日本的社会心理学家在细孝就说过："人们在对你赞誉、佩服或表扬时，哪怕是应酬话，你也会觉得很舒坦。可是，当听到他人对你批评或难听的话时，哪怕他不是恶意中伤，而且又部分符合实际，你也可能长期对他抱有反感。"一般下属的身上，都有着难以觉察的闪光点，或是某种能力，哪怕这种能力再微小，而这些正是一个下属个人价值的生动体现。而一个优秀的领导者，往往都是独具慧眼，大多是赞扬下属的专家。

领导者的赞扬是下属工作的精神动力。同样，一个下属在不同的领导者手下工作，工作劲头会截然相反。这与领导者是否善于运用赞扬的激励方法有着密切的关系。所以，优秀的领导者一定会多用赞扬的方式来激励下属，这样，下属们在工作的时候才会激发出更大的工作热情。

不过，赞扬下属虽说是一件好事，但也不是一件简单的事。在赞扬下属的时候，如果不掌握一定的技巧，即使是真诚的赞扬，也未必能取得良好的效果。因此，赞扬的话也要学会巧妙地说，这样才能收到预期的效果。

下面是总结的两条技巧,希望对领导者有所借鉴。

1. 赞扬下属要实事求是

领导在说赞扬的话之前,先要考虑一下,这种赞扬有没有事实根据,下属听了是否会相信,第三者听了是否会不以为然,一旦出现异议,你有没有证据来证明自己的赞扬能否站得住脚。

所以,赞扬只能在事实的基础上进行,要实事求是。

2. 赞扬的话要热情具体

在生活中,经常听到有人这样漫不经心地赞美别人:"你的球打得真不错!""你的衣服真漂亮!"……这种缺乏热诚的空洞的赞美并不会使人感到开心,有时甚至会因为你的敷衍而引起对方的不满和反感。

如果这样说:"你的球打得真不错,应该可以进专业的球队了!""你的衣服真漂亮,很适合你这个年龄!"这种说法比那种空洞的赞扬更有吸引力。

☺巧妙激将,激发出下属更大的潜力

身为一名领导,经常会碰到这样的下属:你有一项任务,准备交给下属去做,尽管他有足够的能力完成,但却推三阻四地找出一大堆不愿意干的理由。这个时候,如果领导用"激将法"刺激他一下,则会起到很好的效果。

"激将法",通常是从反面刺激对方,使其接受建议,从而达到激励的效果。有些时候,因为种种原因,正面鼓动难以奏效,就不妨从反面来刺激一下对方,直接贬低对方,从而激起他的巨大潜力。

刘刚现在是一家上市公司的副董事长,有一次,在跟同事们聊天的时候,刘刚充满深情地提到了初中的一位老师,并感慨地说,如果没有那位老师当年讲的话,可能就没有自己的今天。同事们都在心里暗暗猜想:那位老师当年讲的肯定是很深情、很有鼓动性的话吧。有一位同事耐不住性子就问了刘刚,结果却出乎大家的预料。

原来,刘刚上初中时整天调皮捣蛋,不好好学习,喜欢跟别的同学打架,还经常顶撞老师……他在老师和同学的眼中就是一个顽劣不堪的学生,家长和老师都驯服不了他。直到有一天，他所在的班级来了一个新班主任，他才有所改变。有一天，他又一次跟别的班级同学打架，并把人家的头打破了，那位新来的班主任怒气冲冲地对他说："刘刚，我看你确实是扶不起的刘阿斗，这辈子都没有出息了，如果这辈子能有点出息，那绝对是太阳打西边出来了。你就这样混日子吧，我把手指头剁了也不相信你能干出点出息的事儿……"

班主任老师的这番话对当时还只是孩子的刘刚触动很大，他没有想到老师和同学们从心里都瞧不起他，认为他不会有出息。于是，他在心里暗暗跟老师打了个赌，自己非要干出一番事业来让老师看看，拿成绩来堵住老师的嘴。于是，刘刚决定改掉所有的恶习，好好学习……

最后，刘刚通过自己一步步的努力，终于获得成功。那时，他才真正明白老师当年说那番话的良苦用心。

上述故事是一个使用"激将法"的典型例子。班主任老师抓住刘刚的心理，狠狠地迎头泼上一盆冷水，打击一下他的情绪，这让刘刚在愤怒之下爆发出巨大的力量，从而有了现在的成就。这也是一种激励。

此外，三国时期的蜀国诸葛亮也很善于运用"激将法"。

在《三国演义》第六十五回中，马超率兵攻打葭萌关的时候，张飞请令出战，诸葛亮却故意说："马超勇猛无比，在渭水将曹操杀得大败，此番只有派张飞、赵云二位将军才能将他打败。可是赵云在外驻守，看来只有把关云长调回来，配合张飞出战了。"

这一下，激恼了张飞。张飞当即立下军令状，说不拿下马超就提头来见。果然，张飞一个人出战马超，最终使马超归降。

论个人战斗力，张飞不一定敌得过马超，但正是诸葛亮的"激将法"起了重要作用，激发出了张飞巨大的潜力。

"激将法"已成为现代企业管理中激励员工发挥潜能的方法之一。激将法好用，但用好却有讲究。领导在使用激将法时应该因人而异，要避免试图一蹴而就的做法，这也是确保激将法产生效果的关键。否则，如果忽视下属的客观差异，"激将法"运用失当，难免会产生副作用。

因此,领导在使用"激将法"激励下属时,要把握以下两个原则:

1. 选择好对象

"激将法"有一定的适用范围。"激将法"主要适用于那些社会经验、人生阅历不太丰富,并且容易感情用事的下属身上。对于那些老成持重、社会经验丰富、办事稳重的人,"激将法"就难以发挥作用。

另外,要注意的是,"激将法"也不适合用在那些性格内向、自卑感强、做事谨小慎微的下属身上。因为那些下属往往心理承受能力较差,过于刺激的语言往往会被他们误认为是对自己的嘲笑、挖苦,很有可能因此对领导心生怨恨。因此,选择好对象是领导使用"激将法"要把握的第一原则。

2. 注意言辞的分寸

领导在使用"激将法"时,还要注意语言的分寸。如果语言过于刻薄或者锋芒太露,容易使下属形成反抗的心理。如果语言过于无力,不痛不痒,就难以让下属的情感产生震撼。

因此,领导在使用"激将法"激励下属时,一定要掌握好语言的分寸,既不要太过,又不能不及。

✿设立目标,令下属看到奋斗的曙光

每一位下属都需要成就感,都希望不断获得成功,而成功的标志就是达到了预定目标。有了目标,下属工作的时候才会感觉有奔头,才能产生奋斗的动力,这也是采用目标激励最大的作用。正如联想董事局主席柳传志说的那样:"目标是最大的激励,给下属一个值得为之努力的宏伟目标,比任何物质激励都来得实在,也比任何精神激励来得坚挺。"

目标作为一种满足人的需要的外在物,对人们的积极性起着强烈的诱发、导向和激励作用,并可以调节人们的行为,把行为引向一定的方向,使人们获取心理上的满足。

有一位心理学家做过这样一个实验:有甲、乙、丙三个 10 人的小队分别步行 20 千米到达三个不同的村庄。

甲小队不知道要去的村庄的名字，也不知道要走多远的距离，道路的两边更是连一个指示标志都没有，后面的队员只是跟着前面带队的人往前走。结果，仅仅走出去四五里路，队伍里就有人叫苦不迭了，领头的人提醒队员们再坚持坚持，但是又往前走了四五里路，又有几个队员实在坚持不了了，说什么也不往前走了。结果这个小队的人越往后走，情绪越低落，最后到达目的地的人寥寥无几，而且每个人都显得疲惫不堪。

乙小队就比甲小队幸运多了，不过沿途仍是没有任何指示标志。他们已经估计出需要走多久，谁知道在走了一半的路程之后，也有队员开始叫苦不迭，问领队的人还要走多远的路。由于没有指示标志，领队的人也不能告诉这些队员确切的信息，只是凭借经验说可能还有一半的路程。于是，队员们又坚持着朝村庄走去。当走到距离村庄还有 1/5 的路程时，又有队员开始闹情绪了，觉得这条路怎么总是走不到头，越走越疲劳，于是就有很多队员放弃了。最终到达村庄的只比甲小队多两个人。

丙小队是最幸运的，他们不仅知道村庄的名字，还知道要走多远的路，更让人庆幸的是，路边每一公里处都有指示路牌，告诉人们要到达的村庄的距离。队员们一边走，一边留意指示路牌，每走一德治米，心里就是一阵小小的快乐，然后再朝着下一个指示路牌走去，所以他们的情绪都很高涨，并且忘记了疲惫。走了 15 千米路时，才有队员感到有点累，但他们并没有叫苦不迭，更没有队员说放弃，反而大声唱起了歌，相互鼓励、搀扶，继续向前走。最后三里地村庄隐隐若现的时候，队员们已经忘记了疲惫，越走越快，最后所有队员都到达了目的地，并且彼此拉着手欢快地跳起了舞蹈。

通过心理学家的这个实验不难知道：人的行为有没有目的性，其结果是完全不一样的。人的行为一旦失去了目标的指引，非常容易引起身体疲劳、情绪低落和心理上的不适应，即使达到了目标，人们也不会产生满足感。而有了明确的目标，并且把自己的行为与目标不断对照，清楚地知道自己与目标之间不断缩小的距离时，人们就会产生强大的动力，获得更大的满足。

在现代企业管理中也是一样的道理。如果下属连自己的工作目标都不明确，就失去了奋斗的方向，或是失去了目标的指引，那么就不会产生满足感,更容易滋生压力,导致出现一系列的心理问题。相反地,如果下属有了明确的目标作为指引,那么就会自然而然地产生实现目标的动力,心理抗压能力也会增强,目标实现后还能以更高的热情继续投入工作。这样一来,就会形成一个良好的连锁反应。因此可以说,目标是对下属最大的激励。

领导要想成功地激励下属,使其产生巨大的工作动力,就要善于不断地为下属制定具有诱惑力的目标,让下属永远充满希望,努力实现领导者的预言,促进下属与企业一同进步。松下电器的创始人松下幸之助曾经说:"领导者的重大责任之一,就是让员工拥有梦想,并指出他们努力的目标,否则就没有资格当领导。"在他担任松下电器社长期间,他就不断地向员工描述公司发展的目标,不仅让员工对未来充满了希望,看到了自己未来奋斗的目标,同时也震惊了全世界。一时间,松下电器成了同行们学习的榜样。

那么,领导在为下属设立目标时,如何才能设计得合理、科学呢?下面总结了三条原则,望领导设定目标时能够遵循。

1. 目标的可行性

领导在设定目标时要注意目标的可行性。换言之就是,目标实现的可能性的大小和目标的实现对于下属本人价值的大小。如果,领导设定的目标可行性比较大,并且目标的实现对下属本人的价值也很大,那么,这种目标的激励作用就越大。反之,当下属的需要与目标存在差距时,他们的心理就会处于紧张状态,激励的作用就越小。

例如,某公司的员工一个月的平均工资是 1600 元,而公司最近的效益又不太好,这个时候,公司领导对员工说:"大家好好干,等我们公司明年上市了,我给大家的工资翻三番!"试问,如果你是这个公司的员工,听到领导这么说,你会有工作动力吗?肯定没有,公司目前只是一个小规模的公司,而最近效益又不好,等公司上市估计都猴年马月了,谁会去傻傻等待这种几乎难以实现的"涨工资"呢,作为领导你不妨告诉员工:"虽然公司目前效益不好,但是我要告诉大家的是,只要这个月我们公司的效益和上个月持平,我就给大家发红包!"我相信,这样可行的目标更容易激起员工的士气。

2.目标要具体明确

领导设定的目标越具体明确，下属行动的效果越容易达到最大化；反之，就会出现下属动力不足，即使下属盲目用力，可能取得的结果并不是公司想要的，这样一来，下属的积极性就会削弱。例如，告诉下属"下个月我们的目标是 1000 万！"要比"下个月我们一定要做更多的业绩！"更能激励下属。

3.目标难易度要有阶梯性

领导设置的目标如果能够轻易地被下属实现，就难以吸引下属，自然就激发不出他们足够的热情和干劲。如果目标的难度非常大，下属为此会失去信心也不会感兴趣。例如，在告诉下属一个 5 年规划的同时，要把这个目标分成几个阶段，让下属一步一步地去实现。

⊗ 宽容的言谈令下属感激，从而工作更奋进

在很多企业里，当下属犯了错误时，领导者都会严厉批评一番，有时甚至将员工骂得狗血淋头。在他们看来，似乎这样才会起到杀一儆百的作用，才能体现规章制度的严肃性，显示出领导的威严。其实，有的时候过于关注员工的错误，尤其是一些非根本性的错误，会大大挫伤员工的积极性和创造性，甚至使员工产生对抗情绪，这样就会产生非常恶劣的效果。有这样一句话："总盯着下属的失误，是一个领导者的最大失误。"因此，在管理过程中，领导者要学会宽容下属的错误。

宽容是一种很好的"驭人之道"。对下属管理得当就会对下属起到很好的激励作用。作为领导，不仅要有宽容之心，还要会说宽容的话，要从全局出发，用发展的眼光看待问题，用宽容的心面对下属所犯的错误，并且多给下属一些鼓励，通过说一些宽容的话进行激励，来达到激发员工的工作热情、提高工作效率的目的。只有宽容才会让下属工作更有信心，才会让下属对领导有一种真正的感激，从而加倍努力工作。

有着"全球第一 CEO"之称的通用电气最高首席执行官杰克·韦尔奇在

对待员工犯错误时就表现得很宽容。

杰克·韦尔奇认为：管理者过于关注员工的错误，就不会有人勇于尝试。而没有人勇于尝试比犯错误还可怕，它使员工故步自封，拘泥于现有的一切，不敢有丝毫的突破和逾越。所以，评价员工的好坏，重点不在于其职业生涯中是否保持不犯错误的完美记录，而在于其是否勇于承担风险，并善于从错误中学习，获得教益。

通用能表现出强大的企业竞争力，与韦尔奇的这种对待员工错误的方式有莫大的关系。同样，西门子公司对员工的错误也持宽容的态度。

西门子(中国)有限公司人力资源总监说："我们允许下属犯错误，如果那个人在几次犯错误之后变得'茁壮'了，那对公司是很有价值的。犯了错误就能在个人发展的道路上不再犯相同的错误"。在西门子有这样一句口号："员工是自己的企业家。"这种氛围使西门子的员工有充分施展才华的机会，只要是有创造性的活动，失误了公司也不会怪罪。

对待下属和员工的错误保持宽容是一个优秀领导者的美德。

日本有一个表演大师，有一次在上场前，他的弟子告诉他鞋带松了。大师点头致谢，蹲下来仔细系好。等到弟子转身后，他又蹲下来将鞋带松开了。有个到后台采访的记者看到了这一切，不解地问："您为什么又将鞋带解松呢？"大师回答道："因为我饰演的是一位劳累的旅者，经过长途跋涉以致鞋带松开了，通过这个细节可以表现他的劳累状况。""那你为什么不直接告诉你的弟子呢，难道他不知道这是表演的真谛吗？""他能细心地发现我的鞋带松了，并且热心地告诉我，我一定要保护他这种热情的积极性，及时地给他鼓励，至于为什么不当场告诉他，我想教育的机会将来会有更多，可以下一次再说啊。"

这位表演大师并没有因为弟子看不出自己的用心而责怪他，而是对他的错误保持了宽容，并且对他的细心进行了嘉奖，可谓别具匠心。这样既没有打消弟子以后细心面对生活的热情，又为日后的教育做了良好的铺垫。

做个有宽容之心的领导者，这样会让下属发自内心地感激你。领导者应该清楚每个下属的能力,不能总以一成不变的标准或自己的标准来要求下属。当然,对下属严格要求也是必要的,因为严格要求和宽容待人是不矛盾的。严格要求即是指领导者要为下属制定高标准的工作要求,而宽容则是指在下属犯错误或因为某种原因没有按时完成工作时领导应该对他们采取的态度。假如一个领导者总是一味地盯着下属犯的错误,就会大大打击他们工作的积极性,更别说激发他们工作的热情了,这对企业的发展没有丝毫的好处。

一个优秀的领导者在下属犯错时,是不会一味地责怪或批评的。他们会以宽容面对下属的错误,变责怪为激励,变惩罚为鼓舞,让员工在接受惩罚时怀着感激之情,进而达到激励的目的。每个下属都是需要鼓励的,有鼓励才能产生动力。批评的同时给予适当的肯定,把握好了,你将会成为一名出色的领导者。

✿利用好胜心理,激发员工斗志

在田径场上,运动员独自跑步也许跑不出什么惊人的成绩,如果给他找一个竞争对手,他就会不由自主地加快速度,这就是竞争的作用。如果将此法用在管理上,一定能够激起员工的好胜心,让他工作起来不仅斗志昂扬,还会卓有成效。

如今处在这个竞争激烈的社会,竞争不仅是企业生存的最大武器,同样也是激励员工向上的绝好方式。"马儿眼见就要被其他马儿超越时,跑得最快。"在员工之间注入竞争意识,利用他们的好胜心理,可最大化地激发他们的工作热情,满足他们获胜、拔尖、成为优秀者的愿望,进而让员工个个都能发挥自己的最大潜能。

丹尼尔斯是一家炼钢厂的老板,不过最近钢厂的生意不是很好,因为钢厂的工人们总是完不成定额。

于是,丹尼尔斯到生产车间找到负责生产的经理询问:"像你这么一位有能力的经理完不成工厂的任务,那应该怎么办?"

"我也不知道，我现在已经黔驴技穷了，"这位经理回答说，"我已经用好言好语鼓励过这帮工人，我也想方设法劝告过他们，还骂过他们，甚至用开除来威胁过他们，但是都没有效果，他们还是照样完不成任务。"

他们谈话的时间正是白班即将结束，而夜班还没有开工的时候，"给我一根粉笔，谢谢，"丹尼尔斯说，然后他转向离他最近的一位工人并问他："你们今天白班炼了几炉钢？"

"6炉。"这位工人回答说。

丹尼尔斯什么话都没说，他拿起手中的粉笔在墙壁上写了一个大大的"6"字，转身就离开了。

白班下班时，夜班的工人正好进来，看到墙壁上大大的"6"字，就问白班的工人怎么回事。"今天老板来我们这里了，"白班工人说，"他问我们今天白天炼了几炉钢？我告诉他6炉，于是他就用粉笔在墙壁上写下了这个'6'字。"

第二天早晨，丹尼尔斯再次来到这个炼钢的车间。夜班工人把墙上的"6"字擦掉了，重新写了个"7"字。白班工人看见夜班工人在墙壁上写了个大大的"7"字。夜班工人想他们的成绩比白班好。所以白班又想超过夜班，他们热火朝天地大干了起来，到了交班的时间，他们竟然在墙壁上写下了个大大的"10"字，此后一班胜过一班。

于是，在相当短的时间内，这个原本生产落后的炼钢厂现在却转变成了一家位居全前列的炼钢厂。

要问丹尼尔斯究竟使用了什么方法使厂里工人的干劲如此的高涨，用他自己的话说就是：竞争的方法。工人们不是为了多得工资，而纯粹是被好胜心所驱使。用竞争来激励员工，可以使他们表现得越来越好。竞争可以强烈地刺激每位员工的进取心，使他们力争上游，你追我赶，每个人都能够拥有极大的工作热情。

心理学家通过实验已经表明：竞争可以增加50%或更多的创造力。因为每一个人都有自尊心、上进心、耻于落后，而竞争是刺激他们的上进心的最有效方法，同样也是激励员工的最佳手段。在企业里，缺少竞争，员工就缺少压力，没有压力就没有动力，员工自然就不会有多么大的工作热情，也不会有多么高昂的工作斗志。

因此，领导者应该充分利用员工的好胜心理，多使用竞争激励的方法，让每一位员工都有竞争的意识并能参与到竞争中来，这样做不仅可以让员工的斗志经久不衰，就连企业的活力也会永不衰竭。换句话说就是，只有竞争员工才能士气高涨，企业才能生存下来。

领导者在使用竞争激励时，可以通过在企业中举行各种各样的竞赛，比如销售竞赛、服务竞赛、技术竞赛等，并公布竞赛成绩，奖励获胜者；公开竞选，进行各种职位竞选。还有一些称为"隐性的竞争"方式，比如定期公布员工工作成绩、定期评选先进员工等。领导者可以根据自己公司的具体情况，不断推出新的竞争方法。

另外，领导者在实行竞争激励时要避免恶性竞争的出现，一旦出现恶性竞争，就势必会破坏团队精神。而企业的成功是依赖于全体员工的团结，而不正当的竞争却足以毁掉企业赖以生存的根基，更谈不上激励员工了。那么，如何才能避免恶性竞争的出现呢？以下总结了几点方法，希望对领导们有所帮助。

1. 对员工进行团队精神的教育，要让员工们明白：竞争的目的是团队的发展，而不是"内耗"。

2. 创造一个富有奖励的共同目标，只有让员工团结合作才能够达到最终目标。

3. 对竞争的内容、形式进行慎重的选择，剔除易产生彼此对抗、直接影响对方利益的竞争项目。

4. 创造或找出一个共同的威胁或"敌人"，如另一家同行业的公司，借此转移员工们的对抗情绪。

综上所述，领导者在利用员工的好胜心理进行竞争激励时，一定要避免出现恶性竞争，积极引导员工进行良性竞争，只有这样才能激发员工的热情、干劲和斗志。

第9章

教导有力,引导下属正确行事的口才

"玉不琢,不成器"。作为一名管理者,如果你想塑造一个训练有素的、团结的、有战斗力的员工队伍,如果你想让你的下属按照你期望的方式和行为来完成任务,取得预期的成果,就必须运用好口才这门艺术,通过严谨、准确、灵活的谈话方式教导对方,让其可以正确有效地执行工作。

❀ 下达指令要绝对，指示要明确

领导者日常工作的大部分内容和时间都是在对下属进行管理，其中最常见也最普遍的管理方式就是下命令。但是，有些企业的领导经常向下属下达一些让人摸不着头脑的指示或者含糊不清的命令，然后就会责怪下属没有认真地执行他的命令。于是，就有一些领导经常抱怨说：他们的命令总是不能被下属很好地执行。殊不知，下属没能很好地执行命令主要是因为命令本身的不明确。

宋明远在一家单位当科长，最近总是为这样一件事所困扰——在工作中总是得不到下属的协助。

在参加一次单位组织的座谈会时，碰见了一位老前辈，于是宋明远向这位前辈诉苦，并请他支个招。老前辈问他："你在给下属下指令的时候，有没有明确地指出命令的具体内容和目的呢？"……经过这位职场老前辈的悉心指点，宋明远这才恍然醒悟，原来一直困扰自己的问题，根源竟然在自己身上，源于自己在给下属下达指令的时候从来都是含含糊糊，没有对下属详细说明指令的内容和目的。于是他下定决心改掉这个缺点。

第二天，他又要给下属下命令："这个方案你必须在下周举办的员工表彰大会上提出来，所以，你必须在表彰大会召开的前三天完成它。还有，这一则招聘人才的启事除了在报纸上刊登，还可以登在一些求职杂志上，你还要在一些招聘网站上动动脑筋。去吧，尽快把它做好。"这次，下属则没有推脱，麻利地去执行了。

领导在下达命令时，有必要向下属全面介绍一下相关工作的情况，这样做不仅有助于下属从全局来考虑问题，还能发挥工作的主动性，有助于下属出色地完成任务。

领导者在下达使人容易明白的、简洁而清楚的命令时，下属就能够准确地知道你想做什么，他们也就会马上着手去做。下属们没有必要一次又一次地跑回你那里只是为了弄清楚你说的话。在大多数情况下，下属们没有为你做好工作的主要原因，就是他们没有真正弄明白你究竟想做什么。因此，作为领导，如果你希望你的指令能够被下属不打折扣地执行到位，那么，命令的清晰明确是绝对必要的。

那么，领导如何做才能使下达的指令更加明确，有利于下属的执行呢？

1. 下达的指令一定要简洁

领导下达的指令要简洁，越简洁的指令越容易被下属执行。

简单明了的指令比较容易被下属理解，有利于加快下属执行的速度，并且在执行时能有效地减少错误的出现。

但是简洁不等于模糊，其中特别需要注意的事项绝对不能省略。

2. 下达的指令一定要准确

领导给下属下达指令时，如果表达得不清晰，存在歧义，就会导致下属不能完全按照领导的意图去执行，领导可能会因此批评下属的领悟能力，对于那些动作迟缓的下属领导还会表现得很不耐烦，久而久之，领导与下属之间不可避免地就会产生矛盾。

因此，在向下属下达指令时要求领导准确清晰地说出自己对任务的要求，这样下属就不会因为听不明白而导致执行不力了。

3. 下达指令时一定要抓住重点

领导在向下属下达指令时要抓住重点。

但是，在很多时候，很多领导在下达指令的时候他们自己都没有弄清楚指令中的要点是什么，下属们听了更是丈二和尚摸不着头脑，即使听了也记不住，极易漏掉要点，最后导致执行不到位。

所以，在向下属下达指令之前，领导们对于任务的要点必须一清二楚，这样在布置任务时就能使下属一目了然，明白该做什么，怎样去做。因此，也就不会出现执行不到位的情况。

4. 对自己下达的指令要做记录

在大部分企业里，领导都是日理万机，事务繁忙，有时候一天可能要下达七八个指令，时间久了，常常连自己都忘记具体下达了哪些指令。因此，为了避免这种情况的出现，就要求领导者对自己下达过的指令做个记录。

比如,领导者可以制作一张"指令记录表",在上面填上任务的具体内容、任务执行者、要求完成的期限、要求达到什么样的结果等内容。这样做的好处是,不仅方便领导者自己记忆,同时也能监督下属更好地执行。

✪ 运用幽默之语,让下属欣然接受工作

幽默是思想、学识、智慧和灵感在语言运用中的结晶,是一瞬间闪现的光彩夺目的火花。有人曾经形象地说:"没有幽默感的语言是一篇公文,没有幽默感的人是一尊雕像,没有幽默感的家庭是一间旅店,没有幽默感的社会是不可想象的。"

可见,人与人沟通时不能没有幽默感,尤其是领导者,由于地位的特殊性,在日常工作中往往需要说很多话,所以,在谈话的过程中,一定要恰当地运用幽默的语言。

看看下面故事中的这位主任,就是通过幽默的语言让下属欣然接受工作的。

莉莉是一家公司办公室主任的秘书,这天在下班的时候,她着急忙慌地往外走,因为她要赶时间去赴男友6点半的约会。谁知道,在跨出办公室门的时候,主任却叫住了她。

"莉莉,能不能帮我再打印一份报告?"主任对站在门口的莉莉说。

"现在已经下班了,我还要赶时间参加约会,明天吧。"莉莉无奈地答道。

主任看莉莉一脸尴尬、无奈的表情,然后故作谦虚地说:"我的头脑是586,而你们年轻人是奔腾4,所以那份报告应该可以很快就能打出来的。"听完主任如此幽默的话,莉莉低头看了看表,欣然接受这个"临时加塞"的任务。

结果,莉莉只用了十分钟就打印完了那份报告。

像上面这位主任一样的领导,一定会和下属打成一片,因为这样的领导不会用权力压人,他们会运用幽默的语言让下属在笑声中欣然接受工作。作为下属,遇到这样的领导,下属做出一些让步也是心甘情愿的。

还以上面的故事为例，如果，那位办公室主任在向莉莉分派工作时，依靠权力威胁道："如果你不留下打印那份报告，我就辞退你。没有了这么好的工作，你在你男朋友眼里就什么都不是了。"这样说话只会让下属对身为领导者的你产生强烈的反感，甚至还可能引发更深层次的矛盾。而在你的言谈中使用了幽默的语言之后，不仅能够贯彻你的主张，让下属欣然地接受任务，还做到了不得罪下属。何乐而不为呢？

说话幽默的领导为人豁达，说出的话风趣诙谐，有魅力，能够为自己增加亲和力，容易让人接近。

有一位秃顶的将军去参加一个宴会，身边的侍应生由于紧张，把手中的酒水洒到了他的秃头上。侍应生赶忙道歉，吓得大气都不敢喘了，旁边的人也都看着这位一向看起来很严肃的将军。

出人意料的是，那位将军却自嘲地说了这样一句话："我说小兄弟，你觉得这种方法能够治疗秃头吗？"宴会上的人都被逗得哈哈大笑，一时紧张的气氛得到了缓和。将军得体的幽默，得到了大家的称赞。

幽默的谈吐能够给下属以美的享受，更能够显示出领导者高明的说话水平。幽默是人际关系的开心果，是领导和下属沟通的纽带，在领导和下属沟通交谈的过程中必不可少。当然，作为领导，要让你的幽默运用得恰到好处，就要注意以下三点：

1. 选择合适的对象和时机

在与下属的言谈交流中，幽默的语言固然能够起到积极的沟通作用，但是如果不能选择合适的对象和恰当的时机，便会引起对方的不满和愤怒。

比如，在长辈和师长面前，当对方比较伤感的时候，最好能够严肃一些。

2. 明确动机

幽默不同于别的语言表达方式，幽默讲究含蓄。它不是尖酸刻薄的讽刺，又有别于恶意地嘲笑。人们常常利用幽默对社会上的一些不良现象进行善意的批评，通过"笑"给人以启示。

3. 切勿粗俗

领导在与下属沟通交流时，加入一些幽默的语言，能够让下属在笑声中消除紧张和难堪,更有利于打开下属的心扉,利于下属畅所欲言,达到流畅沟通的目的。

但是在使用幽默的语言时,要多使用高雅的幽默,切忌粗俗的幽默。高雅的幽默代表着一个领导的文明程度的高低、修养的深浅,高雅的幽默能够增强领导的亲和力和感召力,说话诙谐幽默、举重若轻的领导,往往能够得到下属的欢迎和爱戴。

如果领导者在使用幽默时,附庸风雅、哗众取宠,甚至过于粗俗、低级趣味,不仅不能提高领导的形象,而且还会导致下属们的反感甚至厌恶。

✿巧妙不乏真诚地向下属表达歉意

领导者在和下属相处或交谈时,难免有做错事或说错话的时候。作为领导者,如果因为自己的言行不慎而给下属带来了精神上的痛苦或是其他方面的损失,那么,领导者就应该及时向下属道歉,真诚地道歉,以求得对方的原谅和宽恕。

真诚地道歉不但可以修补破裂的关系,而且可以增进领导与下属之间的感情。然而,在很多领导者看来,向下属道歉就是否定自己,再说自己的面子也过不去,因此,是一件十分尴尬的事情。事实上,如果在发现自己办错事或说错话时,如果不能向下属表达歉意或承认错误,任由自己一错再错,这才是最尴尬、最可怕的事情,这样不但不能修补破裂的关系,而且可能导致更大的、更激烈的矛盾出现。因此,领导在和下属相处或交谈时,一旦发现自己做错事或说错话,应该及时向下属致歉,以免矛盾进一步升级。

1754年,还只是一名上校的华盛顿率领部下驻守亚历山大。

有一次,在选举弗吉尼亚州议会会员时,有一名叫威廉·佩斯的人反对华盛顿所支持的人。据说,华盛顿与佩斯在关于选举问题的某一点上发生了激烈的争论。华盛顿说了一些冒犯佩斯的话,佩斯便把华盛顿一拳打倒在地。华盛顿的部下立马冲过来,准备为他们的长官报仇,但是华盛顿当场进行制止,并劝说他们返回驻地。

第二天一大早，华盛顿递给佩斯一张小纸条，要求他尽快到当地的一家小酒店去。

佩斯如约到来，他本来是准备进行一场争斗的，但是他看到的场面却令他感到惊讶：他看到的不是手枪，而是酒杯。

华盛顿说："佩斯先生，犯错乃是人之常情，纠正错误是件光荣的事情。很抱歉我昨天向你说了那样的话，我相信昨天我是不对的，你已经在某种程度上得到了满足，如果你认为此事到此可以解决的话，那么，请你握住我的手，让我们成为朋友。"

从此之后，佩斯便成了一个热烈拥护华盛顿的人。

华盛顿用真诚的道歉不仅赢得了对方的尊重，还赢得了对方的支持。由此可见，道歉并不是什么见不得人或没面子的事情，真诚地道歉反而会给你带来尊重和支持。

所以，领导者在与下属相处时，免不了说错话、办错事、得罪人，如果领导者们能够及时认识到自己的错误，真诚地向对方道歉，不但能得到对方的谅解，而且还会增进与对方的感情。相反，如果在发现自己犯错时一味地为自己找借口辩解，这样非但得不到谅解，还会失去下属的信任和拥戴。因此，领导者要想拥有良好的人缘，就不能小看道歉的作用。

道歉也要讲究方法和技巧的，以下是在道歉时必须注意的几个问题：

1. 态度要诚恳

领导在向下属表达歉意的时候，首先要求领导的态度必须诚恳。

美国著名学者苏珊·杰考比这样说过："在我最初的记忆中，母亲对我说，在说'对不起'时，眼睛不要看地上，要抬起头，看着对方的眼睛。这样，人家才会明白你是真诚的。我母亲就这样传授了良好的道歉艺术：必须真诚。你必须不是在假装做其他事情。"

道歉并非耻辱，而是真挚和诚恳的表现。

2. 道歉要及时

领导在犯了错误，向下属表达歉意的时候一定要及时，即使不能在第一时间里表达你的歉意，日后也要看准时机及时表示自己的歉意。

闻一多先生早年曾经是"新月派"的诗人，与鲁迅先生产生过矛盾，跟他做对过。但是后来当他发现是自己的错时，鲁迅先生已经逝世。于是，他便在纪念鲁迅先生的大会上，当众表示自己对鲁迅先生深深的歉意。他说："反对鲁迅先生的还有一种自命清高的人，就像我这样的一批人。"讲到这里，他忽然转过头去，望着墙上的鲁迅像，鞠了一躬，然后说："现在我向鲁迅先生忏悔：对不起，我们错了。当鲁迅正在受难时，我们却在享福。如果当时我们能有鲁迅那样的硬骨头精神，哪怕只有一点，中国也不会像现在这样了。"对于闻一多这种坦诚直率的品德，与会者无不报以热烈的掌声。

由此可见，及时道歉，在很大程度上能够弥补言行不当带来的后果。

3. 道歉要坦诚

领导者在发现自己犯了错误时，要检讨自己，纠正错误，学会道歉。这是一种美德并且值得尊敬。

因此，不必躲躲闪闪，但也不能夸大其词，一味地往自己脸上抹黑，那样，下属不仅不会接受你的道歉，而且会心生厌恶，觉得你是虚伪的。

✿ 委派任务的话要说好，方能事半功倍

在现代一些企业中存在这样一种现象：领导者动不动就亲自上阵，无论什么工作、无论事情大小都自己干，结果领导者自己常常忙得不可开交，而下属们却不知道该干些什么。这样做非但不能有效地利用企业的人力资源，更大大降低了下属工作的效率。究其原因，主要在于领导者不知道如何去委派任务。

通用前 CEO 杰克·韦尔奇说过这样的话："进行工作分配和授权的主要好处就是使工作变得容易。"因此，领导者不仅要做好自己的工作，还要学会有效地分配工作，只有准确而条理清晰地向下属委派任务才能使任务得以完成。

下面讲的就是一个善于委派任务的小故事。

去过寺庙的人大概都知道，一进庙门，首先映入眼帘的是弥勒佛，笑脸

迎客；而在弥勒佛的背面，则是黑口黑脸的韦陀。据说在很久以前，弥勒佛和韦陀并不在一个庙里，而是分别掌管不同的寺庙。弥勒佛热情快乐，所以来拜他的人很多，但他什么都不在乎，丢三落四，不能很好地管理账务，虽然来的人多，但仍是入不敷出；而韦陀虽然在管账方面是把好手，但成天阴沉着脸，太过严肃，结果来拜他的人越来越少，最后甚至香火断绝。

佛祖在检查香火的时候发现了这个问题，于是就把他们放在了同一个庙里，由弥勒佛负责接待来朝拜的人，笑迎八方客；让韦陀负责管理财务，严格把关。在二人的分工合作下，庙里出现了一派欣欣向荣的景象。其实，这就是委派任务的艺术。

可见，佛祖就是一个善于委派任务的优秀领导。根据弥勒佛和韦陀的不同特点，让他们分处不同的岗位，果然，庙里的香火更加的旺盛。

既然明白了委派任务的重要性和好处，领导者还应该掌握在委派任务时说话的技巧。下面总结了一些在委派任务时针对不同下属使用的语言技巧：

1. 缺乏信心，不够大胆的下属

一个企业里不乏会有一些做事情缺乏自信心，不够大胆的下属，领导者在给他们分派任务时，就要特别的关照，将任务进行详细的说明。然后，还要激励他们："这个任务，以你的能力完全胜任，努力去做吧，你一定能够给我一个惊喜。"这样至少能把他们缺乏自信的精神状态振作起来。另外，如果有必要，还可以做一些比较适用的动作。如拍拍下属们的肩膀或后背部，这些动作的鼓励是相当有效的。

2. "工作狂"式的下属

在企业里有这样一种下属：他们最大的乐趣就在于他们最想做的事儿，对于任务的本身他们抱有极大的兴趣，任务就是爱好，使他们乐此不疲，得到极大的满足，他们的创造力会在工作的过程中得到极大的发挥，这种类型的下属就是领导者特别喜欢的"工作狂"式的下属。

领导者在对这种类型的下属委派任务时，就没有必要将任务讲得过于详细，只需要谦逊地对他们说一句："对这种工作，你是专家，比我在行，就等你的好消息了。"应该把充足的时间和空间留给他们，以便他们展示个人的创造才能。

3.好胜而自负、进取心极强的下属

无论在任何一家公司或企业，都会有"好胜心强"的下属存在，这些人的特点就是，好胜心强，但同时又很自负、进取心极强。

领导者在给这种类型的下属分派任务时，最好能用一句话触动他们那根"好战"的神经，比如这样一句话："这个任务对你有困难吗？要是感觉力不从心的话，我再考虑一下别人……"这种类型的下属往往不等你说完，就会直接说："等结果吧！"得到他们带有轻蔑的口吻或不屑一顾的回答，这个时候领导就可以收场了，因为你的目的已经达到了。

4.年长的下属

这种类型的下属在企业或公司里往往不多见，如果有的话，基本上都在技术部门。由于他们岁数比较大，精力有限，但是企业或公司需要他们用成熟且老练的技术去完成属于他们的那类工作。领导在对这些下属分派任务时，首先要持有谦虚的态度，切记尊重他们的意见，体谅他们的难处。

在分派任务结束时可以这样对他们说："这个任务的完成最需要的就是你那丰富的经验和熟练的技巧；如果有什么其他的意见或问题，希望立即向我提出来，我会尽我最大能力、最快速度帮你解决。"也许几句谦逊的话会让这些年长的下属的心得以慰藉，从而焕发出青年时代的干劲和热情。

5."唯利是图"的下属

在一个公司里，讲实惠、求利益的下属大有人在，他们关心的不是任务的本身，而是在完成任务后的所得利益，这类人被称为"唯利是图"的下属。

领导者在给这种下属分派任务时，最好能够轻描淡写，必要时可以告诉他们出色漂亮地完成任务才是谈论其他东西的前提。

✿ 多说为下属考虑的话，让其对你更忠诚

一个领导能够站在下属的立场上去说话，是理解下属的最好方法。一

个不能理解下属的领导,同样也不会得到下属的认可。在职场中,很多领导特别喜欢抱怨下属,认为他们只知道为了自己考虑,从来不懂得理解领导,这个时候为什么不去反思一下自己的言行呢?也许更多的原因在于你自己。也许换个角度,多为下属考虑考虑,你就会发现一切将会变得不一样。

当你和下属沟通的时候,能够多说为对方考虑的话,那么,你不仅掌握了一个高明的、融洽的人际关系的交往原则,而且也会因此得到下属的信任,使其对你更忠诚。

素有"经营之神"之称的日本松下电器总裁松下幸之助有一次在一家餐厅招待客人。当时一共是六个人,大家都点了牛排,等大家都吃完主餐后,松下幸之助让助理去请烹调牛排的主厨过来,并强调说:"记住,把主厨找过来,不要找经理。"助理没有问为什么,但是看到松下幸之助的牛排只吃了一半,他心想一会儿的场面一定会很尴尬。

主厨过来时非常紧张,因为他知道请他出来的这个客人很有来头。他紧张地问松下:"您好,是不是牛排有什么问题?"松下回答说:"烹调牛排,对你来说已不成问题,但是我只吃了一半,主要原因不在于你的厨艺,牛排真得很好吃,你也是位非常出色的厨师,但是我已经 80 岁了,胃口大不如前了。"听到松下这么说,在场的几位用餐者都感到非常困惑,不知道松下是什么意思,只听松下继续说:"我之所以找你来当面交谈,是因为我担心,当你看到只吃了一半的牛排被送回厨房后,心里会难过。"

松下的话让主厨非常感动,因为他认为自己备受尊重。

还有一次,松下幸之助对他公司的一位部门经理说:"我每天要做很多决定,还要批准他人的很多决定。实际上只有 40% 的决策是我真正认同的,余下的 60% 是我有所保留的,或者是我觉得过得去的。"经理觉得很惊讶,假使松下不同意的事,大可一口否决就行了。

如果你是那位主厨或者是那个部门经理,听到松下的话,你有什么感受呢?是不是会觉得备受尊重?深得下属认可的领导,可以称得上是下属最愿意追随的好领导,这样的领导往往是懂得换位思考的人,他们懂得站在领导的立场上去说话,设身处地地为下属考虑,这个时候,下属一定能体会到,并为你对他的尊重所感动，最终，你会发现，你的这份"关怀"会得到很好的回馈。

王婷是一家公司的市场部经理，一天，王婷由于工作疏忽，没有经过仔细检查研究，就批复了一位职员为美国某公司生产3万部高档相机的报告，而当产品准备报关时，王婷发现，那位职员早已经跳槽到其他公司了。这就意味着公司的货物一到美国，就会无影无踪，货款自然会打水漂。

这下可把王婷急坏了，一时之间不知道怎么办才好。当她一个人正在办公室里焦虑不安时，老板走了进来，王婷觉得事情不妙，没等老板开口就坦诚地说："这一切都是我的错，我一定会尽最大努力为公司挽回损失的。"说完之后，王婷等着老板的指责，可是没有想到的是，老板不但没有发火，反而安慰她说："没关系，没有哪个员工不犯错误，调整一下心态，振作起来，我相信你一定可以帮助公司挽回损失的。"听到老板的话，王婷备受感动，在之后的一个月时间里，她亲自到美国考察了一番，经过努力，她联系上了另外一家客户，出的价钱要比之前那家还高，回来后，王婷受到了老板的嘉奖。

其实在王婷犯错误的时候，老板大可对其狠狠批评一番，但是王婷的老板并没有这样做，他设身处地地为下属考虑，体谅下属，王婷自然会对其更忠诚，对工作上的事情更上心，很快她就为公司弥补了损失。因此，作为领导，在和下属沟通的时候，多说一些为下属考虑的话，只有这样你的下属才会从内心接受你，并且更加忠诚于你。

然而在职场中，我们经常看到这样的情形：当员工没有把事情做好时，领导会批评说："连这点事情都做不好……"而员工则心想："你把所有权利都抓在自己手上，又不提供任何帮助，做不好也不能怪我。"其实，如果在做事情之前，双方都能够多为对方多考虑一番，领导充分咨询下属意见，并给予指导；下属在工作中多从领导角度出发，及时向领导汇报情况，那么结果肯定会大不一样。

员工虽然为领导打工，但是他们也希望公司可以发展得更好，因为这样他们就可以从中受益，所以，身为领导，要想双赢，就要多说一些为下属考虑的话。

◎ 了解下属特点，为其量身打造语言表述

作为领导，在与下属说话的时候，也要讲究方式和方法，尤其是针对不同性格、心理的下属，更是如此。不能用一成不变的说话方式去跟所有下属交流，这样显然达不到调动他们工作的积极性，引导他们正确行事的目的。因此，领导说话要讲究因人而异。

有这样一则关于孔子弟子的故事，讲的就是说话要因人而异。

孔子经常带着众弟子出外游历，以便增加他们的见识。有一天，孔子又带着他的几名弟子出外游览、讲学，一路上非常辛苦。

这一天，孔子和弟子们来到了一个村庄，由于一路上又累又渴，他们就在一片树荫下休息，准备吃一些干粮、喝点水。谁知，在众人没有注意的情况下，孔子的马挣脱了缰绳，跑到庄稼地里吃了农民的麦苗。立刻就有一位农夫冲了出来，上去一把抓住了马嚼子，把马扣了下来。

子贡是孔子最得意的弟子之一，他一向以能言善辩所著称。看到老师的马被扣了，就马上向老师请缨，想凭借自己的三寸不烂之舌，企图说服那位农夫，争取和解，将老师的马讨回来。但是，他说话文绉绉，一张嘴就是之乎者也，天上地下将大道理讲了一串又一串。最后，他费尽了口舌，那位农夫还是没有被他说服，依然没有归还马匹。

正在子贡和农夫僵持不下的时候，有一位弟子对孔子说："老师，请让我去试试看吧！"只见众弟子都对他投来了不信任的目光，仿佛个个在说："连子贡都说服不了那个农夫，你又有什么本事？"原来，这个学生刚跟随孔子没多久，是一位新学生，论才干和学问远远不及子贡。只见这位弟子丝毫不在意这些眼光，笑着对农夫说："你不是在遥远的东方种田，我们也不是在遥远的西方耕地，我们相邻得很近，我的马怎么会不吃你的庄稼呢？再说了，说不定哪一天你家的牛也会吃掉我的庄稼，你说是不是？我觉得，我们应该彼此谅解才对。"

农夫听了这位新学生的话觉得很有道理，于是就不再难为众人了，便把马还给了孔子。这个时候，只见旁边地里的几位农夫议论说："像这样说话

才对嘛,刚才那个说的话没有一句能听懂的。"

尽管子贡是众人公认的满腹经纶、能言善辩,但是在面对一个没什么文化的农夫时,却显得那么无能为力。究其原因就在于,他还是一如既往地用他平时的讲话方式来跟这位没文化的农夫说话,满口的之乎者也,道德伦理,也难怪对方不买他的账。而那位新学生却懂得变通,采取了一种农夫们听得懂的谈话方式与他交流。这充分说明了一个道理:说话时应该根据不同人的不同特点,因人而异。

作为企业的领导,说话时也是一样的道理,要根据下属的不同特点,采用不同的说话方式。因为下属也有着各种各样的性格,有的心胸狭窄,有的大大咧咧。总之,领导在说话之前,应该充分了解不同下属的各种特点,然后再采取相应的谈话方式,这样就能使具有不同特点的下属很容易接受你的意见或建议了。

下面总结了七种不同特点的下属,以及针对这些下属所采取的说话方式,希望供领导借鉴使用。

1. 情绪波动很大的下属

这种下属容易情绪激动,常常在还未听下文时,就动了感情,或怒或怨。他们往往会把领导讲的话听错,听偏。

针对这种下属,领导首先要做的就是稳定其情绪,然后用委婉的语气说出自己的想法或建议,切忌直言。

2. 太懂人情世故的下属

这种下属的特点就是特别精于人情世故,他们从不考虑领导说话的精髓所在,只热衷于从领导的说话片段中推测领导的"言外之意",然后揣测领导的话有什么暗指或影射什么。他们的注意力没有放在领导说的话上,而是放在了"弦外之音"上。

针对这种下属,领导在与其谈话时,可以直言不讳地提醒他们要注意谈话的要点和意义。

3. 有主见的下属

这类下属的特点是精于思维,能冷静听领导说话,但是他们不会立即相信领导说的话，而是一边听一边分析。他们要求领导说话必须有根据，条理分明，然后会分析领导说的话是否有道理。如果他们认为领导的话有道理，他们就能听进去。

针对这个特点的下属说话，就要求领导在说话时务必有理有据、条理清晰，争取一开口就能征服这类下属。

4.心急的下属

这类下属不喜欢同时把握太多资料，更不喜欢长时间思考，甚至无法等待领导逐步推理，只想着赶紧得出结论。慢条斯理、烦琐的说话方式，也是他们最讨厌的。

领导在与有这种特点的下属说话时，可直接明了，没必要做什么铺垫，而且要尽量简单，一件一件地说，不能用过多的或复杂的修饰。这样更有利于被这类下属接受。

上面只是简单地总结了四种特点的下属，以及谈话策略，当然，具有不同特点的员工不仅这四种，希望领导能够多了解下属的不同特点，然后采取不同的说话策略。总之，领导者应该根据不同的下属，掌握他们的特点，然后根据他们的特点选择不同的说话方式应对。

第10章
和谐力口才,领导开口就让矛盾与危机消散

处理下属的矛盾现如今已经是一个领导者日常工作不可缺少的一部分。实践证明,一个领导如果不能及时、巧妙地处理好与下属之间的一些小矛盾,不但会降低领导的威信,还会影响整个部门的工作效率,如果矛盾进一步发展,则会引起更上一级领导的重视,使其对你的工作能力产生严重的质疑。因此,正确处理下属的矛盾,是现代领导者必备的一个基本功。

❀发现症结所在,圆润的话语化解矛盾

有句话是这样说的:"上牙没有不碰下牙的。"意思就是说人与人相处,没有不闹矛盾的。产生矛盾不可怕,关键在于产生了矛盾必须及时解决,否则,日积月累,小矛盾也会变成大矛盾,小问题也会变成大问题。

领导者也是一样,在与下属相处的过程中,领导与下属、下属与下属之间都会产生矛盾、出现各种问题,这是正常现象。重要的是,出现矛盾和问题要及时解决才是正道。作为领导者,究竟该如何解决问题,化解矛盾呢?其实,能不能及时、恰当地解决问题和矛盾,很重要的就是要分析清楚,找到主要矛盾,或者说对问题有准确的界定,准确找到矛盾的症结所在。这样才能对症下药,有的放矢。

骆驼村坐落在偏僻的山脚下,村子里有两户人家,一家姓陈,一家姓李。开春的时候,李家在陈家房屋的一侧准备盖新房,打完地基准备砌墙,原料需从陈家侧墙旁边运入。不巧的是,陈家墙边有一条排水阻隔,必须把沟填平,拖拉机才能通过。一天上午,李家没有跟陈家商议,就把那条排水沟填平了。中午,陈家的三个儿子回家之后发现排水沟被填平了,顿时怒从心头起,便拿起了锄头、铁锹,要把排水沟重新挖开。李家父子三人发现后前来阻拦,互不相让,在旁边劝说的邻居不在少数,但都无济于事。一场令人骇然的械斗,势将一触即发。

就在此时,一位大约50岁的长者站了出来。两只手各拍着陈家、李家大儿子的肩膀说:"年轻人血气方刚,我认为你们各自都有一定的理由。不过,我不得不告诉你们,不要喜事未成,悲剧先演啊!"然后顺势走到李老头身边说:"老头子,我看你福气蛮不错嘛!你看,你的两个儿子身强力壮,新屋不久就可以建成了,再娶进两个儿媳妇,那真是多喜临门啊,但如今一旦动起武来,却是两败俱伤,这是多恼人、多不吉利的事情啊。"

然后,他又转头对陈家的三个儿子说:"你们的心情可以理解,填了水沟,下雨时雨水就会漫入你们家。不过,建房造屋,一辈子能有几次呢?大家都在一个村子里住着，应该有个谅解和帮助嘛！更何况，以后你们就是邻居了，远亲不如近邻啊，更应该有个照应才是。为了这么一条排水沟，你们大闹一场，以后见面是啥滋味？我看大家就不必计较这些了。"老人家顿了顿，然后对陈家的三个儿子说："你们就让他们把原料运进去，运完后，他们一定会把排水沟恢复的。如果这两天下雨，我相信老李家绝不会袖手旁观的，一定会采取临时性的排水措施的。"

陈家和李家都觉得老人家说的话有理，于是都点头同意了。一场即将发生的流血事件就这样被这位老人家化解了。

从以上这位老者化解矛盾的过程不能看出，老先生巧妙地使用了说话技巧。首先是老先生研究了两家发生矛盾的关键点在于李家没有经过陈家的同意就填平了排水沟，除此之外，两家并没有什么深仇大恨。这就是两家矛盾的症结所在，然后老先生根据这一症结分别引导双方从好坏对比的结果中去考虑打架的严重后果，待双方都冷静下来之后，又引导他们各自思考自己的做法不正确，沟通他们的思想，使两家都产生宽容心理，最后提出了合情合理的解决方案，使矛盾得到了完美的解决。

因此，领导者在解决矛盾的时候，不能盲目，必须讲究策略。应该先认真分析，作好对矛盾的界定，找到产生矛盾的症结所在，然后再针对症结采取相应的措施，只有这样，矛盾才能够得到完美的解决。

有些领导在处理自身与下属之间，或者下属与下属之间的矛盾时，往往操之过急，总想尽快使矛盾得到平息或解决，于是在没有找到矛盾症结所在的情况下，就慌里慌张地着手解决矛盾。这样做的后果往往只有一个，那就是矛盾非但得不到很好的解决，还有可能进一步破坏矛盾双方的关系，使之进一步恶化。所以，领导者在面对已经发生的矛盾时，切记：矛盾不可怕，只要找准了产生矛盾的症结，解决起矛盾来就是轻而易举的事情。

◎巧用幽默话语，撮合矛盾双方和气地合作

在日常工作中，领导和下属免不了因为工作上的问题或意见不统一而

发生一些矛盾，如果领导仗着自己的身份，不分轻重地直言以对，很容易伤了彼此的和气。尤其是一些分不清楚是有意还是无意的言语冒犯，有时需要用技巧"挡"回去，于是应对的技巧就显得尤为重要，而巧用幽默话语就是一种很好的撮合技巧。

一辆行进中的公交车，由于司机的紧急刹车，导致全车的乘客猝不及防，车厢里一位男子撞到了一位女孩身上。

这位女孩看起来非常生气，便冲着那个撞她的男子骂了一句："德性!"

可是那位男子并没有生气，而是立即对这个女孩子解释道："对不起，这和'德性'无关，这只是'惯性'。"

顿时，这位男子的一句话引发了全车人的大笑。"德性"是骂人缺德，这位小伙子当然知道，但是在这种场合一本正经地对小姑娘解释，或是回敬她一句更不好听的话，很可能引起两个人的争吵。而这样一句"惯性"既是对自己没有站稳的科学解释，又是对姑娘难听话的最好纠正和回敬。车上的乘客纷纷对这位男子竖起了大拇指。

果然，姑娘听后不再生气，反而对这位男子微笑报以歉意。

潜在的"风波"被男子幽默的语言化解了。

还有这样的一个故事：

刘晓是某卫生学校的一名老师，因为班级里的女生占了一大半，所以，教室里整天叽叽喳喳，吵个不停。年轻而又性格内向的刘老师感到很烦躁，于是就忍不住对班上的女生说："你们叽叽喳喳说个不停，实在是太吵了。你们一个女孩子简直就相当于500只鸭子!"

没过多久，从外面跑进来一名女同学向刘老师报告说："老师，外面有1000只鸭子找你呢!"女同学的话一时间把刘老师弄愣了，感到莫名其妙，走出教室一看，原来是自己的女同学和女朋友找自己。回到教室，刘老师对着女同学不好意思地笑了。

这位女生的语言很巧妙。在面对老师的讽刺并没有当面进行抵抗，避免了矛盾的产生和进一步激化，而是在有机会时用幽默睿智地化解了与老师的矛盾，保持了彼此的和气。

透过那位男子和女同学的幽默,可以感觉到,幽默不仅是一种性格,还是一种高明的处世哲学,能有效地化解人与人之间的矛盾,使之归为和气。

有一位作家曾经这样写道:幽默是一种动人的智慧,是一种穿透力,一两句话就把那畸形的、讳莫如深的东西端出来。它包含着无可奈何,更包含着健康的希冀。幽默是人际交往中的一种润滑剂,它往往通过大家同笑的方式来弥补人与人之间的思想鸿沟,架起感情沟通的桥梁,增加人与人之间的信任。

由此可见,幽默的力量是无可替代的。幽默是人际关系的润滑剂,更是一座沟通领导与下属心灵的桥梁,与幽默的领导相处,每一位下属都会感到无比的快乐。领导者可以使用幽默的语言来化解与下属之间的矛盾,这样做不仅不会伤害下属的情感,同时还能捍卫自己的利益和尊严。因此,对于领导来说,掌握了幽默的语言技巧,巧妙地运用幽默的力量,就等于找到了化解与下属之间矛盾的一把钥匙。

以下是不同方式展现的幽默,可供领导们体会和参悟:

1. 自嘲的方式

自嘲,就是自我解嘲。幽默里有一条重要原则,就是宁可取笑自己,绝不轻易取笑别人。有一位名人说过:"笑的金科玉律是,不论你想笑别人什么,先笑你自己。"换一个角度来讲,自嘲,其实也是一种自信的表现,本身就是一种幽默。

当领导和下属发生矛盾的时候,采用自嘲的方法能够起到很好的调节矛盾的作用。

2. 幽默要表达的是善意

友善的幽默表达的是人与人之间的真诚友爱,它能拉近人与人之间的距离,填平彼此之间的鸿沟,是和他人建立良好关系的不可缺少的纽带。当一个人与他人关系紧张时,即使到了一触即发的时候,幽默可以使彼此摆脱不愉快的窘境,消除彼此之间的矛盾。

一天,英国著名文学家萧伯纳在街上行走,被一个骑自行车的冒失鬼撞倒在地,幸好没有受伤,只是虚惊一场。但是骑车人很紧张,一个劲儿向萧伯纳道歉,萧伯纳一副惋惜的表情说:"哎,先生,你的运气不佳,如果你把我撞死了,你就可以名扬四海了。

✿缓和气氛,一开口就让矛盾双方适度降温

人与人之间相处,常常因为利益、立场、观点、地位的不同而处于相互对立的位置上,这个时候说话难免会有中伤与被中伤的情况。而相互攻击、相互中伤的时候气氛难免会紧张,这个时候要学会使用一些语言上的技巧,使得气氛慢慢缓和,这样就能避免双方感情用事使对话无法继续,从而使双方的关系不至于弄僵。

第二次世界大战期间,美国、英国、苏联三国在德黑兰举行首脑会议。会议的气氛完全由斯大林控制,通过的决议也是由斯大林提出来的。

美国总统罗斯福和英国首相丘吉尔感到很不舒服,他们商量好要戏弄斯大林一番。

一天早上,会议开始前,丘吉尔点燃了一支雪茄烟说:"我昨晚上做了一个梦,梦见我变成了全球的主宰。"

丘吉尔的话音刚落,就听见罗斯福说:"我也做了个梦,梦见我成了宇宙的主宰。斯大林元帅,不知道你梦见了什么?"

斯大林看了这两位一眼,不紧不慢地说道:"我确实也做了一个梦,我梦见我既没有批准对丘吉尔先生的任命,也没有批准对罗斯福先生的任命。"

丘吉尔和罗斯福被这意想不到的回答震住了,互相望了一眼就哈哈大笑了起来。

斯大林元帅的回答幽默风趣,顿时缓和了紧张的气氛。幽默是一门逗人发笑的艺术,而笑是矛盾的调和剂,利用幽默调和人与人之间的危机,能让双方云开雾散、握手言和。

当然,不只是幽默才具有缓和气氛、解除紧张关系的作用。如果两个人之间的矛盾刚刚发生,或是已经过去了一段时间,那该怎么办呢?下面这一则故事中的伊丽莎白会告诉你。

伊丽莎白和约翰是兄妹，在感恩节这一天，他们为了两星期前一件微不足道的小事吵了起来，而且升级为一场大战。现在，他们见面都不说话，但伊丽莎白还是想和哥哥和解，于是伊丽莎白就主动给哥哥打电话说：

"哥哥，我是伊丽莎白，我想真诚地对你说一声'对不起'，那天全是我的错。你知道，我一直很尊重你。那天我昏了头，想都没想就和你大吵大叫了起来，你能原谅我那天愚蠢的行为吗？"

约翰说："当然，伊丽莎白。那天也不全是你的错，我也感到很抱歉。"

你看，约翰已经知道了不全是妹妹的错。当伊丽莎白主动揽过所有的责任时，她就已经显示出了她的示弱、承诺和诚挚，这也就迫使她的哥哥约翰不得不检讨自己在这场争论中的责任。如果伊丽莎白将这场争论的部分责任归在约翰的身上，那她极有可能激怒对方，并使两个人之间的冲突升级；而伊丽莎白采用聪明的解决方式有效地解除了对方的戒备之心，并很快地缓和了双方紧张的气氛，使二人的关系顺利地走上了和平之路。

有时候，领导在与人交流过程中会出现僵局，双方都坚持己见，相持不下。如果出现这种情况，作为一个优秀的领导应努力保持冷静，设法缓和谈话气氛，或改变话题，甚至可以中止谈话，待以后再进行，当然只是暂时的停止。

要打破僵局、缓和气氛并不是一件容易的事情，这要求领导者不仅要具有智慧，而且还应有涵养和风度，不要怕被拒绝，想方设法与对方建立心理相容关系，缩小或消除双方之间在心理上的距离。具体做法如下：

1. 揽过全部责任

为自己或为某种僵局承担起全部责任而不是指责对方，那你就掌握了迅速打开恢复双方关系大门的钥匙。

人们常犯的一个错误就是，总是随意地批评对方："你做的事情让我很失望……"或者"原本我就觉得那样做不对……"记住，不要因为他或你的任何行为而去责怪对方，不要刻意降低自己在错误中应该承担的责任。

向对方解释你所作所为的严重性，不要指望把双方的责任划分得那么明确。如果有必要，你可以有意识地夸大自己应该承担的那部分责任，你身上的责任越重,或你把自己的问题说得越严重,对方对你也就越宽容。这样一来,紧张的气氛自然就会得到缓和,为矛盾的进一步解决营造了良好的氛围。

2. 请求原谅

诚恳地请求对方原谅,让对方处在一个主动的位置上,这是你必须要做的弥补错误的一部分,这样才有可能巩固你和对方和平相处的战略。

3. 主动示好

通过赠送对方一件或轻或重的私人礼品,你就向对方表明了立场:为了维护你们的良好友谊,你已经花费了许多的心思、时间和精力。

❀矛盾出现时,谈话应给对方留点尊严

在生活中,这样的情况随时可见:一句话说得不留神,也许就伤害了别人的自尊心,会使人下不来台。被你伤了自尊心的人自然不会善罢甘休,那么,很快就会有一场矛盾或危机爆发。即使你最后赢了这场争执,但却失去了自己的形象。何苦而为之呢?

而在百货商场上班的丽娜就是一个聪明的女孩儿,她有一次在跟顾客交涉的时候并没有拆穿顾客的谎言,而是略施小计,化解了一场矛盾,结果赢得了尊重。

有一天上午,有一位顾客来到商场,她要求退回上周买的外套。于是反复辩解说"绝对没有穿过",要求退掉。主管吩咐丽娜去接待这位大姐。

丽娜仔细地检查了衣服,发现有明显干洗过的痕迹,但是她的经验告诉她,绝对不能直接向这位大姐说明这一点,她是不会轻易承认的,因为她已经强调多次"绝没穿过",而且还伪装了没有穿过的痕迹。丽娜如果直说的话,双方可能就会因此产生争执,更可能产生矛盾。

于是,丽娜面带笑容地说:"我很想知道你们家的某位成员是否把这件衣服错送到了干洗店了。我记得我们家就发生过一件这样的事情。我把一件刚买的衣服和其他一些衣服堆放在沙发上,可是我老公没有注意,把那件新衣服和一堆脏衣服一起放进了洗衣机里。我想您可能也遇到了类似的情况，因为这件衣服能明显看得出已经被洗过的痕迹。不信的话，你可以跟其他衣服比较一下。"那位大姐看到真相败露，知道再也无法狡辩，而丽娜又给了她一个台阶下，于是就顺水推舟拿着衣服走了。

从上面整个处理退货的过程中不难看出，丽娜思维非常灵活。她帮助顾客找到的"理由"一下子说到了顾客的心里，让对方不好意思继续坚持下去。在整个过程中，丽娜给足了顾客面子，并没有当众拆穿她，给她保留了一份尊严，一场冲突或矛盾就这样避免了。丽娜这样做不但给对方保留了尊严和面子，更使自己赢得了尊重。

在企业中，很多下属把面子看得比什么都重要。在遇到矛盾时，领导者如果不懂得为下属保留一份尊严，不给他台阶下的话，只会使矛盾愈演愈烈。还有，下属也是人，也有做错事、说错话，甚至得罪人的时候，作为领导，如果只知道以牙还牙，只会使事态变得越来越严重。其实，在很多时候，领导者不妨帮助下属找一个"台阶"——一个犯错的理由，帮助对方保留一份属于他自己的尊严，这样反而能使对方产生愧疚感，自动改正错误，悄然解决矛盾。

崔老师就是善于帮助别人找"台阶"的人。

有一天刚下课，班上的一位女同学就来找崔老师反映，昨天她爷爷送给她的生日礼物——一支黑色派克钢笔不见了。崔老师听完后，就站起来环视了一下教室里的学生，于是发现坐在这位女生旁边的一位男生神色慌张、脸色苍白。

此时，崔老师已经知道了事情的真相。但她并没有当全班同学的面指出来，一是没有证据，二是怕伤害了那位男生，这也是最主要的原因。崔老师沉默了一小会儿，说："别着急，我想应该是哪位同学拿错了，主要是黑色的钢笔在班里太多了，互相拿来拿去也正常。我想只要一会儿错拿你钢笔的人发现了，肯定会还给你的。"果然，在第二堂课的下课期间，这位女同学的派克钢笔又回到了她的桌子上。

可想而知，如果崔老师当面指出那位男同学的偷盗行为，这不仅会伤害到一个小孩子的尊严,还会给他的心灵蒙上一层阴影,更严重的是会对其一生产生影响。

领导者也是一样,在面对下属的错误时,不能抓住他的失误不放,不能小题大做,否则会让对方感觉自己丧失尊严。因为你有拿别人的失误取乐之嫌,更会伤害下属的自尊。

优秀的、聪明的领导者往往遵循这样一条原则:"努力使人感到他的尊严。"那具体如何做呢?

1. 不在争论中抢占上风

真正优秀的领导是很少与人争吵的。本杰明·富兰克林说过:"如果你与人争论,尽管有时也会胜利,但是这样的胜利毫无意义,因为你没有赢得争论对手对你的友善态度。"一场毫无意义的胜利与别人的支持相比,孰轻孰重,领导者应该很清楚。

领导者还要明白的是,能讨论的时候绝对不要"争论",尽管只有一字之差,但是效果却有千差万别,正所谓"差之毫厘,谬以千里"。

2. 善于帮助别人找台阶

这一方法在上文中已经有所讨论,在这里不作赘述。

总之,不管在什么样的情况下,一个聪明的领导者应该给下属留有尊严。如果下属不小心冒犯了你,不妨大度点,不要事事斤斤计较,更不要反应过激。只需要指出错误所在即可,不要使其难堪,甚至伤其尊严。

✿不偏不倚,劝和之言有感情但不偏颇

在企业中,有很多领导都有这样一个愿望,就是希望下属们永远没有矛盾,永远能够和睦相处,这样大家就能拧成一股绳,一起为企业的发展贡献力量。但是,越是美好的愿望往往越难以实现。原因很简单,由于每个下属的性格、年龄、个人习惯、期望、价值观和工作风格等都有所不同,所以下属之间产生矛盾或冲突都是难免的。

当下属之间产生矛盾时,当事双方都会心情不好,整个团队就有可能被

一种充满敌意的氛围所笼罩，当事双方工作上的积极性也会因为矛盾而降低，甚至会影响到整个团队的战斗力。因此，领导者在下属之间产生矛盾时，应该及时处理和调解，并且在处理这种矛盾时，必须做到不偏不倚，客观公正，要一碗水端平。

小夏是一家大型电器公司的生产计划员，负责制定生产计划以及跟进工作。有一次，采购员小莉订购的一套物流未按期交货，影响了生产进度，导致了生产计划未能如期完成，小夏一时生气，加上此女性格比较直爽，心直口快，所以就与采购员小莉发生了激烈的争吵，并且二人还发生了激烈的冲突。最后在二人快要打起来的时候，幸亏周围的同事及时拉开了他们，才避免了二人之间的矛盾进一步升级。

虽然架没有打成，但这件事情并没有结束，在日后的工作中小夏和小莉二人是互存不满，明争暗斗。二人作为同一部门人员，在一起办公，抬头不见低头见，每天还要打交道，还要配合完成工作，如此下去，往后的工作怎么能够开展得顺利呢？

王经理决定介入此事，对两个人进行劝和，调解二人僵硬的关系。王经理不愧是商场"老狐狸"，采用的劝和方式也与众不同。他私下里分别找小夏和小莉进行谈话。他首先找到小夏，对她说："我刚才找小莉谈话了，她对你们之间的矛盾冲突表示歉意，让我帮忙说声'对不起'，希望你能原谅她，以后还要一起工作呢。"

王经理这样一说，小夏就赶忙说："哦，这是真的吗？其实，主要是我做得不好，都怪我太冲动，没有控制好我自己的情绪，要说抱歉的话应该是我先说，我原谅她，也希望她不要记恨我，以后好好合作。"

王经理从小夏那里出来紧接着就去找小莉，并将小夏的那番话转告给她，小莉感到很惊讶，赶忙向王经理说："那次冲突是因为我的错才导致的，我要负主要责任，她能原谅我，我真的很感动，我保证日后好好跟她相处。"

最后，王经理把小夏和小莉叫到一起，让他们握手言和。就这样，两下属之间的矛盾就被王经理解决了。

在一个集体中，如果同事之间的关系不和谐，势必会影响整个集体的凝聚力,更会导致整个集体的工作效率大大降低。因此,为了避免这种不和谐的出现,领导者必须及时处理下属之间的矛盾或冲突,维护他们关系的融洽。上述故事中的王经理在这方面做得就很好,及时站出来调节两位下属之间的矛盾,更重要的是,他在解决矛盾的时候坚持了一个原则:不偏不倚,既不偏向小夏,也不偏向小莉。

对于下属之间产生的矛盾或冲突,领导者如果不去调节,甚至无动于衷,拖得越久,矛盾就越难以消除,如果在公共场合发生争执,对其他下属和下属之间的正常关系就会造成不良影响,甚至影响到整个团队的工作热情和工作效率,对企业的长远发展是极为不利的。因此,尽快化解矛盾甚至敌对状态,是极为必要的。

矛盾要及时地解决,但是在解决的时候必须注意几个问题:

1.要找出矛盾产生的根源

在下属与下属之间爆发矛盾时,领导者要在第一时间弄清楚产生矛盾的原因,这样才能对症下药。另外,领导者还要了解矛盾发生的过程和激烈程度以及造成了多大的影响。

2.实行"不偏不倚"的处理原则

领导在处理矛盾时,做到心里有数,"一个巴掌拍不响",有矛盾肯定是双方共同造成的,不可能是单方面的原因,因此,在处理时,要秉持"不偏不倚"的原则,要公正对待制造矛盾的当事人,要一碗水端平,不能因为个人的喜好而偏袒任何一方。

如果不注意说话技巧,言语中对任何一方流露出了偏袒之意,就会使另一方感到不服,很容易激化矛盾,使矛盾更加复杂化,不利于矛盾的解决。这也是处理矛盾时应该坚持的重要原则。

❀巧妙协调矛盾,要有领导的手腕儿

在企业中,无论多么优秀的、精明强干的领导者都不可能避免矛盾的产生。如果对于下属之间产生的矛盾,视而不见、听而不闻,不去积极面对和解决，不但会影响到领导者的威信和工作，更可能影响到整个团队乃至整个企业的正常运转。所以，一个合格的领导，一定要善于协调下属之间的矛盾。

中国近代著名红顶商人，富可敌国的晚清著名企业家、政治家胡雪岩在处理人际关系时，就十分注重协调人与人之间的矛盾，让大家和睦相处，亲如一家。

大清同治十三年（1874年），胡庆余堂开办之后，按照当时行业的惯例，胡雪岩在药店任命了一个"阿大"（相当于现在的总经理），还任命了一个"阿二"（相当于现在的副总经理）。阿大全面负责药店的经营业务，阿二则主要负责药材的采购。由于药店经营物品的特殊性需要，所以，药材的采购一般都是指派专人负责，并且负责人一般独立决定采买事务和承担相应的责任。这样一来，阿大、阿二就很容易在药材的价格、质量上产生分歧以致出现矛盾和争执。

有一次，胡庆余堂的阿二从东北采购了一批虎骨、鹿茸、人参等贵重药材。由于当时边境频发战事，这一年的人参、虎骨的质量比往年差了一些，但价格却比往年高出许多。而且，即使拿了银子，也要费很大功夫才能找到有存货的卖家。当时阿二费劲了周折，才购回药店急需的药材。一路风餐露宿、风餐雪饮地回到了杭州，不料在验货的时候，阿二却因为价格的原因受到了阿大的强烈指责。阿二心中十分不平，于是二人就争执了起来，最后一直吵到了胡雪岩那里，请胡雪岩来评理裁判。

胡雪岩并没有对他们二人的争执直接做出裁决，而是对他们二人分别进行了一番安抚之后，留二人一起吃午饭。只是在吃午饭的时候，胡雪岩首先举起酒杯向阿二敬酒，还说："你不辞辛劳地前往东北，奔波万里，为药店购进了这一大批急需的紧俏药材，我对你表示真心的感谢。"这时胡雪岩的这个举动不仅使阿二很感动，也一下子点醒了阿大。阿大也随着胡雪岩端起酒杯，就自己对阿二工作的不体谅向他表示真诚的歉意。一场争执，就在这一敬一受之间化解得无影无踪。

可见，胡雪岩为了强调在药店内营造一个和谐的气氛，在协调矛盾这方面做得非常好,值得现代领导者学习和借鉴。

作为领导,协调矛盾是领导的日常职责之一。协调就是协调关系,是为了使团队中所有活动同步化与和谐化,以便达到共同的目标。如果一个领导不善于协调,就会造成下属之间关系紧张,更会造成人力、物力、财力和时间上的极大浪费。所以,领导者要想下属之间、部门之间思想统一、步调一致,实现共同目标,就要做好协调矛盾的工作。

然而,有很多领导者认为协调矛盾就是"和稀泥",对下属的一些矛盾采取回避、遮掩或不愿承认等态度,以求下属之间相安无事,得过且过。其实,这是一种很消极的态度,不会取得预期的效果。

那么,领导者应该采取什么方法协调矛盾才能达到良好的效果呢?下面总结了几种协调矛盾的方法和技巧,希望领导者能够很好地把握。

1."互相谦让"的协调技巧

在企业中,下属们经常会因为对某个问题的看法或观点不一致而产生矛盾,严重的甚至会剑拔弩张。这个时候就需要领导者出面进行协调,消除矛盾,以便达到"人和"的目的。

"互相谦让"的协调方式,就是领导者迫使矛盾双方各自后退一步,达成彼此可以接受、和解的协议。这种方法是协调矛盾最常用的方法。其关键点在于找准协调双方的适度点。

不过,领导者在协调时要切记,不能采取偏袒任一方或压制另一方的做法,这样只会使矛盾进一步激化。

2."发泄愤怒"的协调方式

有些时候,当下属之间产生矛盾或冲突时,应该让每一个人都有机会发泄自己心中的愤怒,以免心中的怒气郁积。这样做的好处是可以缓和冲突的紧张程度,打开解决冲突的大门。

比如,日本就有很多企业在协调、处理矛盾时使用这种方法。

3."时间考验"的协调方式

这种协调方式主要是指解决冲突或矛盾的条件还不成熟,需要暂时维持现状,等待时机给予解决;或者经过一段时间的积累,通过工作或生活本身逐渐加以调整。

采用"时间考验"的协调方式,让下属经过一段时间后,逐渐放弃彼此之间的成见,逐步适应新观念和新事实。

✿ 多方沟通,对什么部门说什么话

在现在很多企业中,部门内部、部门之间不协调、不畅通的现象常见,尤其是在一些大公司或大企业中更是司空见惯。特别是当某个部门需要其他部门配合工作时。之所以会出现这样的现象,主要原因就在于领导者没有协调好部门内、外部关系。

要使企业或企业内部各个部门运行通畅,领导者必须协调好部门内部、部门与公司、部门与部门之间的关系。这是领导者必备的一项职责。

徐薇作为总裁秘书,被任命为这次元旦招待宴会的协调监督人,全权负责对这次活动进行协调。

这一天,徐薇正在上班,销售部楚经理气冲冲地闯进了总裁办公室。

楚经理稳定了一下情绪,说:"你得好好跟餐饮部的人说说。今天我们销售部请来了几位重要客人,需要重点接待,可是餐饮部王经理只派了几个人,那怎么够啊? 她说我小题大做! 还说,餐饮部也不归销售部管,何况销售部也有人手,怎么不派自己接待? 你说,餐饮部被安排搞接待工作,我不找他们找谁啊?"

徐薇听完楚经理的话,劝说道:"别生那么大的气,可能王经理也有她的苦衷。你先别生气,搞好接待工作最重要。我一会儿找一下餐饮部的王经理,看看问题出在哪里。"

送走了楚经理,徐薇心想:现在的主要任务就是让这两部门紧密合作完成今天的接待任务。其他事情等宴会结束再说。于是,她拨通了王经理的电话:"你好,王经理吗? 我是徐薇,您现在有时间吗? 我想找您说点事,希望您能来我办公室一下。"

不一会儿,王经理风风火火地赶来了。

徐薇递给她一杯茶，"刚才销售部的楚经理来过了……"

"什么？我还没有说什么，他还恶人先告状了。他说什么了？"

"也没有说什么，只是说今天的接待工作你们还没有协调好。"

王经理气愤地说："徐秘书，你说这能怨我吗？我把我手下的人都派出去了，里面的服务怎么办呢？何况我手里的人手本来就不够。"

徐薇笑着说："其实你误会楚经理了，他之所以安排你们餐饮部的人去接待主要是考虑她们的形象好。他刚才还跟我说，当时他太急了，没有跟你讲清楚，让你误会了。"

"是吗？他也知道是自己不对了？"

"当务之急是做好今晚的接待工作，就请你多派几个人帮忙接待一下。大家都是为了工作，多担待点吧。还有我现在就协调其他部门的人过去帮你们。好吧？"

王经理也是明白人，应了一声就走了。

在各个部门的密切配合下，一场盛大的招待宴会圆满结束。徐薇长长吁了一口气。

在上述事件中，两个部门由于只考虑自己的得失，致使不能进行很好的合作，作为协调人徐薇先是用不同的语言稳住对方，然后再晓之以理，其目的在于缓解矛盾，避免矛盾进一步升级。最后徐薇采取了一系列的有效措施对双方进行了协调，终于使得宴会圆满结束。

在企业中，由于各部门在执行公司决策时，所处的地位不同，认识的角度不同，往往会从本部门的小团队利益出发，对公司的决策产生片面理解或者一些不妥当的想法，从而导致部门之间发生矛盾，造成工作上的阻碍。这个时候，领导者可以通过信息传递或开会等方法协调这类矛盾，提醒各部门要以大局为重，以保证任务的按时完成，就像故事中的徐薇一样。

由此可见，企业目标的实现，必须通过各个部门、各类人员的共同努力才能达到。因此，领导者必须对企业内外各方进行组织和协调，使参加各方有分工、有配合，协调一致地做好工作，领导者有责任根据公司的决策组织和协调各部门间的工作。

下面是领导者在协调各部门关系时应遵循的几条原则：

1. 调查原则

领导者在做协调工作之前一定要调查清楚引起不和谐的原因。否则，你的协调工作就很难有效，还可能引起新的不协调。

因此，领导者在协调各部门关系时，一定要实事求是，调查清楚、弄清状况后再做工作。

2. 统筹兼顾原则

企业中，部门之间产生矛盾或不和谐，多半属于整体利益和局部利益之间的矛盾。如果一味追求局部利益，部门之间就很难真正合作乃至完成领导者的决策目标。

因此，领导者在做协调工作时，要善于引导各部门树立统筹兼顾的思想，大家团结一心搞好工作、完成任务，达成预定目标。

3. 公正合理原则

公正合理地协调各部门间的关系或矛盾是一条极为重要的原则。

领导在做协调工作时，不仅要明确协调的目标，而且要找出不协调的原因，还需公正、合理地协调才能赢得双方的信任，进而协调双方的关系或解决双方之间的矛盾。

第11章

批评下属讲艺术,见效还令下属信服

诚然,作为一名领导,批评下属往往是其日常工作的一部分,有时不批评一下倒是自己有渎职的嫌疑了,但是批评也是一种艺术。一个管理者如果不懂得如何批评下属,就很有可能引起下属的不满,从而降低部门的工作效率,甚至影响整个团队的工作情绪,反之,一个优秀的管理者则会有效地掌握"批评"这个武器,矫正、规范和塑造员工的行为、团队的文化、打造团队的整体战斗力。

✿批前三思，批评下属要分清场合和状况

"人非圣贤，孰能无过"，下属是人，自然也会犯错误。那么，下属在工作中出现错误或失误，作为领导应该怎么办呢？当众指出来，还是不分青红皂白先骂一顿？也许有个别的领导会采用如此过激的方法，但是有经验的领导，首先要分清性质、程度及危害，不失时机地给予批评教育；其次，还会给下属留点面子，不在公共场合进行批评，以免伤其人格，使矛盾进一步激化。由此可见，批评下属不是件容易的事情，需要考虑的地方有很多。

的确，批评下属是一件很不容易的事情。英国行为学家波特说过这样的话："当遭受许多批评时，下属往往只会记住开头的一些，其余的就不听了。因为他们忙于思索论据来反驳开头的批评。"有时候下属的这种反应会让一些缺乏经验的领导者感到无所适从。批评好比一剂强烈刺激作用的药物，用法得当，能够治病救人；用之不妥，则会伤人害人。如果领导不懂如何批评下属，就有可能降低团队的工作效率，甚至影响整个部门的工作情绪。那么，在批评下属的时候应该如何做，才能保证这剂"药物"用法得当呢？下面就来了解一下批评时应该遵循的原则。

1. 批评下属要先弄清楚状况

批评下属之前，"弄清事实"是正确批评的前提。有些领导一时激动，不问情由就对下属大呼小叫、进行训斥，而忽略对事件本身的调查。这样的领导只会被下属看扁，认为你是缺少修养。认真、客观地弄清楚事情的真实状况，然后才是批评或告诫，这才是在发现下属犯错误时应该做的。

虽然，有些领导会自认为已经清楚地了解了事件的客观真相，但在批评时还是应该认真地倾听下属对事件的解释。这样做有助于领导了解下属是否已经意识到了自己所犯的错误，也有利于领导进行进一步的批评。

2. 批评下属要在合适的场合

俗话说："人要脸，树要皮"，更何况挨批评本身就不是一件光彩的事情，所以，领导在批评下属的时候，尽量不要在人多的地方，要给下属留面子，要

照顾到下属的自尊心。这样下属会对你充满感激之情，有助于接受你的批评教育，真正地改正自己的错误。

然而，现实中总有一些领导者在批评下属时往往不分场合，不看时机。结果，往往使事情变得更加复杂和严峻。请看下面这个例子：

一天，王经理了解到上个星期进公司的一位员工犯了严重的错误，于是，就当着公司众人的面大声地训斥了他："你还是个男人么？怎么做起事情来没有一点魄力啊？你要是个男人，就不要畏首畏尾，真是丢我们男同胞的脸！"

在众人面前遭到训斥的这位员工低着头向门外走去，好半天不见回来。于是，王经理就让别的员工出去找，可是仍然没找到。最后，有人打通了他的电话，只听见对方在电话里说："我就没有见过这么没风度的领导，告诉那头猪，老子不干了……"

当有外人在场的时候，即使你用最温和的方式去批评，也会引起被批评人的不满，认为你让他丢了面子。所以，领导在批评犯了错误的下属时，要尽量避免在公共场合，选择单独会谈的方式是最好的。因为，要让下属认识自己的错并改正它，没有必要非得公开指责。

3. 不翻老账

在生活中，总有些人对以前犯过错误的，甚至受过处罚的人报以很深的成见。以至于等对方再次犯错误，对他进行批评教育时，就会把他以前犯的一些错误揪出来，老账新账一起清算。这被人们称为"翻老账"。

的确，有些领导在批评下属时，就爱翻对方的老账，可是这样一来就触及了对方最敏感、最脆弱的神经，只会让对方产生极大的反感，批评教育的效果也会大大下降。

因此，领导在对下属进行批评时，应该针对当前发生的事情，当前下属犯的错误，然后耐心地帮助下属提高认识，改正错误。否则，只会使下属产生逆反心理和抵抗情绪，因为没有人喜欢被"揭伤疤"。

4. 把握批评的时机

领导在批评下属时，应该把握批评的时机，因为正面批评下属，会令对方感到尴尬。

在了解了下属所犯错误之后，不要急于正面批评他，而应该跟他约个时间，顺便用话提醒他一下，以便他做好心理准备，这样你也可以考虑一下究竟如何做才能把事情处理得圆满一些。

总之，下属犯错误是不可避免的，领导的批评教育也是必须的。但是，在对下属进行批评之前，请领导们最好三思而后行，并且遵循批评时应该把握的原则，这样才能达到批评教育的目的。

❀运用三明治效应，让下属欣然接受批评

下属做错了事情，做领导的理所当然要批评。但是究竟采用什么方式才能起到好的批评或教育效果？如何处理才能不至于造成不良的影响呢？下面就来看看鼎鼎大名的玫琳凯是如何做的。

美国著名的化妆品公司——玫琳凯化妆品公司，刚刚建立的时候只有9个人，20年后的今天，该公司已经发展成为拥有20万名员工的国际性大公司。它的创办人兼董事长玫琳凯被人们称为"美国企业界最成功的人士之一"。

一直以来，玫琳凯严格地遵循着这样一个基本原则：批评员工时必须找出一点值得表扬的事情留在批评之前和批评之后说，而绝不可只批评不表扬。

玫琳凯说："批评应对事不对人。在批评员工前，要先设法表扬一番；在批评后，再设法表扬一番。总之，应力争用一种友好的气氛开始和结束谈话。"

有一次，她的一名女秘书调离别处，接任的是一位刚刚毕业的女大学生。新来的女大学生打字总是不注意标点符号，令玫琳凯很苦恼。有一天，玫琳凯对她说："你今天穿了这样一套漂亮的衣服，更显示了你的美丽大方。"

那位女秘书突然听到老板对她的称赞，受宠若惊。于是玫琳凯接着说："尤其是你这排纽扣，点缀得恰到好处。所以，我要告诉你，文章中的标点符

号，就如同衣服上的扣子一样，注意了它的作用，文章才会易懂并条理清楚。你很聪明，相信你以后一定会更加注意这方面的!"

从那以后，那个女孩做事明显变得有条理了，也不再那么马虎，一个月后，她的工作基本上做到令玫琳凯满意了。

玫琳凯使用的这种批评的方式就是"三明治"式批评。在批评心理学中，人们把批评的内容夹在两个表扬之中从而使受批评者愉快地接受批评的现象，称之为三明治效应。

所谓三明治式批评，就是厚厚的两层表扬中间夹着一层薄薄的批评。即"表扬——批评——再表扬"。这种批评方式，效果较好，被批评者容易接受，不会对领导者产生反感。为什么呢? 因为人们通常有这样一种心态；批评是一种否定，表扬是一种肯定。三明治式批评，用了两个肯定，一个否定。肯定得多，否定得少，使被批评者心理容易平衡。

因此，领导在批评下属的时候，也要尽可能多地使用这种"三明治"式的批评，虽然批评的方式多种多样，但是这种"三明治"式的批评比较容易被对方接受，因为你在批评他的同时还肯定了他以往的成绩。

格林是某公司的老总，有一天，有客户给他打电话说最近公司为他们提供的产品质量合格率明显下降。于是，格林找到了生产部门的负责人，对他进行了批评。

格林说："以前公司生产的产品质量合格率都在98%以上，而且公司以你为榜样。但是，近来有几个大客户的一些大的订单，只有85%的合格率，这种合格率将导致客户抛弃我们。这几个客户虽然现在只占我们公司15%的销售额，但在未来的半年之内，可能会增加到30%，甚至达到公司整个销售额的一半还多。因此，如果抓不住这几个大客户的话，两年以后，公司的整体销售额可能只能维持在今天的状况，而且没有其他的新客户了。

所以，我希望你回去好好检讨一下，为什么最近产品质量合格率会这么低。我相信，以你从前的那种精神和作风，如果狠抓质量，合格率一定会上升的，甚至超过以前的98%。"

很显然，上面两个"三明治"式的例子，就是把要批评的东西作为"馅料"

夹在两件值得表扬的事情中间。这样，被批评的人不至于尴尬和难受，从而能够更好地接受批评，改正错误，更重要的是还可以维护对方的自尊。这种批评方式的好处是，让犯错误的人既明白自己犯的错误，又认识到自身存在的重要性，因此，在改正错误后，会加倍努力工作。

其实，这种方式在批评的时候，之所以能起到很好的效果，主要是它暗合了人们的心理。因为，无论任何人都喜欢被别人赞美和肯定，而不喜欢被责备和批评，这是人的本性使然。人在本能上都会对别人的批评产生抵触心理，所以，犯了错误的人总是千方百计地为自己找借口辩解，尤其是一个人通过努力在工作上取得很大的成绩，这种人更喜欢为自己辩解。而采用这种"三明治"式批评，可以有效地缓解他们的敏感心理，此时批评也不会显得那么刺耳。因为，批评者是在诚恳而客观的赞扬之后才进行批评的。

假如作为领导的你，在大庭广众之下对犯了错误的下属进行直接批评："不要以为你业绩突出，就可以一星期迟到四天，从现在开始，你可以天天迟到，不用来上班了。"那么，结果可想而知，一个优秀的员工因此而离去。

❀ 因人而异，用不同语气批评不同性格的下属

作为一个领导，要时刻牢记批评的目的是"治病救人"，是帮助下属改正错误。还有，批评会使人有不同的反应，有人因此会努力奋进，有人因此心灰意冷，所以，领导在批评下属时要尽量减少批评带来的副作用，减少人们对批评的抵触心理，从而达到理想的批评效果。

不同的人，由于年龄、性别、受教育程度、性格等方面的不同，接受批评的方式和态度也会不同。这就要求领导在对下属进行批评时，不能对所有的人都是一种强调，有句老话叫"看人下菜碟"，领导必须根据被批评者的实际情况，采用不同的批评方式。

比如下面这个例子：

李主任手下有两名员工，一个叫刘强，一个叫王铁，两人由于在考核业绩时不合格，被厂领导下放到车间锻炼。李主任就根据二人的不同情况说

了两番截然不同的话。

刘强是个新进厂的员工，年轻、热情、肯吃苦，这次主要是因为缺乏经验才导致考核不合格。李主任用安慰的语气对他说："你到下面锻炼一段时间，这边还有工作等你回来。"

而王铁是厂子里的"老油条"了，成天无所事事。李主任沉着脸对他说："大家都说你太闲了，这样很影响士气，要么，你去车间实实在在做点事，要么咱们就终止合同了。"

新员工比较缺乏自信，因此要以鼓励为主，而"老油条"如果不给点颜色他不当回事，李主任针对不同的人采取了不同的批评方法，恰到好处。

所以说，领导在批评下属时要因人而异，择言而施，需谨慎又谨慎，先判断对方属何种类型后，再决定如何批评。下面就来看看下属的类型，以及对不同的类型应该采取的批评方式。

1. 不同年龄

同样的错误，对不同年龄的人的批评是有差别的。对年长的人，一般应用商讨的语言；对同龄人，就可以自由一些，毕竟彼此的共同点多一些；对年少的下级，就可适当增加一些开导的语句，以使其印象深刻。

2. 不同知识、阅历情况

不同的下属，知识、阅历情况是不同的。在否定和批评时，必须根据其知识、阅历的差别而采用不同的语言技巧。受过高等教育的人，可能因你熟谙某些高深理论而产生由衷的敬意，一句粗话出口，会使其感到"来者不善"……知识、阅历深的人需要讲明道理，必要时只需蜻蜓点水，他便心领神会，切忌唠唠叨叨，说个没完；相反，知识、阅历浅的人必须讲清利害关系，因为他们看重的是结果如何；老同志不喜欢那些开放性的词句，五光十色的世界令他们目不暇接，往日的回忆或许可增加些许安慰；年轻人讨厌那些陈腐的说教和诡秘的人际关系，他们需要理解，喜欢直来直去。可见，不同知识、不同阅历的人，他们在接受批评时的心理是有很大差别的。

3. 不同个性、心理情况

个性、心理是外延很宽的概念。这里主要指下级的气质、性格、对工作的兴趣和自我更正能力。上级批评或否定下级必须首先在心理上占上风，否则是很难成功的。

（1）个性坦率直爽、性格开朗，心理承受能力强的人

这种人知错就改，喜欢直来直去，不喜欢拐弯抹角。对于这种下属，你明确地指出其缺点和错误之所在、性质和危害，他会容易接受。相反，过多地绕圈子，反而会使他困惑，产生误解，甚至是反感，认为这是你不信任他的表现。

（2）头脑聪明、反应敏捷，接受能力强，而自尊心也很强的人

对这种人就采用提醒、暗示、含蓄的语言，将错误和缺点稍稍点破，他们便会顺着上司的思路，找到正确的答案和改正错误的办法。

（3）自尊心强，脸皮薄、爱面子的人

这种人应采用循序渐进式的批评，其特点是把批评的问题分成若干层次、若干阶段来解决。通过逐步输出批评信息，有层次地进行批评，使犯错误的下属有一个心理缓冲的余地，有一个认识提高的过程，从而一步步地走向你所期待的正确方面。

很多事实证明，在领导批评那些自尊心较强而又错误较多的下属时，采取循序渐进的方法，有利于取得批评的积极效果。相反，如果你把下属众多的缺点一股脑儿地倾泻出来，容易伤害下属的自尊心，使其产生逆反心理。

（4）性格内向、脾气暴躁，爱钻牛角尖或心情不愉快的人

对这种人用参照式批评比较合适。这种方式的特点是，在批评时，不直接涉及下属的要害问题，而是运用对比的方式，通过建立参照物来引出批评内容。

总之，不同类型的人要采取不同的批评方式，一般说来，下级对于改正错误、改进工作是有浓厚兴趣的，此时领导者的指导性批评无异于一支清醒剂，会使其加倍努力工作；相反，那种缺乏兴趣的人，必须多费口舌或激发其改进工作的兴趣；对于那些无视批评、屡教不改的人，在严厉批评的同时要采取一定的组织行政措施，以儆效尤。妙用刺激式的批评法，反而有助于激励员工。

✿忠告式的批评要显得情真意切

有些领导者在对下属的错误进行批评时，往往由于态度过于严厉、措辞过于苛刻而引起对方的怨恨，甚至关系破裂，根本谈不上实现批评教育人的目的。其实，领导在面对下属的错误时，可以用"忠告"代替批评，效果要比直接批评好得多。

谢国强是一家建筑公司的安全监察主任，他的主要职责之一就是在工地上巡视，看见正在施工的工人中没有戴安全帽的，就督促他们戴好安全帽。

在谢国强走马上任的一段时间，当他看到工人没有按照规定戴安全帽时，就会立刻把他们叫到跟前狠狠地、严肃地批评一顿，让人按照规定戴好安全帽。结果，在大庭广众之下被批评的工人很不高兴，往往等他一离开，就马上摘下安全帽表示抗议和不满。时间久了，谢国强发现他的批评并没有起到好的效果，反而不戴安全帽的工人有增无减。

于是，谢国强在例行安全检查的时候改变了方式。当他再发现工人不按规定佩戴安全帽时，一改以前不管三七二十一的批评方式，而是先开口问工人是不是帽子戴起来不舒服，是不是帽子的大小不合适。然后用温和的声调对工人们提出忠告：戴好安全帽是很必要的，是对自己生命的一种尊重，一种爱惜。最后要求工人们在施工的时候最好能带上安全帽。结果，谢国强的这种"拐弯抹角"的批评方式立刻奏效，工人们都是很自觉地戴上了安全帽。

作为领导，想要你的批评收到预期的效果，就得让下属听进去自己的话。而上述故事中，谢国强后来使用的这种拐弯抹角的、略带"忠告"的批评，效果明显比那种不顾对方心理感受，任由自己真理在握、义正言辞的批评方式好得多。由此可见，这种"忠告式"的批评不仅能够很好地照顾对方的自尊心，给下属留足面子，还能令下属信服，起到批评教育的效果。

因此，领导者在指出下属工作上的失误时，最好能够出于真诚，给对方多提些忠告,用忠告代替批评,只有这样才能起到批评的良好效果。千万不能只图自己嘴上痛快,而忽视了下属的承受能力和面子。老话说得好:"人活一张脸,树活一张皮。"学会为别人留住面子,是人际交往中的一条基本原则。如果领导在对待下属的失误或错误时,只知道一味地进行声色俱厉的批评,不顾下属的心理承受能力和面子,只会引起下属的反感和敌视。

但是,领导者在向下属提出忠告的时候要明白,"忠告"也相当于另外一种形式的批评,对下属提出忠告往往也会引起下属产生不满情绪。可见,提出忠告仅仅有为下属着想的良好意愿远远不够,还需要一定的方法和策略才能够达到预期的效果。那怎样提忠告才能让下属接受呢?下面总结了几点建议,希望对领导有所帮助。

1. 忠告要诚心诚意

领导在提忠告的时候首先要体现出对下属诚心诚意的关怀。当你对下属进行批评时,如果他们发现你不是诚心诚意关心他们,他们马上就会对你表示出敌视的态度。

对下属提忠告,要怀着体谅的心情。也许他们在某些方面确实做得不好,但是他们可能有苦衷。所以,在向下属提忠告时,要体谅他们的难处,不要一味地责难。

2. 从实际出发

忠告要想取得良好的效果,领导者就要在了解了真实情况后再提。只有在了解了事实真相后,才能清楚地做出是否提出忠告的判断,以及怎么选择提忠告的角度该。

如果只是"捕风捉影",对听到的信息不加以分析,就武断地提出忠告,容易引起下属的误解。

3. 注意场合

领导者在向下属提出忠告时要注意场合,切忌在大庭广众之下。

因为忠告有可能触到下属的伤疤,或者涉及他们的短处,而每一个人都有自尊心,当下属被当众揭短时,情面上就很容易下不了台,也很容易产生抵触心理。

4.选择恰当的时机

领导者在向下属提出忠告时，要选择恰当的时机。

在下属感情冲动的时候，不适合提出忠告。因为在他冲动的时候，理智起不到半点作用，他也判断不清楚你的用意。这时提出忠告，不仅不能解决问题，反而适得其反。

俗话说得好："良药苦口利于病，忠告逆耳利于行。"因此，领导者批评下属要讲究艺术，不能总是用严厉的批评对待下属，应该恰当地运用忠告，这样更能体现你对下属的真情实意，体现对下属的关心，也更能达到批评教育的目的。

✿ 妙言让下属对你的批评心存感激

再优秀的企业，也不可能只有赞扬没有批评，批评可以说是领导工作中一种必要的强化手段，它与表扬是相辅相成的。不过作为一名现代社会的领导者，批评的时候要注意自己的方法和措辞，尽量使用一些妙语来减少批评所产生的副作用，减少人们对批评的抵触情绪，从而保证批评效果尽可能的理想。如果你真正把批评的技巧掌握好了，那么下属不但不会记恨你，而且还会感激你。

不妨来看看玫琳凯是怎么做的：

美国玫琳凯化妆品公司是很多女士都非常熟悉的，身为玫琳凯化妆品公司的总裁玫琳凯是一个颇有管理心得的管理者。一次，在业务会议上，玫琳凯发现公司里有一位美容师的衣着、化妆和她的身份完全不符，心里非常生气，想马上过去训斥她。可是转念一想：我这样过去训斥她，她就能改吗？如果她认为我在挑刺，或者跟我反目成仇，那么，就会影响整个会场的气氛。就这样她没有直接走过去，而是在心里寻找更为妥帖的方法，如何使这位美容师既接受批评，改正错误，又不破坏彼此之间的关系呢？

后来，玫琳凯从秘书那里得知，这名美容师刚入行，于是玫琳凯就想：要是采用直接批评的方式，那势必会伤害对方；若是自己不当面指出来，而是通过影射的方式点化她,不但不会影响到公司的整体形象,而且还会让对方对自己感激不尽。

于是等到业务会议结束之际,玫琳凯走上台前,即兴做了一场题为"美容师的仪容和着装"的三分钟演讲,善意地提醒与会人员要时刻注意自己的职业风范。玫琳凯的演讲得到与会者的一致好评,玫琳凯注意到那位美容师羞愧地低下了头。第二天,当玫琳凯再次见到那位美容师时,她发现这位美容师变化很大,不仅衣着整洁朴素,而且不失职业风范。于是玫琳凯微笑着向美容师点了点头,美容师也明白了玫琳凯的意思,非常感激地向对方鞠了一躬。后来,美容师不但改掉了自己身上的缺点,而且在极短的时间之内,成为玫琳凯的得力助手。

身为领导,玫琳凯没有直接把不守规矩的美容师狠狠臭骂一顿,而是换了一种方式,用即兴演讲的方法,对美容师进行旁敲侧击,既提醒了公司的其他员工,又巧妙地点化了美容师。试想一下,如果玫琳凯对美容师选择劈头盖脸式的批评,会是一种什么结果? 一种是美容师被迫接受,但是心里肯定不服,认为玫琳凯不尽人情,还有一种结果就是二人反目成仇,美容师一气之下辞职走人。相信这两种结果是任何人都不希望的。

然而,有些领导就是不考虑这些,他们在下属犯错误时,不假思索地给予对方狠狠的批评,结果不但没使对方改掉自身的毛病,反而影响了自己在下属心目中的形象。

张光远是某公司的老板,一天,他路过公司的市场部时,发现这个部门里的员工正嬉笑正欢。于是,他走进办公室,发现部门经理王鹏正在和下属们聊得火热。于是张光远沉着脸问王经理:"你们部门的调查报告做得怎么样了?"说完,他轻蔑地笑笑,接着讽刺说:"难道已经交到我办公室了?"王经理一边赔笑,一边解释道:"大家今天刚刚出差回来,累了几天了,我寻思着让大家稍微放松一下再工作……"

可是没等王鹏说完,张光远就劈头盖脸地继续问:"我问你,调查报告交了没?"看到老板如此发怒,王鹏低头不语,这让张光远更生气,他咆哮道:"从老远就听到这里欢声笑语,我寻思你们的工作都做完了。既然没做完工作,有什么资格在办公室里娱乐?"然后他指着王鹏说:"你这个经理是怎么当的,还想好好工作不? 做不了,就走人!"

王鹏愣在那里,憋了一肚子的委屈,这段时间,为了让公司的利润更上一层楼,他亲自带领部门员工跑市场,辛辛苦苦大半个月,终于为公司签下了几个大单,看到大家这么辛苦,本想让大家稍微放松一下,没想到遭到老板的一顿数落,只得打碎了牙往肚子里咽。

后来,很多员工都在私底下议论:好心不得好报,烧香遇到鬼叫。这次是经理挨训,下一次就有可能轮到自己挨训。自此以后,大家见到张光远,总是能躲就躲。

作为领导,不要以为批评的目的就是显示自己的威风,让对方承担责任,批评的目的主要在于教育下属不要再犯此类的错误,并且尽量缩小错误对目前工作造成的影响。错误是一个人自身经验累积和走向职业成熟的必经之路,没有谁会一点错误都不犯就走向卓越的成功的。

所以,身为管理者,在下属犯错误时,不要直接进行"大雨点"式的批评,批评之前想一想,怎样用更巧妙的语言让下属接受批评并且改正错误。

❂ 用鼓励的话语代替批评的言辞

在日常工作中,如果你的员工没有按时完成工作任务,作为领导的你该怎么办呢? 你可能会去直接找到他,并对他说:"我对你很失望。"其实你这样做的目的是让对方能够更加上进,但是往往事与愿违,你看到的结果却是下属在以后的工作中可能会变得更加不负责任或更加消极。因为这位员工在听到你说这话的时候,第一感觉是领导不重视我了,一定是对我的工作不满意了。以致他会消沉或破罐子破摔。在这个时候,领导要如何去做才会避免这种情况呢? 别急,先看看下面这位先生是如何做的。

亚当是一家卡车经销商的服务经理。在公司里,有一位叫帕克森的员工,工作效率每况愈下。然而,亚当并没有对他大骂或者威胁,而是把他叫到办公室,跟他进行了坦诚的交谈。

亚当是这样说的："帕克森，你是一位很棒的技工，在现在的这条生产线上工作也有好几年了，你修出来的车子令顾客很满意。事实上，有很多人都赞扬你的技术很好。只是最近，帕克森，你完成一件工作所需的时间好像加长了，而且你的工作质量也比不上以前的水准。你以前真是一位杰出的技工，我想，你一定也知道，我对现在这种情况不太满意。也许，我们可以一起想一个办法，改变这种现状。你认为呢？"

帕克森说："先生，我并不知道我没有尽好自己的职责，非常感谢您，我向您保证，我一定会胜任我接下来的所有工作的，我以后一定要改进它。"

果然，在接下来的日子里，帕克森就如他保证的一样，不仅改进了工作，甚至比以前更努力。

现在来看文章开头的问题，领导们应该知道该怎么做了吧？要想让你的员工改正错误或改进工作态度，最好的办法不是去直接批评，而是应该向案例中的亚当学习，学会鼓励。你可以这样对员工说："你做事向来都很积极，从来都是按时完成，这次没有按时完成，我想一定有别的原因吧，我很重视这件事情。"让对方作出回答，这样双方才能从根本上解决问题。这样既可以很好地解决问题，又不至于把领导与下属的关系搞得很紧张。

让对方了解你的意图和想法，然后按照你的想法和意图来工作，这才是关键。这种方法是不是比你批评他好多了；也有效多了？

对于任何人，只要你想要在某一方面试图改变对方，就应该把他看成是他已经拥有了这种杰出的特质，这对于领导者来说特别重要。

莎士比亚说："假如你没有一种德行，就假装你有吧！"更为有效的是，公开地假设或宣称他已经有了你希望他拥有的那种德行。给他们一个好的名声，让这作为他们努力的方向，他们就会痛改前非，努力向上，而且拼命也不愿意让你看到你对他的期望破灭。

宋妍是一位优秀的小学老师。在新学期的第一天，她的班级调来了全校最顽皮的"坏孩子"小强。小强不但搞恶作剧，跟男生打架，逗女生，对老师无礼，扰乱班上正常秩序，而且情况越来越糟糕。当然，他也有一个优点，就是能够很快学会功课，还很熟练。

　　宋妍决定立刻面对"小强问题"。当她见到她的新学生时，她讲了这些话："莉莉，你今天穿的衣服真漂亮；莎莎，我听说你画的画很不错哦……"当她念到小强时，她直视着小强，对他说："小强，我知道你是一个天生的领导人才，今年我要靠你帮助我把这个班变成年级最好的班。你一定很有信心做到这一点的。对吧？"

　　每天开始上课时，她都会强调这一点，夸奖小强所做的一切，并评论他的行为正代表着他是一个很好的学生。有了值得奋斗的美名，即便小强只是一个十岁的孩子，他也不希望令老师失望。而在学期末，他真的做到了这一点。

　　如果你想让一个人做什么，你就赞扬他什么。同样的道理，作为领导，如果你想让你的下属变成什么样子，那你就去赞扬他或鼓励他吧。

　　如果你的下属犯了错误，你想让他知道，并改正过来，你该怎么办呢？用鼓励和赞扬代替批评，这是最好的办法。当批评减少而鼓励和夸奖增多时，下属做得对的事情会增加，而错误的事情会因忽视而减少。每个人都渴望受到赏识和认同，并会不惜一切地得到它。当然，领导鼓励别人，必须是真诚的，或者至少看上去真诚。

　　任何人的能力，都会在批评下萎缩，但在鼓励下却能绽放。因此，希望对方做到某一件事情，那么，就赞美其最细小的进步，而且是每一次的进步吧，因为每个人都需要诚恳的鼓励和慷慨的赞美，这要比你严厉地批评聪明得多。

❀ 打一巴掌揉三揉，批评也要善后

　　身为企业的领导，当下属犯错误的时候，通常采用批评的方式，因为他们在工作中出现了失误，就应该承担相应的责任。被领导埋怨，责骂也是情理之中的事情。但是批评也要讲究方法，有经验的领导既会在必要的时候发火，又会善后，换句话说，就是先打下属"一巴掌"，然后"揉三揉"，既教育了对方，又让对方得到了关怀，可谓是批评中的最高境界。

三洋机电公司的前董事长后滕清一曾经是松下公司的一名职员。一次，由于一个小小的错误，后滕清一激怒了松下，当他走进松下的办公室时，松下气急败坏地拿起一只火钳使劲地往桌子上拍击，然后对后藤清一大发雷霆。后藤被松下骂得狗血淋头，心里十分不爽，正当他准备悻悻离去时，松下忽然叫住了他，对他说："等一下，刚才因为我太生气了，不小心把火钳弄弯了，你力气比我大，麻烦你帮我弄直好吗？"

听到领导这么说，后滕清一只能遵命，他拿起火钳拼命地敲打，而他的心情也随着这敲打声逐渐趋于平静，不一会儿，火钳就被敲直了，松下看了看说道："恩，比原来的还好，你真不错！"然后开怀地笑了。

等后滕清一离开后，松下悄悄地给后藤的妻子打电话说："今天你先生回家，脸色一定很难看，请您多多照顾他！"

本来后滕清一挨批评后准备辞职不干了，但是松下的做法却让后藤非常佩服，于是他决定继续效忠于他，而且要干得更好才行。

无论在什么样的公司里，当下属犯下不可饶恕的错误时，身为领导必须对他加以斥责，然而如果呵斥的次数过多，不但起不到教育下属的作用，反而会使下属认为他的上司性情跋扈，动辄发怒，对其产生反感。因此，身为领导，不是迫不得已，最好不要批评，而一旦已经批评，一定不要忘记补上几句安慰或者鼓励的话语。因为任何人在遭受领导的批评之后，都会垂头丧气，失去信心，甚至自暴自弃准备挂冠而去，而此时如果领导能够用一些安慰的话或者事后向他表示：我是认为你是可造之材，才这么骂你的，否则才懒得理你呢。当受斥责的部属听了这句话后，必定不会产生逆反心理，反而会更加发愤图强。

打一巴掌揉三揉，确实是一种批评下属的好方法，但是这并不代表领导就可以在批评的时候肆无忌惮，什么话都可以说，要知道，如果这一巴掌打得太重，太狠，即使你揉上一百下，也是难以使被训斥者心情平复的。

某领导看到手中谈判资料上的时间弄错了，就把负责这件事情的下属叫了过来，狠狠地批评说："这么重要的谈判时间都能弄错，你是猪啊，干不了，收拾收拾东西走人。"下属觉得很委屈，因为他没有错，却受到这样的批评,正要解释,没想到领导咆哮道:"还待在这儿干什么,赶紧去财务部领工资走人,真不知道要你是干什么吃的。"

听到领导这么过分的言语,这位下属也不打算解释了,转身准备离开,但是就在这时,得知领导发火的文员小张匆匆忙忙赶了过来,向领导解释说:"对不起,经理。这件事情是我的错,是我打字的时候把时间弄错了,原稿上的时间是对的。"

此时,这位领导尴尬地站在原地,不知道怎么收场才好。

身为领导,对下属偶尔发火是难免的,但是不管你的火气多大,也不要把话说过头,要给自己留下感情弥补的空间,不然就会像案例中的经理一样,把话说过头,结果使自己"骑虎难下",难以收场。

下属犯错误或者工作未能令主管满意,必须记住给予下属改正的机会,而非将之作为权利的象征,动辄就是对下属大肆批评,甚至言语上的侮辱。下属错了,给对方一些批评,但是在批评性谈话结束之前,要把话往回拉一拉,鼓励一番,放松一下。这种具有感情色彩的客观评价,往往能温暖被批评者的心,让他们真心实意地接受教训,当然批评过后也可以采取一些措施,帮助对方补救错误造成的后果,比如领导有意找被批评者商量工作,交办事宜,或求他办点个人事情等。

总之,批评一定要讲究一些策略,批评过后不要忘了善后,正如美国著名企业家玛丽·凯在《用人之道》一书中所说:"绝不可只批评不表扬,这是我严格遵循的一个原则。你无论批评什么或者批评哪个下属,也得找点值得表扬的事情留在批评后。这叫做'先批评,再表扬'。"

第12章

谈判口才，十拿九稳的谈事之道

谈判是企业进行经济贸易活动的重要手段。谈判关系着交易的成功，更关系着企业的发展，如果把谈判比做一场没有硝烟的战争，那么，语言就是这场战争中的刀和剑。语言用得是否合理恰当将直接关系着谈判的成败，是决定胜负的关键。所以，领导者一定要修炼好自己的口才，使之成为谈判中的利剑，攻无不克，战无不胜。

❁专业的言辞让谈判的对方更信服

在日常生活中,不知你是否注意到,当你听到周围的某人跟你说话的时候用了很多非常专业的术语,你就会觉得这个人在这方面一定是专家,有着较丰富的专业知识,熟练的技巧或者较多的经验,而此时,你对他的态度很有可能比以前提升了一个台阶,本来觉得他很普通,现在你就会对他刮目相看。

不妨我们来看这样一个小案例,了解一下专业的言辞在商务谈判中的重要性。

一个计算机专业的大学生毕业后去一家公司应聘。面试过程中,公司的人事总监问:"您对电脑懂多少?"

大学生谦虚地回答说:"略懂一二。我用过计算器,戴过电子表,喜欢玩电子游戏机,我还用电视机和机顶盒上网跟国外的朋友联系呢,还有,我看过同学用 DOS 删除文件。"

听完大学生的回答,人事总监对他说:"先生,对不起,您对我们行业的了解还处于较为低级的层面,所以我们公司不能录用你。"

虽然没有应聘上,但是大学生并没有灰心,一个月后,他又来到了这家公司面试。

人事总监问了他同样的问题:"您对电脑懂多少?"

大学生回答说:"在我头脑里没有电脑这个词,只有微型计算机这样一个概念。一般的超级掌上型硅单晶片时钟脉冲输出计算机(电子表)比较简单,我小时候常使用它的编解码运行程序(闹钟功能);至于多功能虚拟现实模拟器(电子游戏机)就复杂多了,不过我曾经完整测试过多静态资料单元(只玩过关游戏卡);长大后我开始对多频道超高频无线多媒体接收器(电视机)产生兴趣,每天晚上会追踪特定频道的资料;至于传统的微型计算机,最近我还用调制解调器通过 ISP 服务商跟国外的朋友进行多格式多字节实时传输(上网聊天);还有,我手下的一个工作伙伴(同学)经常在我的监控下进行主存储器与磁化资料存储器之间的信号转化或信号取消（用 DOS 开机和删除文件）。"

听了大学生的回答，人事总监非常满意，对他说："OK！明天开始上班。你的配车在地下二层，这是钥匙。"

大学生之所以能够面试成功就在于他在和公司人事总监"谈判"的过程中，把同样的意思用非常专业的言辞表达了出来，从而使对方信服。现如今，由于社会分工越来越细，在一场谈判中，专业知识的影响力所占的份额正在逐步扩大，因此，我们不得不考虑如何运用专业知识这股强大的力量。

卡耐基讲过这样一个故事：有一个英国人，失业后没有钱，独自走在费城大街上找工作，一天，他衣衫褴褛，寒酸地走进当地一个大商人保罗·吉彭斯的办公室，虽然他的外表对他很不利，但是出于同情和好奇，吉彭斯还是接见了他。刚开始的时候，吉彭斯只打算给对方几秒钟的时间，但是没想到这几秒钟变成了几分钟，几分钟变成了一个小时，而此时谈话依然继续，谈话结束后，吉彭斯给自己的好朋友即狄龙出版公司的经理泰勒打电话，经过交谈后，泰勒邀请这位英国人共进晚餐，并给他安排了一个很好的工作。

这个外表寒酸的男子是如何使这两位重要人物信服的呢？事实上是因为他有着非常专业的英语表达能力。

这名男子的经历虽然有些不寻常，但是它向我们说明了一个非常广泛而基本的真理，那就是我们的言辞随时被别人作为评判我们的标准，我们的谈话体现着我们的修养，它能让对方判断出我们的身份和地位。

日常谈话如此，谈判更是如此。在谈判中，谈判者说话是否专业，是否有修养则直接影响着别人对自己的印象和谈判的结果。那么，谈判者应该如何在谈判过程中表现出自己的专业才能呢？首先在谈判之初，你应该向对方透露出你的背景以及自己在某方面有着别人难以企及的专业知识。这样做的目的就是希望对方被你的这些介绍所"镇住"，甚至完全放弃争论。当然，这主要是针对多对多的谈判，因为在一场涉及多方面的复杂谈判中，参与者大都缺乏某方面的专业知识，很少有人是"百事通"，这种情况下，在你擅长的领域，他们可能一无所知。总之，只要有可能，你就应该让对方知道你是某方面的专才。

当然,这是需要你事先做好充分准备的。如果这项谈判对你来说只准赢不准输,那么,你就更应该在谈判之前花大量的时间做准备工作,快速掌握这方面的专业知识,把一些专业术语牢记在心,在谈判过程中多多使用,但是要切记一点,千万不要因此而虚浮虚夸。

✿ 巧妙深入挖掘对方的真实需求

谈判过程中,充分了解对方的真实需求对谈判能否取得成功起着至关重要的作用,而巧妙提问则是获得对方真实信息的一个重要手段。但这绝不是轻而易举的,你必须运用一些手段和技巧才能够真正了解对方在想些什么,谋求些什么。

1. 事先把提问的问题准备好

"凡事预则立,不预则废。"在进行谈判之前,谈判者应该将谈判中需要提问的问题一一列出来,特别要准备一些对方很难迅速想出适当答案的问题,这并不是让你为难对方,而是这样的提问往往能给你带来一些意想不到的结果。不仅如此,谈判者还应准备一些表面看起来比较简单易答的问题,而背后藏着很多实质性的,非常重要的内涵,等对方思想稍微松懈的时候,立刻把重要的问题提出来,这样对方就会很容易地向自己泄底,而对这个重要问题的一些细节,他可能在回答前面一些简单问题的时候已经说明了。

可能有人会问,我怎么知道我该准备哪些问题? 这就需要你从以下几个方面来考虑:

(1)如果双方达不成协议,对方会有什么损失?

(2)通过本次谈判,你的对手想从中获得什么?

(3)如果谈判成功,对方会得到什么好处?

(4)双方谈判的会议是由哪一方提出来的?

(5)对方是否有谈判的诚意? 他们是否能够履行协议的义务?

2.提问时，速度要适中

谈判过程中，速度的把握也十分重要，不能太快亦不能太慢。速度太快会让人有一种被审讯的感觉，从而产生反感，影响谈判的气氛。当然速度也不能太慢，太慢会让对方感到沉闷、压抑或者疑惑。

3.给对方充足的回答时间

为了获取一些重要信息，谈判者必须准备很多问题，但是这并不代表你就可以一个接着一个发问，而不给对方充足的回答时间，连续不断地发问虽然感觉在气势上你胜过了对方，但是你的提问会让对方感到厌倦、乏味，很不愿意回答，即使回答也是马马虎虎，那么，你想获得一些对方的真实需求就很难了。

因此，在提出问题后，要闭口不言，等待对方的回答，双方都处于沉默中会给对方施加一种无形的压力，你不再说话，对方就必须选择回答来打破这种沉默，而等到对方明确回答问题后，自己再继续提问，这既是礼让的一种表现，也可以因此获得自己想要的信息，何乐而不为呢？

4.对方如果不愿意立即回答，不要强问

谈判中经常会遇到一些对方不愿意回答的问题，这个时候不要强迫对方。你可以换个思路，把这个问题拆解成几个小问题来问，也可以旁敲侧击地用其他方法来了解对方的真实意图，再不行也可以暂时把问题搁置，寻找合适的机会再问。总之，不要为了获得信息而强问。

5.谈判要真诚，避开带有敌意的问题

如果你想通过提问挖掘对方的真实意图，那么，在态度上就要真诚。在提问之前应该先征求对方的同意，对于一些敏感话题，发问前应向对方解释说明一下，以免产生误会。对于一些带有敌意的问题如指责对方信誉或者表现自己的问题，最好不要提问，以免影响双方之间的真诚合作。

谈判就是为了挖掘对方的真实需求，进而通过谈判来解决问题。无论是对方个人的需求，还是他所代表的团队和企业的需求，都对谈判的成功起着至关重要的作用。因此，为了获得更多的信息，一定要在谈判提问的过程中注意以上几个方面，无论措辞还是语调，无论内容还是逻辑顺序都要在提问前仔细考虑,恰当提问,从而有利于驾驭谈判过程,反之,则会损害双方的利益或者使谈判节外生枝。

✿ 关键时刻,用言语直击对方的致命弱点

有句名言说得好:"一人之辩胜于九鼎之宝,三寸之舌胜于百万之师。"的确,要想在与人谈判中取胜,就要知道语言在其中的重要性。对于任何一个谈判者而言,熟悉并掌握一些谈判的技巧是必不可少的,它有助于谈判者在谈判中得心应手,左右逢源。

谈判之前的准备工作无论做得多么细致,都只是一个宏观的计划,要在谈判中有效实施这个计划,就需要根据现场的情况随机应变,以智取胜,尤其是要学会在关键时刻,抓住对方的薄弱环节或者论述中的要害,用言语直击它。

很久以前,某地天气干旱,粮食减产,为了能够减免当年的税收,当地人选派了一名老者去县衙门报告灾情。在县衙里,县老爷问老者说:"小麦收了几成?"老者回答:"五成。""那棉花呢?""三成。""玉米呢?""大约两成。"

听了县老爷的话,老者心中暗骂:"简直就是一个混账糊涂官!"但是他嘴上赶紧回答县老爷的话,说:"冤枉啊,大老爷,小民活了 180 岁,也没见过这么严重的灾情啊!"

"什么? 简直是胡说,你怎么会有 180 岁?"老者回答说:"县老爷,你怎么就不明白,我大儿子 50 岁,二儿子 30 岁,三儿子 20 岁,而我现在 80 岁,加在一起不就是 180 岁吗?"

县老爷听后,笑得前仰后合,说道:"哪有你如此算法,你是不是老糊涂了?"老者说:"可你刚才也是这样算收成的啊!"此时的县老爷突然止住了笑声,他明白原来是自己先犯了错误。

面对县老爷的荒唐计算方法,老者随机应变,利用县老爷的思路仿制出类似的结论,直击对方要害,取得了成功。可见,在谈判中面对对方咄咄逼

人的攻势，要避开其言语中的强势部分，抓住对方言语中的薄弱环节，对其进行攻击。

然而，在谈判中，我们经常碰到这种状况：明知对方讲的话不对，却不知道如何反驳。即使反驳也抓不住重点，反而成为对方反击的把柄。之所以会出现这种情况，主要原因就在于，在谈判中没有抓准对方要害这个突破口，如果在交流中你能够抓准对方言语中的要害，就相当于找到了最佳的突破口，就能有的放矢地击败对手。要害抓得越准，就越容易击败对方，让对方心服口服。

与人论辩时，不妨顺水推舟，巧妙借用论敌的言论这一"东风"，"以子之矛，攻子之盾"，来个回锋逆转，可以一举打垮对方的语言攻势，占得论辩的上风。

一位中国女律师在美国洛杉矶做题为《中国投资环境及其法律咨询保护》的演讲时，一位别有用心的美国记者以挑衅的口吻问她："据我所知，你们中国根本就没有法律可言，那么，你是从哪儿变出这么多投资保护法的？我听到很多中国人自己都说中国根本没有法。"

听到这位记者的提问，在场的所有人都安静了下来，气氛顿时变得凝重起来，中国女律师微笑着反问道："先生，您知道美国法院的书架上有多少判例吗？"

对方摇摇头头，回答说："不知道，我不是法官，也不是律师。"

中国女律师接着问："那您一定知道在这些判例之外，美国已经制定许多成文法了？"

那位美国记者点点头，说："是的，美国制定了许多成文法，这跟我问的问题有关吗？"

中国女律师说："这正是您提出问题的答案。作为判例法体系的美国，随着社会发展需要还在不断制定成文法。外国人过去没有去中国投资，当然不需要投资法。从中国对外招商引资之时，我国与之相适应的各种投资法就不断被制定出来……用我们中国人的话说，叫作'应运而生'。"

中国女律师的回答赢得了场内一片掌声，而那位美国记者却显得十分尴尬。

在美国记者提出这个别有用心的问题时，女律师没有直接反驳，而是巧妙地对其步步引导，然后借用对方的"美国制定了许多成文法"一语，表达了"各种投资法是'应运而生'"的观点，如此有理有节地找到对方的致命弱点予以回击，化解了论敌的责难。

从这个例子中，我们可以看出，面对对方的责难，我们的回击要做到有理、有节，最重要的一点就是要巧抓破绽。当对方只顾着进攻而疏于防范时，会暴露出很多或大或小的破绽，这个时候我们一定要善于搜寻战机，因利趋便，取证于敌，借力制胜。正如俗话所说："打蛇打七寸。"谈判中只有抓住对方的致命弱点回击才能有效。

❖ 遇到难题，如何巧妙地转换话题

在和人谈判时，经常会遇到一些自己不愿意或者不方便讨论的话题，而此时对方则谈兴正浓，直接拒绝，会让对方认为自己不礼貌，而如果勉强谈下去，会让自己处于无理或者不利的地位，这个时候一定要想方设法地转移话题，把争论的矛头引向对自己有利的方向。

1972 年，基辛格跟随尼克松总统动身前往莫斯科，在途中经过维也纳的时候，就即将举行的美苏首脑会谈问题，举行了一次记者招待会。

当时，《纽约时报》的记者马克斯·弗兰克尔向基辛格提出了一个所谓的"程序问题"。他问："到时，你是点点滴滴地宣布呢，还是来个倾盆大雨，成批地发表协定呢？"

这样的问题让基辛格有些为难，因为选择哪个答案都是不准确的。于是他回答说："我明白了，你看马克斯同他的报纸一样是多么公正啊！他要我在倾盆大雨和点点滴滴之间任选一个。所以，无论我们怎么办，总是坏透了。"

他略停了一下说："我们打算点点滴滴地发表成批声明。"全堂顿时哄然大笑。

基辛格在面对难题时，没有选择正面回答，而是用"答非所问"的方法巧妙地转移了话题，这样做的好处就在于：表面上好像在正面回答问题，而实际上只不过重复了对方问题中的一些内容，没有增加任何新的信息，仅仅是简单的重复，但是更为精彩。

可见，不管在什么样的谈判中，采取一些巧妙的方法往往能够取得更好的效果。而一般的转移问题的方法主要有以下几种：

1.通过节外生枝转移话题

当谈判者觉察到自己无理或处于不利地位时，可以想方设法从对方的话语中引申出一个新的问题，把话题岔开，把争论的矛头引向对自己有利的方向，使对方变为被动，这就是节外生枝术。例如：

甲："我认为你这样不遵守交通规则是错误的，应当改正。"

乙："不遵守也没什么了不起。"

甲："人人都不遵守，马路上就要乱套了。"

乙自知理屈词穷，但却狡辩说："我争不过你，那你说说什么是交通？"

乙没有主动承认自己错了，而是从对方的话语中引申出"什么是交通"。

2.用相近概念转移话题

在日常用语中，我们说话中的很多词语所表达的概念没有明确的界限，常常带有一定的模糊性，这个时候可以利用这个模糊性把话题中的某些概念转化为和它相近的另外一个概念，岔开原来的话题。

还有一点，在现代汉语中，有很多同音异义或者一词多义的情况，而谈话是以声传意，不见字的形体，所以，你可以故意曲解对方谈话的意思来转移话题

3.利用眼前的景物转移话题

两个人谈判一般都是在一个特定的环境下，这个时候眼前的所有景物都会引起双方的注意。当你遇到难题时，可以利用以下这些景物，把对方的注意力转移过来。比如，当你和对方在餐厅里交谈时，刚好有一个穿着非常个性的女士走了进来，这个时候你想转移话题，就可以说："快看，那个女孩，穿着也太另类了吧？"

其实,转移话题的方法还有很多,比如"先声夺人"、"装疯卖傻"等,无论哪一种方法都需要你注意以下几点:

1. 转移话题要隐蔽

无论你用相近概念、眼前事物还是其他方法,都应该包含隐蔽的因素,将话题不知不觉、自然而然地过渡过去。

2. 转移话题需及时

转移话题一定要找准时机,在话题还未展开或者刚刚展开的时候就岔开,因为这个时候往往人的相应区域的大脑皮层刚刚兴奋起来,稳定性较差,容易转移,否则一旦话题已经深入,大脑皮层的兴奋区域处于优势状态,稳定性强,想转移就没那么容易了。

3. 转移话题应临近

一般情况下,人的注意范围主要有三个区域:注意中心、注意边缘和注意以外。在这三个区域,大脑皮层兴奋程度分别呈现减弱趋势,所以,把对方注意力从中心转到边缘会比较容易,而要转移到注意力以外就比较困难。

4. 新的话题应有超越性

新的话题无论是自己的新奇性还是对方的需求性方面都应该超越旧的话题,只有这样才能收到好的效果,刺激程度越大,转移问题的成功性就越强。

❀语言"太极",学会以柔克刚

在生活中,人们往往有这样的感受:当你受到别人的攻击时,本能的反应就是立刻反击、以硬碰硬,这样一来一场大战就在所难免。但这样的结果又有什么好处呢?领导者在谈判的时候,如果与对方在某些观点上产生分歧,互不相让,唇枪舌剑,会有什么样的结果呢?只能使谈判过早地进入僵局,甚至会使谈判因此而提前终结。谈判是指经济交往双方为了寻求和满足自身经济利益为目标而进行的一系列谈话沟通的过程,如果双方在某些问题上互不相让,或者因为言语上的不和谐而导致谈判破裂,就失去了谈判的意义，更达不到双赢的结果。因此，领导者在谈判的时候，如果遇到说话咄咄逼人、气势汹汹的对手，不应该采取"以牙还牙"的对策，应避开不利条件下正面冲突，学会"以柔克刚"，来说服对手。

"以柔克刚"作为一种谈判策略，往往能够产生一些意想不到的效果。领导在谈判中，经常会遇到一些盛气凌人、锋芒毕露的对手，他们刚愎自用，说话时趾高气扬或居高临下，甚至语言上还带有攻击性。面对这样的谈判对手，固然可以采取"以硬碰硬"的方式与其较量，但很容易形成双方情绪上的对立，危及谈判终极目标的实现。其实，领导者在遇到这样的谈判对手时，最好的策略是避开对手的锋芒，采用以柔克刚。

黄海涛是某饲料公司的总经理，有一次，他亲自指派了一个人做公司的谈判代表。可是，他的这一决定遭到了公司很多人的反对。当时有许多员工和经理反对委任此人，他们选出代表去和黄海涛交涉，希望总经理能够改变这一决定。

代表中领头的是一位身材高大、脾气暴躁的部门经理，他走进总经理办公室，一看到总经理就忍不住大发脾气，开口就把黄海涛骂了一顿。出乎所有代表的预料，总经理黄海涛并没有与其针锋相对，而是一声不吭地任凭这位部门经理歇斯底里地吼着，最后他用非常和气的语气对这位部门经理说："先生，你讲完了吗？讲完的话，你的怒气也该平息了吧。按照道理和级别来说，你是没有权利来如此责问我的，不过我还是非常愿意详细地给你解释一下……"刚才大发脾气的部门经理此时已经羞惭难当。但是黄海涛并没有给他说话的机会，紧接着就是和颜悦色地为他开脱："其实也不能怪你，因为我想任何不明事理的人都会发怒的。"

在以上案例中，黄海涛总经理在对方情绪激动、脾气爆发的情况下运用的就是"以柔克刚"，如果他对前来责问的代表们吼道："你给我滚出去！你没有权利来教训你的上司，我还不用你来告诉我什么是对什么是错！"这样的话一出口，估计那位部门经理会比他更凶、更暴躁，一场"嘴仗"则在所难免。而以柔克刚实际上是使自己处于超然的地位，不因对方之怒而怒，更能使对方反省自己的言语是否得体。可见，越是高明的谈判者，越能够"以柔克刚",将对手凌厉无比的"招数"化解于无形。

俗话说:"四两拨千斤",说的就是"柔"的力量。比如,一块石头落在一对棉花上,则会被棉花轻柔地围住,被棉花所征服。因此说,领导者在谈判中遇到上述问题或对手时,不要急于发怒或争执,而要学会冷静并收敛态度,用"柔"去化解一切问题,化解一切矛盾。

"以柔克刚"是谈判中很重要的技巧,但它只是语言"太极"中的一种应用。其实,语言"太极"在谈判中应用得非常广泛。下面总结了一些语言"太极"的运用,领导者可以根据具体情况加以运用。

1. 借力打力

领导在谈判中,如果遇到对手提出的要求太过分或者对你不分青红皂白地指责,千万不要直言反驳或者反唇相讥,这样只会使谈判陷入僵局。

一个精通语言"太极"的谈判高手,面对这样的情况,往往会使出"借力打力"的绝招。他们不好直接回答对方的问题,而是旁敲侧击地提出一些问题,诱使对方在回答中不知不觉地否定自己原来提出的要求或观点。这样一来,对方伸出来的拳头只会打向自己。

2. 委婉暗示拒绝

在对方提出要求时,领导者不要用明确的语言直接拒绝,而应该以各种比较含糊的语言向对方传递不能接受的信息。

❀ 请君入瓮,巧用话语诱导

谈判的过程是受到谈判双方制约的,任何一方都不能绝对左右谈判的内容和进展,但是如果哪一方能够在此过程中占据主动,那么,谈判就一定会朝着更有利于自己的方向发展,而"巧设话语陷阱"就是一个很好的让自己占据主动或者化被动为主动的方法。

在《战国策·楚四》中记载了一个关于给楚王献不死之药的故事。内容大致如下:

有一个人来向中射之士禀报他要向楚王敬献不死之药,中射之士便问:

"这药可以吃吗?"禀报人回答说:"可以吃。"于是,中射之士便从禀报人手里一把夺过不死之药吞了下去。这下事情可闹大了,楚王知道此事后勃然大怒,准备派人把这个无法无天的家伙杀掉。中射之士不慌不忙,他对楚王说:"我没有罪,大王可不能杀戮无辜啊!我在吃药之前可是向禀报人请示过的,是他说这药可以吃我才吃的,即使要问罪那也不能找我啊!事情非常清楚地摆在那儿,有罪的是那个禀报人而不是我。再说,那位客人口口声声地说向大王进献的是'不死之药',如果我因为吃了这个药而被杀头,说明这药根本就不是什么'不死之药',而是死药。这岂不是在告诉世人:大王您之所以杀掉我这个无罪之臣,是因为有人用荒唐的'不死之药'欺骗了您。这话一旦被传出去,大王您岂不是要遭人耻笑?"楚王虽然很生气,但最后还是决定不杀他了。

在这个故事中,中射之士的聪明之处就在于他充分利用人们习惯思维存在的盲区,预先设计了一个语言陷阱:这药可以吃吗?这个问句,一般的人都是从"这个药是否能让人安全食用"来考虑的,而很少有人会想到,这个问句的另一个含义:是否允许询问人立即就去执行"吃药"这个行为。其实中射之士这句话更绝的地方在于:在这句话之前有一个背景,就是对方禀报"不死之药"是献给大王的,在这样的背景下,问这句话,禀报之人就会理所当然地认为中射之士想要得到的是关于"药是否能为人安全食用"这方面的答案,所以,他毫无防备地就掉进了中射之士精心为他设置的语言陷阱之中。

可见,巧妙灵活地运用语言,很多时候并不是一句话就可以做到的,它需要你在谈判之前做好充分的准备,从一个对方不疏于防备的问题开始,一步一步地"诱导"对方,在不知不觉中做到"请君入瓮",就像这位销售人员一样。

客户:"这套家具太贵了。"

销售人员:"您认为比您预想的贵了多少?"

客户:"贵了1000多元。"

销售人员:"那我们就假设贵了1000元整。"说着,销售人员就拿出了自己随身带的笔记本,在上面写下了1000元给客户看。

销售人员:"先生,这套家具您是不是打算至少使用10年以上再换?"

客户:"我是这么打算的。"

销售人员:"那么,也就是说,依照您所想的每年多花了100元钱是不是?"

客户:"是的,我是这么认为的。"

销售人员:"一年100元,每个月有多少钱?"销售人员停顿了一下说:"8元多,对吗?"

客户点头。

销售人员:"那我们就按8.5元来计算,你每天至少会使用这个柜子两次,早上和晚上。"

客户:"有时会更多。"

销售人员:"那我们保守估计一下,1天2次,也就是说1个月60次,假设这套家具每月多花了您8.5元,那每次就多花了不到0.15元。"

客户:"是的。"

销售人员:"您想,每天不到1毛5,却能让您的家变得利落而整洁,让您不再为东西没有合适地方放置而苦恼、发愁,而且还起到装饰的作用,您不觉得很划算吗?"

客户:"……是的,那我就买下了。你们送货上门吧?"

销售人员:"当然,先生。"

在客户认为家具太贵的时候,销售人员没有直接反驳他的观点,而是从"您认为比您预想的贵了多少?"然后一步一步、不露声色地"诱导"对方,让其不知不觉地、非常乐意地认可你,最后获得谈判的成功。可见,巧用话语"诱导"对谈判的重要性。

但是需要提醒大家的是,在向对方提问题时,你必须知道自己每一个问题的答案,如果你提问的问题对方根本不知道怎么回答,那么他们会怎么想呢?显然,你就不能正确地引导对方,使其顺着你的思路往下走。因此,你提问的问题答案只能是唯一的,比如,你问对方:"这套化妆品你用了以后,感觉怎么样?"对方的答案可能有多种"还行吧"、"不怎么样"、"有点干"、"太贵了"等。而如果你这样问对方:"这套化妆品你用了之后,是不是感觉皮肤润滑了一些?""是不是感觉比以前白皙了一些?"等,对方的答案显然就会很简单了。

✿ 谈判时的言语禁忌需记牢

领导者需要经常代表公司参加一些商务谈判,由于商务谈判行为集中表现为语言交流行为,因而领导者语言艺术水平的高低往往决定着谈判双方的关系,甚至谈判的成败。因此,掌握商务谈判语言的艺术性,对于领导者来说是非常重要的。

美国著名的企业管理学家哈里·西蒙说过:"成功的人都是一位出色的语言表达者。"成功的谈判都是谈判双方运用语言艺术的结果。在谈判中,如果能够恰当地运用语言艺术,就能够使对方非常乐于聆听,否则就会令对方反感。如果领导者在谈判时语言运用不恰当,就有可能会伤害到对方,对谈判的顺利进行产生障碍,更严重的则会导致谈判的失败。

华盛顿有一名富翁叫做迈克尔·吉尼,尽管他十分有钱,但是他性情孤僻,脾气非常暴躁。

有一次,迈克尔·吉尼为了采购一家私人飞机,就与飞机制造公司的代表进行谈判。迈克尔·吉尼要求在所签署的条款中必须写明他所提出的三十多项要求,并对其他竞争对手保密。可是那位代表却不同意,双方经过一番激烈的言语交锋,谈判中还爆出了粗口,那位公司代表最后差点将迈克尔·吉尼赶出谈判场所。

之后,迈克尔·吉尼意识到了自己不可能再和那位代表坐在一起谈判了,也意识到了是自己粗暴的语言将这场原本好好的谈判搞僵了,于是他不得已只能派自己的私人代表卡谢尔去与对方继续谈判。结果,卡谢尔在谈判过程中,态度谦和、语言得体、通情达理,使那位飞机制造公司的代表感觉很轻松。经过一番谈判之后,卡谢尔争取到了迈克尔·吉尼提出的所有要求。

迈克尔·吉尼吃惊地看着卡谢尔,并且询问他是如何取得如此好的成绩的,卡谢尔只是简单地回答说:"其实也没有什么,我只是在谈判的过程很注重对方的感受,因此,才能打动对方,最后才促使谈判成功的。"

通过上面的这则故事不难看出,在谈判的过程中,倘若谈判的双方,无论是谁先触犯了谈判中的语言禁忌,谁就一定会在谈判中失败,最终"竹篮打水一场空"。

与客户进行谈判,不但是口才与技巧的较量,更是一种智慧的角逐。在谈判中,有很多时候,哪怕你不小心触犯了一个小小的语言禁忌,那么,即使你用十条、百条技巧都难以弥补。因此,领导者需要牢记谈判时的语言禁忌,防止误入禁区,这与掌握各种谈判技巧一样的重要。

究竟需要掌握哪些谈判时的语言禁忌呢? 下面总结了一些,希望领导们能够加以学习。

1. 忌盛气凌人的语言

有些参加谈判的领导由于在企业中身居高位,自觉自身地位、资历"高人一等",或者谈判实力确实很强,在谈判中往往表现得盛气凌人。居高临下、盛气凌人的语言行为极易伤害对方感情,使对方产生反感或报复心理。

因此,要求参加谈判的领导,无论你自身的行政级别有多高、资历有多老、代表公司的实力有多强,只要与对方进行谈判,就要放下自己的身段,坚持平等相待、平等协商的原则。

2. 忌啰唆的语言

谈判的时候要求双方说话应简明扼要,准确明白。

如果领导者在谈判的过程中说话啰唆,言之空洞,毫无意义,就等于在浪费时间,一定会引起对方谈判人员的反感和厌恶。

3. 忌伤人的语言

领导者在谈判时切记不要说伤人的语言。

一场成功的谈判是利益的协调和双方的满足。参加谈判的都是具体的人,每个人都有自尊心、荣誉感和独特的个性。如果领导者在谈判中视对方如仇敌,出口就伤人,这样只会伤害对方的感情,严重的还会引起对方的反击,一场充满言语侮辱或攻击的谈判没有任何意义可言。

因此,要求领导者在谈判中相互尊重、说话和气、谦虚有礼,这样不但可以增进谈判双方的友谊和信任,而且还能提高谈判的成功率。

4. 忌好斗的语言

领导者在谈判时应该多讲语气温和的话,这样有助于对方接受,便于双方更好的沟通。切记不能说粗声恶语、争强好斗的话,这种语言容易使人产生反感和抵抗,甚至予以反击,对方听了这样的话会变得更加的固执。不仅无助于改变对方的观点,还会使谈判变得更加的困难。

因此,领导者在参加谈判要避免说令对方不快的刺激性的话,要做一个友好的使者,这样对双方都有利。

第13章

应酬口才,领导说话要撑得起场面

在应酬时,好口才可以带给领导者成功与幸运,带给领导者各种左右逢源的交际关系。一个聪明的领导者会凭着出色的语言表达,让陌生人对其产生好感、结成友谊;让意见有分歧的人之间可以相互融合;让熟知的人之间可以彼此情更深、爱更浓;让仇恨的人之间可以坦诚地交流,最后,友好相处、和谐和睦。

✿寒暄有道,领导一开口就要撑起场面

在生活中,人们彼此见面时,无论是熟人还是陌生人,总免不了打个招呼、问候一下,比如,"最近怎么样啊"、"生意最近还好吧"、"今天的天气不错啊"等,以示礼貌和关心。这也被称之为"寒暄"。寒暄,是人与人之间最简单、最朴实的一种礼节上的相互问候行为。通过寒暄,可以增进朋友之间的感情,促使陌生人相互认识,使不熟悉的人相互熟悉,它能活跃单调的气氛,为双方架起一座进一步沟通的桥梁。因此可以说,"寒暄"是交谈的一种"润滑剂"。

领导在日常的应酬中,自然也免不了与人寒暄。比如在应酬之余,与人聊聊天气、侃侃电影,或者关注一下时下最流行的话题等。在寒暄的过程中,总之,无论谈论什么话题,都能够充分展现领导者的口才,如果寒暄得体,就能够拉近与对方的关系,更容易与对方建立友谊。因此,掌握寒暄的艺术和掌握其他形式的口才技巧是一样重要的。

要掌握寒暄的艺术就要对寒暄的形式和寒暄的技巧有所了解,这样才能更好地把握寒暄的艺术。

常见的寒暄形式有以下三种,供领导借鉴:

1.问候式

这是最常见的一种寒暄方式。

两人见面可以点头微笑,或说"你好",或关心地询问近况:"最近棋艺有长进没?"然后可以顺利往下交谈。

这里要提醒领导们的是,有时候对方是一个比你级别低的人,你不能因为自己的级别比对方高,就等着对方过来打招呼,这会给人一种很傲慢的感觉。如果你能主动与其寒暄,会给人留下一种平易近人的好印象。

2.夸赞式

人人都需要被肯定和承认,人人都喜欢被赞美。诚心的赞美是一种活跃的寒暄方式。

比如，"某某局长，您总是这么精神，我看很多年轻人都不如您啊！"话语虽短，但使双方都感到很舒服，接下来就可以顺利地交谈起来。

3. 描述式

这种方式主要用于熟人之间，有一定的局限性。

描述式是指两人见面后，一方可以用友好的语言描述对方正在做的事情。比如，"刚开完会啊"、"刚从北京回来啊"等。

寒暄的技巧一向不为人所注意，觉得一个简单的"打招呼"或"问候"有什么技巧可言的？纯粹是故弄玄虚！所以，很多时候人与人之间的寒暄就变成了"寒"而不暄，主要原因就是他们不懂得寒暄的技巧。下面就来介绍几种寒暄的技巧。

1. 选择话题至关重要

在寒暄时，有很多领导只会干巴巴说"老三样"："你好""来啦！""最近怎么样？"之类的客套话，之后再无下文。其实，日常生活中的一切事情都可以说，只要大家感兴趣就可以成为寒暄的话题。可以谈谈天气，万物生长，冬去春来，日日不同，时时不同，这些都是说都说不完的话题；也可以聊聊新闻，谈谈时下最流行的话题，关注一下股票行情或国内外大事，这都是人们共同关注的内容；可以聊聊自己的兴趣，也许对方就有与你一样的爱好，正好把你视为知己；可以讲一下自己的朋友或同学，说不定就能扩大交际范围，正好拉近你们之间的关系；电影、篮球、小吃……都可以成为你选择的话题，有助于你和对方的沟通。

2. 多谈论对方的特长

有着"销售权威"之称的霍伊先生说过这样的话："初次交谈时一定要扬人之长避人之短。"有一回，为了替报社拉广告，他拜访了梅依百货公司总经理。寒暄之后，霍伊突然发问："你是在哪儿学会开飞机的？总经理能开飞机可真不简单啊。"话音刚落，总经理兴奋异常，谈兴勃发，滔滔不绝地讲了起来，谈话气氛顿时就热烈了起来。最后，不但广告的事情谈成了，霍伊还被邀请去参观并乘坐了总经理的飞机，两人就此成为了很好的朋友。

如果与对方不熟悉，不知道对方的特长，可以在寒暄的时候问一下："你业余时间有什么爱好?"一般情况下,只要对方不讨厌你,都会告诉你的。

3. 夸奖对方

"夸奖对方"也是寒暄时常用的话题。

一句"你看上去真精神!"会令对方高兴不已。如果是在对方的办公室或家里,可以这样寒暄:"这个盆栽好漂亮啊!"或"你家布置得真美啊! 这是谁的创意啊?"这些话都会引起对方很好的反应。

❀ 合理的称呼可以让沟通显得更自然

称呼是指人们在日常交往应酬之中,所采用的彼此之间的称谓语。在人际交往中,领导者能否选择正确、合理的称呼,反映出自身的教养、对对方尊敬的程度,甚至还能体现双方关系发展所达到的程度和社会风尚,因此,人际交往中的称呼不能随便乱用。

领导如何称呼别人,是非常有讲究的一件事。用得好,可以使对方感到亲切,给别人留下一个良好的印象。反之,如果称呼不得体,往往会引起对方的不快甚至恼怒,使双方的交流陷入尴尬的境地,导致交流不畅甚至中断。

1. 王林和张宁是同一所大学毕业的学生,毕业后又进入了同一家公司,因此两个人非常亲密,互相都以小名称呼,王林叫张宁"虎妞",而张宁叫王林"皮蛋"。在公司工作两年后,两个人都升为了部门经理,王林负责技术部,而张宁负责公关部。由于身份的改变,升为经理后的张宁对王林说:"以后咱俩不能再以小名互相称呼对方了,这样影响不好。"王林当时表示同意,可是后来的日子里,张宁改叫王林"王经理",而王林却始终没有改口,继续叫张宁"虎妞",这让张宁很郁闷。

一天,张宁正和一个客户在办公室里交谈,王林突然走了进来说:"虎妞,晚上一起去吃饭。"当她抬头看张宁时,张宁的脸已经通红通红了,这时她才注意到沙发上还坐着一个客户。

2. 某办公室主任为人随和,加上年纪稍长,大家都亲切地叫他"老大"。

一天，小茹去他办公室送文件。办公室里坐着另外两个人，小茹见都不认识，也就没在意，匆匆走到主任前，说道："老大，文件送来了，你瞧瞧。"主任一听，脸"刷"地一下红了。小茹还不知何故，笑着问了一句："老大，你怎么了？"主任瞪了她一眼，然后走到两个人面前，分别向小茹介绍道："这位是新来的公司总经理，另外一位是大华公司的张董事长。"小茹这才明白自己出丑了。

3.周末，王老板邀请一名助手和他一块去钓鱼。景色秀美，这位助手很开心，在外面也放松了不少，话显得特别多，一个劲儿讨好王老板。不久之后，王老板就不耐烦了，说："在外面就是为了放松，不要再这么叫我了，听起来怪压抑的，你就叫我王哥吧。"

从以上的几个例子中，我们不难看出，称呼不是固定或者绝对的，适用这个并不等于就适用于那个，在这个环境里能用，换个环境就不一定能用。称呼没有孰对孰错之分。引起种种"称呼尴尬"的原因无外乎没有分清场合和主次关系、未顾及他人的习惯和感受。因此，应酬时，领导如何称呼别人要做到灵活运用。

1.按职位称呼最为保险

虽然你已身为领导，在企业里有了一定的身份和地位，但是为了显示对别人的尊敬，为了不会出现大的错误，最好对周围的人，不管是你的上司、同事还是下属以职位称呼。例如，"张董"、"王经理"、"李技术员"等。有数据显示，84%的职场人士更愿意按职位来称呼自己的领导或者同事。

2.看清场合再称呼

受企业文化或周围环境的影响，平日里，很多领导为了使上下级的关系更亲近经常让自己的下属称呼自己"老大"、"贺工"、"黎哥"等，而自己称呼自己的上级也是如此，但是要记住千万不可凭"习惯"想"当然"，换一种场合却疏忽了改变称呼。尤其是在一个严肃的场合，或者有客人、更高层的领导在场时，不当称呼往往会使上级丢失颜面。这时候，还是中规中矩地按照职称来称呼，才能显示你的身份和权威。

而如果你经常跟上级以职位相称，那么，一旦在外面休闲的时候，最好换个随意的称呼,否则会让对方认为自己还在公司里,无法放松下来,而且一旦被陌生人听见,也会投来异样的目光。

总之,在应酬中,称呼语就像一把钥匙,只有选择正确的钥匙去开相应的门,才能打开对方的心扉,否则,就可能造成对方的反感,使沟通无法顺利进行。

❖风趣言谈,让他人感到亲切可人

风趣是运用意识深长的语言再现现实生活中喜剧性的特征和现象,以此来传递某种特殊信息。在说话艺术中,风趣无疑是最好的一种表达技巧。在人际交往中,一个懂得风趣的人,往往三言两语,就可以妙趣横生,让人忍俊不禁,并领悟到其中蕴涵的智慧和哲理。

在应酬时,一位领导要想体现自己的魅力,让人感到自己亲切可人,不仅要使自己言谈自如,还应该使语言风趣幽默。

罗伯特是美国一位著名的演说家,但他的头秃得很厉害,于是自嘲"聪明绝顶"。在他60岁生日那天,有很多朋友来给他庆祝生日,为了让他以更好的形象面对大家,妻子悄悄地劝他戴顶帽子。虽然声音很小,但还是被周围的一些朋友听到了,于是罗伯特大声地对大家说:"我的夫人劝我今天戴顶帽子,可是你们不知道光头有多好,我是第一个知道下雨的人!"

生活中那些言谈风趣幽默的领导者,大多能把风趣的力量运用得灵活自如,真实而自然,不仅不会让人感到哗众取宠,而且给大家带来了欢乐,也彰显了自己的智慧,使人感到亲切可人。

风趣幽默是一种高深的说话艺术,不仅能给周围的人以欢乐和愉快,同时也可以提高个人的语言魅力,为谈话锦上添花。但是,如何使风趣幽默达到恰如其分,就需要我们来学习一下了。

1. 言谈要风趣但是不能过火

言谈中加入一些幽默的成分,的确可以起到调节气氛的作用,融洽彼此之间的关系,但是要适度。过分地幽默往往会给人一种古怪的感觉,甚至会使人产生反感。

刘峰是某公司的一名领导，非常聪明，很有幽默细胞，而且言语很犀利。在公司里，刘峰很喜欢和大家开玩笑，看到自己的幽默能够很好地缓解办公室人员的压力，于是刘峰似乎有些毫无顾忌。

一天，一个女下属穿了一身新衣服来上班，一件短款雪白羊绒雪狐领外套，下配紫底碎花百褶裙，手挽白色精致小坤包，刘峰看到后，夸张地说："小晴，你今天的穿着太漂亮了。"小晴听了微微一笑，还没来得及品味领导的夸赞时，只听见刘峰又说了一句："真是一个十足的女妖精啊！"

说完后，刘峰本以为大家都会为他的风趣幽默叫好，没想到不但周围的员工没有叫好，连小晴也因为受到伤害而当场哭了起来。

一个善于搞活气氛的人不应该取笑别人，免得使人尴尬。有时宁可自嘲，也不要伤害无辜的人。

2. 风趣也要有选择

语言的幽默风趣一定要根据具体的对象和语境而加以运用，不合时宜的话即使再幽默也不要说，否则，不但不会获得应有的效果，反而会招来麻烦，伤害别人的感情，甚至引起事端。比如，你大脑里存放了一个关于一个瘸子的笑话，但现场有一位朋友刚好腿脚有毛病，那么最好不要说出来，以免触及到对方的隐痛。

3. 风趣不能只靠"嘴"

风趣的语言不能只靠"嘴"来说，适当地加上一些动作，会相得益彰，让人从中得到审美的满足，给人以联想的空间，回味的余地。

林肯在年轻的时候当过律师。一次，他作为被告的辩护律师出庭，原告律师讲一个很简单的论据翻来覆去地说了差不多2个小时，听众都听烦了。终于轮到林肯辩护了，只见他走向讲台，将外套脱掉，喝了一口玻璃杯里的水，然后又把外套穿上，又喝了一口杯子里的水，然后他再次把外套脱掉，喝了一口水，这样的动作重复了5、6次，他的幽默动作逗得在场听众前俯后仰。林肯一言不发，在笑声中开始了他的辩护演讲。林肯的风趣表演实在是对原告辩护律师的一种嘲弄，为他最后辩护取得成功奠定了基础。

4.风趣一定要注意场合

风趣可以,但是一定要判断所处场合适不适合开这种玩笑。

美国总统里根在一次国会开会前,为了试一试麦克风的效果,便不假思索地说:"先生们请注意,5分钟之后,我们将对苏联进行轰炸。"一语既出,众皆哗然。

✿ 转向共同话题,拉近彼此间的距离

作为领导,在日常工作中避免不了出差、开会、参加宴会等大量的社会应酬,那么,在应酬中应该如何迅速地与对方交谈起来,拉近彼此间的距离呢?最好的方法就是寻找和对方的共同话题,使对方和自己有一种一见如故的感觉,这样对方就能够消除内心的障碍,积极主动地和你交谈起来。

有一位销售妇婴用品的销售员来到某小区推销产品。当她走进小区时,看到离小区门口最近的长椅上坐着一位孕妇和一位老妇人,为了更好地和他们攀谈,销售员假装不经意地问小区的保安:"那两位是一对母女吧?她们长得可真像。"小区保安微笑着说:"是啊,女儿就要生宝宝了,老人家专门从老家过来照顾她。"当然,这一切都被母女俩看在了眼里。

之后,销售员走到长椅旁,亲切地提醒孕妇说:"您不要在椅子上坐太长时间了,现在外面有点凉,可能你现在不会有什么明显的感觉,但是等到生完宝宝你就会感觉不舒服。"然后她又转向旁边的老妇人,说:"现在的年轻人都不太讲究这些,但是有了您的提醒和照顾就好多了。"

听了销售员的话,老妇人笑了笑,说:"是啊,我早都提醒她了。来来来,坐在这儿吧。"说完,老妇人给销售员让了一个位置,三个人坐在了一起。就这样她们开始攀谈起来,从怀孕聊到生产,从产后产妇的身体恢复聊到宝宝的照料及营养等,聊得非常开心。接下来,那对母女已经开始看销售员手中的产品资料和样品了。

与对方讨论一些共同关注的话题,是拉近彼此心理距离的最好方法之一。案例中的这位销售员,就是注意到了孕妇对妇婴用品的需要,然后寻找

与对方共同关注的话题，巧妙地和对方建立了非常友好的关系，而在这之后她再延伸到向她们推销产品，就显得顺畅自然，而且更易成功。

然而，很多不善言谈的领导总是存在这样的困惑：不管是和陌生人见面还是和一些老朋友相见，他们不知道该说些什么，往往在一阵寒暄后彼此就陷入了沉默的尴尬之中。难道就真的无话可说吗？

其实不是的。任何两个人在一起，除非两个人根本就不想交谈，否则双方一定会找到共同话题的。

1. 从自己的身边寻找共同话题

寻找共同话题最简单的方法就是从身边的事物入手，也就是双方都可以看到，听到或者感受到的。当然，并不是说双方看到的任何一个事物都是你可以用来展开话题的，这需要根据对方的年龄、性格和身份的不同而做出选择。

比如年龄大的人都比较喜欢回忆往事，跟他们聊一些民情的变迁，风俗的演化更容易引起他们的共鸣。如果没有别的话题，也可以向她们询问一些关于子女的近况，这样一般都会打开老年人的话匣子；而跟一些年轻的人交谈时，就可以选择一些与时代同步的话题，比如一些新闻、音乐、美容、旅游等，这些都会激起他们的谈兴。当然也可以从他们的着装和配饰谈起，比如对方背了一个最新款的包包，你就可以从包包入手，来打开话题。

总之，只要你细心找，就能找到对方感兴趣的切入点，凡是眼前的事物都比较容易引起对方的注意，而只要有一种事物能够引起对方的兴趣，那么你们的谈话就会有发展的机会。

2. 从对方的需求中寻找共同话题

在生活中，每个人都会有各种各样的需求，从对方的需求中来寻找共同话题就成为很多人尤其是一些销售人员经常使用的方法。当然为了和对方拉近距离，领导者也完全可以借鉴这种方法。比如，对方最近正准备买房，那么，关于一些房价和楼盘的信息就会非常关注，只要听到有人谈这方面的话题就会凑过去听；如果对方是一个孕妇，那么关于一些妇婴产品以及生宝宝的注意事项等，她们就非常乐于参与讨论，在上面的案例中，销售人员其实也是在运用这种方法和客户寻找到共同话题的。

3. 从对方的兴趣、爱好来寻找共同话题

生活中，不管是琴、棋、书、画，养花种草，还是看球，甚至吸烟喝酒，几乎每个人都有自己的兴趣爱好，都有自己比较擅长的活动。兴趣是一个人的乐趣所在，为了自己的兴趣，很多人舍得花钱，舍得投入时间和精力，甚至达到了废寝忘食的地步。对于他们来说，兴趣就是他的命根子，你若冲撞他的兴趣，轻则讨人嫌，重则怒气冲天。反之，如果你尊重他的兴趣，并适当地去迎合他的兴趣，那么你们就很容易沟通和交流。

所以，作为领导者，在应酬的时候不妨从对方的兴趣爱好着手，这样就很容易找到共同话题，拉近彼此之间的距离。

✿ 失言之后，巧妙化解谈话僵局

俗话说："人有失足，马有失蹄。"在社交中，由于对对方性格的不了解，经常会有说错话的时候，而在处理矛盾时，双方又各执己见，让人很难判断谁是谁非。这个时候最好的方法莫过于从中调和，息事宁人。一个能言善辩者往往头脑敏捷，出语不凡，巧妙地化解谈话的僵局。

在一次智力比赛中，到了最后的抢答环节，主持人提问说："'三纲五常'中的'三纲'指的是什么？"一个女大学生以最快的速度按响了抢答器，然后抢答说："臣为君纲，子为父纲，妻为夫纲。"听完之后，在场的观众大笑不止，这时她才意识到自己把这三者说颠倒了，不过女大学生脑子一转，立刻补充说："笑什么，我说的是'新三纲'。"主持人问："何为'新三纲'？"

女大学生回答说："现如今，我们国家是人民当家做主，而领导者不管多大，都是人民的公仆，岂不是臣为君纲吗？当前，计划生育，很多家庭都只有一个孩子，这孩子成了父母的小皇帝，这岂不是子为父纲吗？再说妻为夫纲，现在，许多家庭中，妻子的权力远远超过了丈夫，'妻管严'、'模范丈夫'，比比皆是，岂不是妻为夫纲吗？"

好一个"新三纲"！她的话音刚落，台下就响起了热烈的掌声，大家都为这位女大学生的机智反应和巧妙解释喝彩。

面对回答中的失误，这位女大学生随机应变，巧妙地对其进行了弥补，而她的解释非常适应当前社会发展的趋势，可谓是恰到好处。

在社交中，说错话或是遭遇尴尬是在所难免的，不过不管是你还是周围的人面临困境，如果你能够根据当时的实际情境，妥善处理，灵活地运用语言技巧，则有可能收到很好的效果，助自己或他人摆脱尴尬的境地。

1. 利用谐音换字

在汉语中，存在很多字不同但是音相同或者相近的字，在圆场时，就可以充分利用这一点，使矛盾双方"借梯下楼"。

例如，一东北小伙子在卖冰棍，大声吆喝说："又甜又解渴的冰棍，5毛一根了。"不一会儿，他又大声喊："又解渴又好吃的冰棍，1块一根了。"旁边一位女士听见了，就对他说："你前面喊的5毛，现在怎么成1块了？"小伙子回答道："一分价钱一分货，5毛和1块的怎么能一样啊，真是虎了吧唧的（东北话'傻'的意思）。"女士听了后，脸色一下子变得阴沉了，高声道："你这话是什么意思？你说谁'虎了吧唧的？'"小伙子顿时傻了眼，其实"虎了吧唧的"只是他的口头禅而已，并没有骂人的意思。此时，周围看热闹的人一下子多了起来，旁边人都劝解说："算了，算了。"谁知那位女士声音越喊越大，眼看着一场战争即将爆发。这时一位围观者灵机一动，对女士说："大姐，人家小伙子说的是冰棍'苦'了吧唧的，不是说你。"小伙子连忙向那位女士道歉说："是啊，我是说冰棍，不是说你，实在对不起，是我没说清楚。"围观的人也都替小伙子解释说："是啊，小伙子说的是'苦'，不是'虎'。"

听到大家都这么说，这位女士觉得或许是自己听错了，对小伙子说："哎呀，我也真是会打岔，真不好意思。"

2. 故意曲解

不管是一个词语还是一个动作，往往在特定场合有特定的意思，但是圆场是，可以故意对其进行曲解，将其巧妙地解释为矛盾双方可以接受的意思。

苏联前领导人戈尔巴乔夫偕夫人赖莎访问美国时，在赴白宫出席宴会途中,他突然下车向行人问好,为了保证戈尔巴乔夫的安全,防止周围的美国人口袋里有武器,苏联保安人员勒令在他周围的美国人把手从口袋里掏出来,行人一时不知所措。这时,身后的赖莎机智地解释说,保安的意思是让大家把手伸出来和她丈夫握手。顿时气氛热烈了起来,大家都亲切地和戈尔巴乔夫握手致意。

3. 恰当地恭维对方

人人都有虚荣心,都喜欢听好听的话。当对方非常懊恼或者心情不悦时,不妨说几句恭维对方的美言,使对方的愁云消散。

南朝宋文帝在天桥池钓鱼,可是垂钓半天却一无所获,心中不免有些惆怅,大臣王景看到宋文帝的不悦后,说:"这实在是因为垂钓之人太清廉了,所以钓不着贪图诱饵的鱼。"一句话说得宋文帝满心欢喜,拿着钓鱼竿高兴地回家了。

打圆场是一种语言艺术,它的主要功能是调解纠纷,化解矛盾,避免尴尬,打破僵局。因此,不管你采用什么方式,都应从善意的角度出发,以特定的话语去缓和紧张的气氛,调节人际关系。

◎饭桌上的祝酒言辞该怎么说

领导在参加交际活动中的宴会时,免不了要相互祝酒。祝酒辞一般是在朋友聚会、出使访问、客人来访以及喜庆宴会上,由宴会的主人、主持人或者客人向赴宴的全体人员发表的诚挚敬祝的讲话。祝酒辞大部分都是表达美好的祝愿和对某人或某组织的尊重。可以这么说,凡是与酒有关的喜庆场合,都可以致祝酒辞。

下面先来欣赏一下苏联元帅朱可夫的一篇祝酒辞:

1945 年 6 月 5 日,苏联元帅朱可夫奉斯大林的指示,将苏联的胜利勋章授给美国的艾森豪威尔和英国的蒙哥马利元帅。6 月 10 日,朱可夫到达艾森豪威尔的总部法兰克福举行授勋仪式,并在授勋仪式之后举行了午宴。以下是朱可夫在这次午宴上讲的祝酒辞。

"我要向艾森豪威尔五星上将敬一杯酒，由于他的卓越才能，盟军取得了辉煌伟大的胜利。"

"我们苏联军官和将军们注视并研究了艾森豪威尔将军指挥的所有战役，我个人和我所指挥的军队，对艾森豪威尔将军充满了深深的敬意。我表示希望我们盟军的四位司令官在管制委员会今后的工作中能够协调一致。如果说我们在战时进行了很好的合作，我相信，在和平时期将能合作得跟过去一样好。我为艾森豪威尔将军举杯——为他的健康，为他的成功和今后工作顺利干杯！"

祝酒辞一般分为开头、主体、结尾三部分。祝酒辞的开头主要表示欢迎、感谢、祝贺等各种致意；主体部分多是赞扬对方和介绍自己；结尾部分往往表示决心、信心和希望。另外，根据不同性质的宴会，祝酒辞的语言风格也有所不同。下面总结了几种经常会用到的祝酒辞形式，希望根据不同的宴会形式灵活选用。

1. 庄重式祝酒辞

这种形式的祝酒辞，主体风格比较庄重、沉稳，语言风格十分精炼，富有影响力。在言语中恰当地使用名言、警句、名诗等，就会收到特殊的效果。

庄重式祝酒辞由于端庄隆重，因此，大型庆典场面的主持人祝辞时经常采用这种风格。这种风格的祝酒辞还特别适用于商务交往的宴会、重大庆典等。

2. 幽默式祝酒辞

这种形式的祝酒辞，语言风格以调侃、幽默为主，主要用来调节气氛，增加感情。

一般在比较喜庆、迎来送往、朋友相聚等多种场合，无论是主、宾及随行人员还是其他客人，庆典活动主持人，均可使用。

3. 故事式祝酒辞

这种方式的祝酒辞就是在热烈的气氛中讲一个小故事，然后引申为祝酒的主题。这种形式的祝酒辞不适用于宴会开始时和结尾时，大多适用于宴会的中间。

用这种方法进行祝酒,不仅可以使气氛轻松愉快,更能巧妙地表达自己的意愿。故事式祝酒辞是在不伤感情、不影响总体气氛的情况下表达自己意愿的最佳选择。另外,这种故事式的祝酒辞在一些慰藉酒、欢送酒等友人相会的过程中同样可以使用。

4."引经据典"式祝酒辞

领导者使用这种祝酒辞,就是要在祝酒辞中恰当地引用名言警句、著名诗词等,借此来表达情感。祝酒辞的主体借助名言佳句,不但能表现领导者自身的素养风度,而且还能表现出浓浓的深情。

使用这种祝酒辞,要根据宴会的中心主题,比如友情、升迁、开业、送别等,然后有选择地引用著名诗词或中外名句进行表达,在整篇祝酒辞中可以起到画龙点睛、升华主题的作用。

领导者在了解了祝酒辞的几种形式之后,在致祝酒辞的时候还需要注意以下问题:

1. 祝辞要有主题

祝辞必须有主题,如果你开始祝酒,就不要离开这一主题。

领导者应该沿着这一主题,保持一个完整的结构,让在场的每一个人都举起酒杯,并且还要把你祝愿的那个人(或那些人)的名字牢牢记在脑子里。

这一主题可以与被祝愿的人的成就或品质有关,也可以与被祝愿的人的成长经历有关等。

2. 长祝辞不一定好,短祝辞也不一定不好

在宴会上致祝酒辞时,要记住一个原则:有话则长,无话则短。不能凭祝酒辞的长短来评优劣,长祝酒辞不一定好,短祝酒辞也不一定不好。

祝酒辞的长短要根据宴会的性质、规模的大小、参加人数的多寡而定。比如,老朋友、老同学相聚,只要三言两语即可,只为表达出感情。如果是外事访问而举行的宴会,不仅规模大、人数多,还有实质内容,这样场合的祝酒辞就应该长些。

总之,领导者只有善于在不同场合的酒宴上使用不同形式的祝酒辞,然后避免在祝酒的时候出现的问题,才能在宴会上讲出漂亮的祝酒辞。

❂拒绝他人敬酒的话语要说得有效且动听

领导者在应酬的时候,经常会遇到这样一种情况:在酒桌上经常会有人不断地向你敬酒。但是你的酒量很有限,不想因为过量饮酒而喝得酩酊大醉,可是你又不能直接拒绝,这样会让对方觉得你不给他面子,说不定会因此伤了彼此的和气。那该怎么办呢? 这就要求领导者学会拒酒的方法和技巧。

先来看看下面这位外地客商是如何拒酒的。

在一次外地客商与某市政府的投资洽谈宴会上,酒过三巡,菜过五味之后,来宾们个个喝得酒酣耳热,胃如潮涌,想离席又被主人的盛情所缚,想坚持又不胜酒量。

这时,只见市经贸局的领导又站了起来,端着酒杯对客人说:"尊敬的各位来宾,各位朋友,你们的到来为我们少数民族地区的发展带来了新的希望。我们市虽然基础薄弱,但民风淳朴,资源雄厚。只要我们双方携手,各展所长,必将使我们共同的友谊和事业更加辉煌! 为此,我请各位嘉宾共同举杯,为了我们的合作成功,干杯!"

这时众位来宾已经不能再喝了。正在危难之际,只见一位来宾举着杯站起来说:"民族的风情,主人的盛情,我们已经领略过了,再喝实在是勉为其难了。我们都不胜酒量,能不能变通一下,由我代表大家喝酒,其他人喝水?"经贸局长说:"这怎么行呢? 感情是不应当相互代替的。请各位自己喝下去才能表达我对各位的敬意。"来宾说:"既然你代表的是各位市领导和全市人民,那么,在座的各位领导是不是都得喝?"来宾早就看到市里的常务副市长每次都只喝一小口就已经满脸通红,因此才言有所指地问道。

经贸局长连忙解释道:"他的血压高,就别让他喝了,由我们代饮。"来宾说:"你敬酒我们不敢互相代替,怕的是不能让全体人员感觉到你的盛情,可副市长不喝,您又怎么能代替得了他的盛情呢?"来宾见经贸局长无言以对,接着说:"为此我提议,咱们大家能喝多少喝多少,能喝什么酒喝什么酒,只有酒喝到微醉,才能把诸位的盛情和深情铭记于心。"市政府的众人一听,此番话既有道理又给足了他们面子,也就同意了。

在某些宴会上,面对主人频频举起的各种名目的酒,客人有时不胜酒量确实不能多喝,可是盛情的主人就是让你非喝不可。就像上述故事中的经贸局长一样。面对这种局面,最需要你保持清醒的头脑,就像故事中的那位来宾一样,他采用的拒酒方法是——"避实就虚",就是抓住劝酒那一方饮酒最薄弱的人,想办法拉着他一起喝酒,必能收到很好的效果。就像那位来宾抓住副市长不善饮酒那样,最后达到既不伤对方的面子,又拒绝喝酒的目的。

成功地拒酒,不仅可以免除自己的肠胃之苦,还不会让劝酒的人觉得你不给他面子,更不会因此伤了和气,坏了事情。那么,除了上述这一种拒酒的方式之外,还有哪些拒酒的技巧和方法呢?在拒酒的时候如何说话才能有效地达到拒酒的目的呢?下面总结了几种拒酒的技巧和方法,希望对领导们有所帮助和借鉴。

1. 陈述事实,请对方体谅

喝酒的目的是交流感情,如果纯粹是喝酒而喝酒,以至于损伤了身体,那就得不偿失了。因此,领导者在拒酒时,向对方说明事实,以自己的身体健康作为借口,另外,再辅以得体的语言,一般情况下,都能令劝酒者就此作罢,不再继续劝酒。

比如,孙明去参加一个同学聚会,老同学张林提出跟他痛饮三杯,孙明说:"你的心意我领了,不过我最近一段时间身体不适,正在吃药,好长时间都不喝酒了,希望你多多关照。好在日久方长,后会有期,改日我一定与你一醉方休,好吧?"

此话一出口,同学们纷纷赞同,张林也只好作罢。

2. 强调后果,向对方表示感谢

有些时候,领导者在酒宴上面对别人的劝酒,可以采用"强调后果,向对方表示感谢"的拒酒方法。也就是在酒喝到一半的时候,向主人或劝酒者说明情况。

比如，你可以这么说："感谢您对我的盛情，我原本只是二两酒的量，今天因为喝得格外开心，多喝了几杯。再喝的话，就'把持不住'了，还请你多多体谅。"

如此推脱下去，你就再也不要喝了。这种实实在在地说明后果和隐患的拒酒术，只要劝酒者明白"乐极生悲"的道理，都会见好就收。

3. 面带笑容，多说好话

在酒宴上，经常会有这样一种人——"酒精（久经）考验"的拒酒者，无论劝酒者说得如何天花乱坠，他就是笑眯眯地频频举杯而不饮，而且振振有词。这种人是领导者学习的榜样。比如：

马校长刚刚搬到了新家，特意邀请亲朋好友来庆贺，不胜酒量的何老师就在其中。席间，学校的刘老师提议和何老师单独"表示"一下，而何老师深知自己的酒量实在"不堪一击"，赶忙起身，一个劲儿地陪着笑脸，不停地说好话："酒不在多，喝好就行。""天天见面，不必客气。""你看我喝得红光满面，全托你的福，实在是……"结果使刘老师无可奈何，只好作罢。

❀ 保持适当距离，避开谈话的"雷区"

在与人交往时，我们都会有这样的感受：如果对方和自己距离太近，就会有一种压迫感和不安全感；而如果对方和自己距离太远，就会感觉对方不愿意向自己表示友好和亲近。可见谈话时，和对方保持适当的距离是必要的。

一位心理学家做过这样一个实验：在一个刚刚开门的大阅览室，当里面只有一位读者时，这位心理学家走进去拿椅子坐在他（她）的旁边。试验总共进行了整整 80 人次。结果证明，没有一个被试者能够容忍一个陌生人紧挨自己坐下。当心理学家坐在他们身边后，很多被试者会默默地移到别处坐下，有人甚至明确地问："你想干什么？"

很明显，从这个实验中我们可以得到一个关于人际距离的结论，那就是：没有人会容忍别人闯入自己的空间，人与人之间是需要保持一定的距离的,即使最亲密的两个人之间也是如此。如果把一个人所掌控的空间比作一个充满了气体的气球,那么,两个气球靠得太近,互相挤压,最后的结果必然是爆炸,这就是为什么关系越亲密的两个人越容易吵架的。

在应酬的时候,和人说话保持适当的距离其实也是一种礼貌的表现。说话时,如果离得过远,会让对方认为你不愿意亲近对方,认为你失礼,而如果离得太近,稍有不慎把唾沫溅到对方脸上,也是非常令人生厌的。有些人有凑近和别人交谈的习惯,又害怕别人顾忌被自己的唾沫溅到,于是他们会知趣地把手掩住自己的口,其实这如同"交头接耳",样子难看也不够大方。

因此,从礼仪角度来讲,一般保持一两个人的距离最为适合。这样做,既让对方感到亲切,同时又保持一定的"社交距离",在常人的主观感受上,这也是最舒服的。

美国心理学家爱德华·霍尔研究发现,人与人之间的距离可以分为以下几个区域:

1. 亲密距离(15 厘米之内)

这是人际关系中最亲密的距离,在这个区域里,两个人可以互相接触,嗅到对方的气味,感受到对方的提问。就交往情境而言,亲密距离属于私下情境,即使像夫妻这种关系非常亲密的人,也很少在大庭广众之下保持如此近的距离,否则会让人不舒服。

2. 个人距离(46～76 厘米)

这是人际间稍有分寸感的距离,几乎没有直接的身体接触,但是能够友好交谈,让彼此感到亲密的气息。这个距离一般是同学、同事、战友或者关系很好的朋友、邻居才可能进入的。人际交往中,个人距离通常是在非正式社交情境中使用,在正式社交场合则使用社交距离。

3. 社交距离(1.2～2.1 米)

这是一种社交性或礼节上的人际距离,在办公室里会经常看到。这种距离给人一种安全感,处在这种距离中的两个人,既不怕受到伤害,也不会觉得太生疏,可以友好交谈。一般用于一起共事的两个人,或者用于正式会谈。

4. 公众距离(3.7~7.6米)

此区域基本超出了应酬的范围,一般说来,演说者与听众之间的标准距离就是公众距离,还有明星与粉丝之间也是如此。这种距离能够让仰慕者更加喜欢偶像,既不会遥不可及,又能够保持神秘感。

从心理学家的研究中,我们可以看出,在应酬中我们要分析自己与应酬对方的关系亲密程度,才能与对方保持适当的空间距离。如果靠得太近,他们会紧张,并且对我们有所防范,正如有人所说:"与人的交往过程中,保持距离,不是不交心,而是给对方留下一小片空间,我们没有权利侵犯别人的隐私。也不是不热情,而是给自己留一点缓和的余地,以免过热招致别人的反感。要把自己的热心用对地方,你终究不是别人,别人也不是你。"反之,靠得太远,别人就不愿意跟你交谈很多,因为你超出了他的接受距离。

总之,身为领导,了解交往中人们所需的自我空间及适当的交往距离是必要的,这样在应酬中就能有意识地选择与人交往的最佳距离,更好地进行人际交往。

第14章

学会对话，与同级或上级领导间的说话之道

在一个企业里，领导对下属来说是"领导"，对同级领导来说是"同事"，而对上级领导来说则是"下属"，他们在管理别人的同时，也要受到别人的管理，这种特殊的身份让这些领导的环境极为不稳定，因此，对于他们来说，要想在企业里游刃有余，不仅要和下属搞好关系，还需懂得一些和上级和同级领导说话的口才艺术。

❀把握好分寸，与上级领导说话要敬其三分

尊重领导是职场中每个员工都应该注意并且必须努力去做的事情。尊重上级领导不仅可以从他那里得到应有的尊重，而且会让领导认为你是一个会说话、懂礼貌的好下属，有好的机会，他也会第一个想到你。

事实上，作为下属，没有特别的原因，没有谁愿意得罪领导，都希望能够尊重自己的领导，可是不经意之间，他们还是会说一些让上级领导感觉不受尊重的话，如果你给上级领导留下的是这种印象，那么，他对你的评价就会大打折扣，很多类似"傲慢"、"狂妄"的贬义字眼就会扣在你的头上，让你很难脱身。

崔宇毕业于一所名牌大学，进入公司后，崔宇热爱工作，自觉加班，经常帮助公司攻克各种技术难题，做出了很多骄人的成绩，所以很快就成为公司的重点培养对象，大家也都认为他一定会有一个美好的前程，可是事实却并不是这样。

一天早上，崔宇正在电脑前工作，上司走过来，递给他一份资料说："根据这份资料尽快制作一份设计图表。"崔宇看了一眼资料后，觉得这个工作对自己来说没有任何"挑战性"，自然觉得无关紧要，于是他对上司说："我还以为是什么技术难题呢，先放那儿吧，我忙完手上的工作再干吧。"听到这样的回答，上司没有多说什么，转身离开了。

到了下午，设计图表还没有交上来，上司又催促了他一次，崔宇这时才想起来这件事，于是急急忙忙地完成了图表。在这个过程中，崔宇的上司始终板着脸，但是崔宇却没有意识到自己的言行让上司感到极不受尊重。

后来，在公司的一次人事调整中，被大家非常看好的崔宇并没有获得晋升，一知情人士告诉他，他之所以没被晋升，是因为他的上司对老板说："崔宇这个人在工作方面的表现确实很优秀，但是这个人有些狂妄、傲慢，要想晋升还需要再锻炼锻炼。"就这样，崔宇的名字从晋升名单上被刷了下来。

身处职场，要想让自己和上级领导关系和谐就少不了尊重领导这一环

节。只有你对领导表示了尊重，他才会尊重你。人人都是有自尊心的，领导也不例外，他们都希望得到社会的认可，别人的尊重。当然尊重是相互的，而作为下级的你，则应该表现得更积极主动一些。

尊重上级领导是每个下属都应该做的，但是在日常工作中应该怎么去做，才能让领导感受到你的尊重呢？

1. 要有尊重领导的意识

要想协调好和上级领导之间的关系，得到上级领导的认可和赏识，首先要有尊重领导的意识，从内心真正地认同领导，认同他的工作目标和方法，只有这样，你才会在沟通和交流的过程中，处处显示自己对领导的尊重。

2. 坚决服从上司的领导

作为下属，在工作中必须做到：服从上司的安排，尊重上司的决定，支持上司的工作，处处为上司着想。万不可领导让你东，你偏往西，领导让你干这，你偏干那。

即使你认为领导的决策是有问题的，也应该服从。因为任何决策在实施之前都是没有正确与错误之分的，一切都只是你的判断而已。所以，对于上司的决策，首先做到的就是服从，如果在实施过程中出现问题或者发现有错误，可以私底下找领导协商。

3. 处处维护领导的尊严

当你和上级领导的意见有分歧的时候，不要当众顶撞他，和他争论，这样会让他觉得很没面子，最好私底下和他进行交流；当领导和第三者谈话时，作为下属，如果在场的话，要保持时刻警觉，如果觉得领导处境不利时，要马上给予帮助，这样领导会为拥有你这样的好下属而感到骄傲和自豪；当领导和其他下属发生矛盾时，你应该大胆地站出来主动帮助领导做好解释工作，因为你的"雪中送炭"会让他认为你是最可信任之人，肯定会视你为知己。

4. 人后也要表现出对领导的尊重

职场中，很多下属对自己的领导不满意，对上不说，但是私底下却经常向别人传播一些关于领导的坏消息。这样做也许会让你发泄一时的怒气，但是这样的闲话很有可能以各种形式传播到领导的耳朵里，致使别的同事都晋升加薪了，而自己却依然坐在冷板凳上，或者被领导扫地出门，到时候后悔也来不及了。所以，一定要知道：自己的肚子是存放领导闲话最可靠的地方。

❀ 不卑不亢，落落大方地与领导谈话

对领导应当尊重，你应该承认，领导一般都会有比你优秀的地方，要么才干超群，要么经验丰富，所以，对领导要做到尊重、谦逊、有礼貌。但是绝不能采取"低三下四"的态度，一味地附和。"抬轿子"，"吹喇叭"等行为，不但会有损自己的人格，而且很难得到绝大多数有见识的领导的重视，很可能引起他们的反感。

有人对此表示质疑，他们认为和领导交谈即使领导错了也不应该说"不"，因为这样很容易挫伤领导的自尊心，让其感到难堪甚至反感。其实不然，一个只会一味儿地附和领导的下属，会被认为是一个能力平庸、不可重用之人，而一个在必要的场合，可以巧妙地反对领导的不合理的观点，提出自己不同观点的人则会被认为是有主见、有才干的人。

作为下属，不必害怕表示自己的不同观点，如果不赞成领导的意见，要勇于说"不"，这个时候，只要你是从工作出发，摆事实，讲道理，领导一般都会予以考虑的。如果事实证明你的提议完全正确，领导就会对你欣赏不已。

李开复在刚去微软的时候，和一般的同事进行沟通没有任何问题，但是到了比尔·盖茨面前就不敢讲话，只怕自己说错话。

一天，微软要进行改组，比尔·盖茨召集了十几个人开会，会上要求每个人轮流发言。李开复非常害怕，但是他在心里告诉自己：既然一定要讲，那么就应该不卑不亢，把自己的心里话都讲出来。于是轮到他发言时，他鼓足勇气说："我们公司员工的智商比谁都高，但是我们的效率却很差，我认为原因就在于我们公司整天改组，而不顾及员工的感受和想法。在别的公司，员工的智商是相加的关系，但是当我们整天陷在改组'斗争'里的时候，我们

员工的智商就变为相减的关系……"

李开复说完后，整个会议室都安静了下来。大家都对他的说法和说话的态度表示赞同。会后很多同事发电子邮件夸赞他不卑不亢的说话态度和胆量。结果，比尔·盖茨接受了李开复的建议，并在日后的会议上引用他的话，劝大家开始改变公司的文化，不要总是陷在改组的"斗争"里，造成公司的智商相减。

当发现领导有错误时，或者有一些好的见解和想法的时候，不要把它们埋在你的脑海里，主动地说出来。即使你的见解领导并不认可也没有关系，最起码领导会认为你是一个有主见，替公司着想的人，而如果你对领导的话总是言听计从，只知道被动适应，那这种俯首贴耳式的"老绵羊"作风，反而不易得到领导的赞赏。

小玲在公司里已经待了3年了，对工作可谓是兢兢业业，但是眼看着周围的同事逐个加薪提职，而自己却原地踏步，小玲心里很郁闷。原来小玲的问题就在于对于领导的话从来都是言听计从，没有拒绝过。

小玲自到公司以来，不管领导给她布置什么工作，她都会不假思索地答应，而从不考虑后果，她认为既然是领导给自己的任务，就应该言听计从。刚开始的时候，她的做法领导非常喜欢，但是时间长了，领导发现小玲是一个毫无主见之人，很多事情是她根本完不成的，她也爽快地答应，结果既把自己累得够呛，又没有完成任务。所以，领导在心里给小玲做了这样一个评价：连自己的工作和生活都不知道合理安排的人，怎么去管理别人呢？

所以，因为小玲不会说"不"，导致自己和很多好的机会擦肩而过。

下属和领导说话的时候，要尽量避免过分胆小、拘谨、谦恭、服从甚至唯唯诺诺，相反，要不卑不亢，大大方方地去交流。当自己可以完成任务的时候，要勇敢地接受任务，而当自己根本就没有能力完成的时候，也要实事求是地说"不"，要找好自己说话的角度，注意表达的方式，只有这样，才能与领导建立良好的沟通渠道，从而把工作做得更好。

为了让领导赏识自己，身为下属的你应该掌握利用和推动上级的各种方法与技巧，不卑不亢，大方谦卑地和领导说话，这是发挥自主性、能动性，摆脱依附性、服从性，从而表现自我并获得上司赏识的有效途径。

✿ 与领导谈话，不要谈论过于敏感的话题

在《韩非子·说难》篇中有过这样一段描述，大概意思是：龙的性情非常柔顺，人们可以和它亲近，甚至可以把它当成是自己的坐骑，但是，在龙的喉下有一块巴掌大小的白色鳞片，呈月牙状，如果有人去碰触它，龙就会发怒，以致伤人致死。

龙有逆鳞，人有软肋。世上的每一个人都有自己忌讳的话题，也就是常说的"短处"，领导也不例外。在社交场合，领导总是极力隐藏和回避自己敏感的话题，防止别人击中自己的"软肋"，而一旦有人触及了自己的底线，就会采取一定的方法对其进行反击，以求获得心理上的平衡。

张姗姗在一家大型企业总部做市场经理，一次，公司派她到某办事处去指导工作。工作结束后，张姗姗和办事处的所有同事一起吃饭。

在吃饭过程中，大家聊着聊着就聊到了刚刚离职的副总琳达，刚刚入职不久的丁莎抱怨说："琳达的脾气很不好，特别难相处，总是有意无意地为难下属。"张姗姗问："是不是她的工作压力太大了？"丁莎回答说："我看不是，一个30多岁的女人还没结婚甚至连个男朋友都没有，肯定是心理变态！"

此话一出，刚才还争抢发言的人都闭上了嘴巴，在场所有的人都安静了下来，大家看到此时的张姗姗脸色灰暗，眼泪在眼眶里打转。原来，在场的其他人都知道张姗姗也是一个30多岁的还没有结婚的女人。

后来，当丁莎知道后，肠子都悔青了，但是无论如何她也挽回不了自己在对方心目中的印象了。

正所谓"说者无意，听者有心"。丁莎其实并没有讽刺张姗姗的意思，但是由于这个话题是张姗姗的一个"软肋"，自己始终都不能释怀，所以，一听到丁莎的话，她自然而然地就想到了自己，认为对方就是在说自己，自然不会对丁莎有什么好感。

每个人都有自己不同的成长经历，都有自己的缺陷和弱点，也许是生理

上的,也许是隐藏在内心深处不堪回首的经历,而这些都是他们极为敏感的。在和领导交谈的过程中,如果你碰触了这些敏感话题,不管你是有心还是无意,都会让对方很反感,轻则会使交谈话不投机,不欢而散,重则会令对方动怒变脸,甚至招致祸害。因此,在和领导谈话的时候,一定要"忌口",不要一高兴,什么话都往外说,说不定哪句话就说中了领导的弱点、缺点,到时候想补救也来不及了。

其实,人们之所以有一些极为敏感的话题,最主要的原因就是怕别人揭自己的短,说到底就是一个面子的问题,所以,如果你想获得领导的好感,就一定不要碰触他们的"软肋"。一个聪明的下属,不仅懂得避免谈论领导的敏感之点,而且也不会去提及和其敏感之点相关联的事物,以免引起对方的误会,让对方的自尊心受到无谓的伤害。和领导谈话时,不谈论领导过于敏感的话题,既是对领导的尊重,也是对自己的尊重,不仅有利于人际关系的处理,而且有利于工作的顺利开展。那么,该如何避免谈论领导过于敏感的话题呢?

1. 多了解一些领导的情况

很多下属在和领导谈话的时候,之所以经常谈到对方敏感的话题,就是因为他根本不知道哪些话题是领导非常避讳的,因此,在日常工作中,应多了解一些领导的情况,这样就能很好地避免谈到领导敏感的话题。

2. 敏感话题要慎言相避

如果你知道了领导忌讳什么,那么在说话的时候,就一定要谨慎地避开,以免触痛对方。比如,在谢顶者面前不要说"亮",在剩女面前不要谈论别人幸福的婚姻生活,在久婚不育者面前别谈生儿育女之事等。

3. 巧言岔开已经谈到的敏感话题

一个说话再谨慎的人也难免会触犯到领导的敏感话题,这个时候,如果你及时发现,切记不要去说明和解释,因为往往"越描越黑",明智的做法应该是用巧妙的语言岔开话题,使对方及时从困境中解脱出来。

4. 不可避免时应婉言相代

在和对方交谈的时候,如果无法避开对方敏感的话题,那么,就应该以婉词相代,尽量让对方不感到难堪。比如,你准备给上面案例中的"剩女"张珊珊介绍对象,如果你对对方说:"你还没有找到对象,我想给你介绍一个。"那么必定会犯其忌讳,令人扫兴。而如果你说:"假如你对个人问题还没有考虑成熟,我愿意给你提供一位较合适的人选,您意下如何?"对方虽然不一定会非常开心,但最起码她会感觉自己的自尊心得到了保证,有一种"主动权在我手中"的感觉,那么,介绍对象的谈话就能顺利进行。

✿ 不该直接说的话,就要学会旁敲侧击地表达

说话是一门艺术,尤其在和领导交往的过程中,说话的好与坏将直接关系着交往的成功与否。如果一个下属在和领导沟通的时候不分场合与地点,一律口对着心,心里想什么就说什么,则很有可能导致对方远离你,生怕一不小心被你的直言直语灼伤。

因此,为了自己能够有更好的前途和发展,和领导沟通的时候,不该直接说的话,就不要直说,如果真的想说,你可以绕个圈子,旁敲侧击地告诉对方。这样,既不会因为直言灼伤对方,又会让对方感到你是在为他着想,从而很容易达到自己需要的效果。

山顶上住着一位智者,当地的男女老少都非常尊敬他,在生活中不管遇到大事小事,都来找他,希望他能给自己提出一些忠告。

一天,一个年轻人准备出去做生意,于是来找智者,希望智者能够给自己提一些忠告。智者婉言拒绝,但是年轻人苦缠不放,无奈之下,智者拿出了两根细的木棍,两撮钉子,一撮螺钉,一撮直钉。另外,他还拿了一个榔头、一把钳子和一个改锥。

他先用锤子往木棍上面钉直钉,但是由于木棍太硬,他费了很大的劲,也钉不进去,三两下钉子就被砸弯了,于是他又换了一个直钉,但是不一会儿,好几个钉子都被他砸弯了。最后,他用钳子把钉子夹住,用榔头使劲砸,钉子虽然弯弯曲曲地进到木棍里面去了,但是木棍也被他砸成了两半。

这时,智者没有停下来,他又拿起了一个螺钉,然后把螺钉往木棍上轻

轻一砸，用改锥拧了起来，结果没费多大力气，螺钉就钻进木棍里面去了，无比轻松。

正当这位年轻人看得一头雾水的时候，智者指着两个木棍笑着说："忠言不必逆耳，良药不需苦口，在和人打交道的时候就像钉钉子一样，不要太直，太硬，否则，听的人生气，说的人上火，最后往往是好心做成坏事。我活了大半辈子，其实只有一个经验，那就是给别人提忠告的时候，绝对不要太直接，应该像拧螺丝钉一样婉转曲折地表达自己的意见和建议。"

直言直语虽然让人感觉一时很痛快，但它却是一个人致命的弱点，因为喜欢直说的人往往只看到了事情的现象和表面，只考虑到了自己的"不吐不快"，而没有站在对方的立场上考虑问题，没有考虑对方的观念、性格和感受。所以，无论是对人还是对事，直言直语都会让人接受不了，使人际关系出现障碍。

在和领导的交往中，也是如此，不该直接说的话，要学会旁敲侧击，千万不要信口开河。因为领导都是很重视面子，需要自尊的，把话说得太直接，实际上就是在故意伤人面子，使对方心中不快，以致造成和领导的关系破裂，甚至反目成仇。

美国总统艾森豪威尔在一次新闻界的餐会中，应大家的要求站起来说话。他对在场的所有人说："大家都知道，我是一个不善言辞的人。记得小时候，我拜访过一个农夫，因为好奇，我问这个农夫：'你的母牛是不是纯种的？'农夫说不知道。我又问：'那这头牛每个星期可以挤出多少牛奶呢？'农夫还是说不知道。最后，农夫被问烦了，就说：'你问的我都不知道，反正这头牛很老实，只要有奶，他都会给你。'"

然后，艾森豪威尔笑了笑，对所有在场的新闻界人士说："我也像那头牛一样老实，只要有新闻，一定都会给大家的。"简短的几句话让大家哄堂大笑，因为这其实就是在绕着弯儿地告诉新闻界的朋友："你们没事别紧逼着我问，反正我有新闻一定会给你们的！"

由此可以看出，话说得不要太直接，采取旁敲侧击的说话方式往往会起到意想不到的效果。任何一种意思都可以含蓄隐晦地表达，艾森豪威尔在向新闻界的朋友表达自己的观点时,并没有采用直接的方式,而是换了一种旁敲侧击的方法,这样既没有得罪人,又达到了自己的目的,不能不说是一种智慧的做法。

无论在生活和工作中,当你面对你的同级或者上级领导时,应该尽量避开和对方正面交锋,而应该像艾森豪威尔一样,采用不露声色的幽默方式,旁敲侧击地指出对方的错误,这样,既可以使对方通过自己的体会、推理以及联想,明白我们的意思,又可以让他们自觉地按照我们希望的方式行事。

❀ 体现自己的忠诚,不说违心的话

在竞争越来越激烈的今天,人才之间的较量已经从单纯的能力竞争延伸到了品德方面的竞争,在所有的品德中,忠诚被越来越多的企业所重视,因为只有忠诚的人,才可能有资格成为优秀团队中的一员。而要向领导体现自己的忠诚,除了认真工作,忠诚于自己的公司以外,还有一个很好的办法,就是不对领导说违心的话。

然而在现实生活中,很多人都存在一个误区:他们认为比起"忠言",领导更喜欢听到的是"奉承话",因此,他们对领导的任何指示和决策都采取一味地附和,认为这样就一定可以得到领导的赏识。不可否认,领导会喜欢一些言听计从的员工,但是这只是在一般的相处过程中。当真正涉及工作或者跟公司利益有着重大关系的决策时,领导往往希望听到的是员工的真实想法和意见,而不是违心的话。

为了获得更大的利润,公司老板决定进行业务扩张,将公司的销售额定在了100万元人民币。为了鼓舞一下大家的士气,并征求一下大家的意见,老板召集公司几位负责人召开了一个小型会议。在会上,老板问大家:"今年的销售任务比较重,为了让大家更好地完成任务,我准备为公司再招聘三名销售经理,大家看如何?"在场的几位负责人都点头表示同意,并有一位负责人奉承说:"老板真是有远见啊!"其实大家心里都明白,再加三个销售经理来完成100万元的销售指标也是不可能实现的。而当老板问到销售部主管王恒时，王恒回答说："老板，这是公司的一项大决策，您容我考虑一下，在下午下班前，我一定给您一个答复。"老板点了点头。

回到办公室后，王恒仔细分析了公司近几年的销售业绩、完成业绩的人数以及产品销售增长率等情况，最后得出结论，公司如果想完成 100 万的业绩，至少还需招聘 5 名销售经理。根据这些情况，王恒制定了一份详细的分析报告和方案，在下班前交给了老板。看完报告后，老板认为王恒分析得很有道理，不仅欣然接受了他的意见，还对他的忠诚赞赏有加。

在工作过程中，如果你有了自己的想法或者见解，要主动地与领导沟通，不要因为害怕或者其他原因而埋在脑海里，即使你的观点和领导的有所出入也没有关系。只要你是忠诚于公司，从公司的角度考虑，即使是错误的观点也一定会得到领导的谅解，如果你因为害怕，总是不向对方表达自己的观点，说一些违心的话，那么时间长了，领导就会认为你是一个毫无主见、只会奉承的下属。通常情况下，领导是不会欣赏这样的下属的。

那么，在日常沟通中，怎么才能体现你的忠诚，以下几点供领导借鉴：

1. 向领导讲真话

马克思有句名言："说真话的人，才叫忠诚。"我们必须明白，老板招聘你来公司不是为了让你奉承他的，而是让你帮助他更好地发展公司，所以，领导追求的是结果，只要你的建议对提高公司业绩有好处，即使是反对意见，领导也会从心底接受的。千万不要害怕得罪领导，只挑一些顺耳的说，这样表面上好像不得罪领导，但是实际上却很难得到领导的信任，所以作为一个下属，要想领导赏识你，就一定要体现自己的忠诚，只有那些忠诚而有魄力的人，才敢于和领导理论，而通常情况下，这种下属也会有着和常人不同的前程。

2. 对于领导的决策要先执行，再提意见

对于领导做出的决策，作为下属首先不要去怀疑，对于领导交待的事情，下属首先应该说"好的，我马上去做""我现在就做"之类的话，这样既表明了你的工作态度和对领导的忠诚，又表明你是一个能够解决问题的人。而在执行的过程中，如果你发现有什么问题或者好的建议，不能死板、机械，应及时和领导沟通,向领导汇报,要让领导对你执行决策的过程和结果有所了解。

3.关注公司的发展

在领导眼里,一个忠诚的员工会非常关注公司的发展,经常站在领导的角度看问题。所以,在公司里,你应该随时关注公司和竞争对手的状态,并及时地将它们向你的领导汇报,最好在汇报的时候给公司提出一些合理化建议,这样即使最后领导没有采纳你的建议,他也会认为你是一个心系公司,关注公司发展的忠诚员工。

✿ 劝谏有道,不可不注意方法

身在职场,在讨论一些棘手的问题或者商量一些事情时,和自己的领导有不同的意见或看法是很正常的,给对方提出合理的意见或观点也是很多下属都会遇到的。但是同样是提意见,有些下属因为提意见而成为领导的心腹,而有些下属却因为提意见而被领导视为眼中钉,肉中刺。

之所以出现两种截然不同的结果,一个很重要的原因就是,很多下属不知道如何给领导"劝谏",他们认为只要把自己的真实想法和合理意见正面地告诉给领导就可以了,结果往往因为方法不巧妙,让领导处于尴尬境地,甚至得罪了领导。

很多时候,只要是人都会因为一时糊涂而做错事情,这种时候,谁都不希望自己的错误被人在公众面前曝光或者放大,这会让人感到很难堪甚至恼怒。在遇到领导犯错的时候,下属一定要把握好指责领导的度,尽量做到既能指出对方的错误,又可为对方保留面子。

"劝谏"是一门艺术。会劝谏的人不但能把人说服,而且通过劝谏能够使自己和对方和谐相处,关系更加融洽。在这里给大家介绍几种向领导劝谏的方法:

1.劝谏最好以赞美为开端

在向领导提意见的时候,一个很好的方法就是以赞美为开端。先称赞对方的优点和长处,然后再委婉地指出其不足,这样既照顾了领导的面子,也让领导易于接受。

例如：张经理是公司刚刚提拔上来的一名新手，在一次生活会议上，张经理要求大家给自己提提意见，碍于面子，大家都不敢说，怕"惹祸上身"，这时，公司里的"元老"张强说话了："张经理上任后，对公司可谓是进行了大刀阔斧的改革，公司的各项工作也比之前好了很多，员工之间也更加团结，其成绩也是有目共睹，只是最近大家的手头都有点儿紧张，希望张经理能替大伙儿解决解决。"张经理听后，意识到该给大家发些生活福利了，便采取了一些措施。

张强在向领导提意见的时候，先是肯定对方的成绩，让领导心里美滋滋的，然后再轻描淡写地说出大伙儿的想法。这种方式让领导意识到自己的成绩是主要的，值得大家称赞，而不足只是次要的，所以很容易就接受了这个意见。

2. 劝谏时要放低自己的姿态

领导虽然和下属在职位上存在一定的区别，但是这并不代表他们就不会犯错，在处理问题的时候他们也会出现失误，但是领导毕竟是领导，他们所处的地位使他们对自己存在一定的优越感，在潜意识里，他们比别人更渴望得到尊重，所以，作为下属，如果想让领导接受自己的意见或者想法，就一定要在和对方说话的时候放低自己的姿态。不要向领导执拗地强调"我的想法就是正确的。"

3. 劝谏应该给领导出道选择题

下属在给领导提意见的时候，最合理的方式应该是给对方出道选择题，给对方 ABC 三套方案，然后说明一下自己比较倾向于哪个方案，原因是什么，最后让领导选择一个。这就需要下属事先做好周密的准备，弄清每一个细节，让自己的想法不断成熟、完善，能够经得起推敲和反问，如果领导同意某一个方案，你最好尽快向他呈上一份文字方案，这样既增大了领导接受建议的可能性，又体现出你比较严谨、周密。

这样做还有一个好处，方案虽然是你提的，但是决定权在老板手里，成功了，老板自然会赞扬你，而一旦失败了，责任也不全在于你。

第15章

谈吐谨慎，领导说话更要有所禁忌

现如今，企业领导的工作越来越趋于忙碌，交往的范围大了，频率也快了，懂得一些说话技巧对建立和谐人际关系起着非常重要的作用，但是正如说话有技巧一样，领导说话也是有一定禁忌的，领导不能仅仅满足于自己了解了多少说话技巧，还要谈吐谨慎，注意说话的禁忌，避免进入说话的"雷区"。

❉一味地说教会打压员工的士气

领导的地位一般比别人高,年龄比别人大,因此,有些领导的潜意识里认为自己的经验比别人丰富,能力比别人强,总有一种优越感,往往在和下属尤其是一些年轻下属说话时,总会带一些说教的腔调。

当然我们不可否认,在跟下属沟通时,适当地给一些忠告是必要的,但是如果一味地说教,则会引起对方的逆反心理,打压下属的士气,让他们很难接受。

徐帆的领导是一个即将退休的老职员,因为年龄比较大,所以,经常喜欢"倚老卖老",对员工一味地说教。每当看到员工犯错误,哪怕是芝麻大点的事情,他也要把下属叫到办公室,然后"苦口婆心"地说服教育一番。

一天,徐帆正在电脑前工作,突然电话铃响了,原来是她男朋友打来的,说要回去拿份文件,但是忘了拿钥匙,让徐帆把钥匙送到楼下去。结果就在徐帆离开的短短几分钟时间里,领导有事找徐帆,看见她不在,领导非常生气。

等徐帆上来后,领导把她叫到办公室,开始了说教:"徐帆啊,不是我说你,你知道上班时间突然离开会给公司带来多大的损失吗?你知道你的行为有多恶劣吗?我本来是很看好你的,但是有些话我不得不和你讲……"。结果就因为徐帆出去送了一下钥匙,领导在办公室里给徐帆上了整整 1 个小时的"课"。

"课程"结束后,领导以为徐帆一定会理解他的良苦用心,好好工作,殊不知,本来工作非常热情的徐帆,却因为领导的说教变得非常郁闷,连续几天工作都没有精神。

很多领导都和徐帆的领导一样有相同的习惯:在和下属说话时讲一堆大道理,或者用公司的一些条条框框来约束下属。这些大道理和说教虽然不一定会让下属感到反感,但是下属没有几个能听得进去,因为这些大道理都非常的空泛,不管说得多么天花乱坠,都没有很强的感染力。

而一些睿智的领导就深谙此理，他们在和下属说话时，往往抛开这些大道理，而采用一些真实的案例和经历，这就大大增加了说话的魅力。

安妮的老板白手起家，很有能力，对安妮也不错，所以安妮非常尊重他。但是有时候拿自己的薪水和别的公司相同职位的人相比，安妮觉得自己薪水很少，所以偶尔也会有跳槽的想法。

这个念头不知怎么被老板知道了，一天老板找安妮聊天。让安妮没有想到的是老板没有对她说教，没有给她描绘一些美好蓝图，而是向她吐起了口水。

老板对她说，自己的第一份工作是在一家民营企业，当时年轻的他对公司的前景不太看好，于是产生了跳槽的想法，而当时也有猎头找到他，这让他非常得意，而其中有一家是世界 500 强的美资企业，于是他决定去这家公司面试。

第一个面试他的是他未来部门的老板，面试之后双方都非常满意。一个礼拜后，安妮的老板接到了对方公司人事部的面试通知，这次面试之后，他清楚了对方公司的福利和待遇，一切都很合乎他的预想，而对方对自己的印象也很好，于是回到公司后，他就提出了辞职，尽管公司极力挽留，但他还是决定要走。

他本以为大功告成了，于是在家期待着录用通知的到来，结果没有想到公司让他继续面试，他先要接受公司其他地域的与他同等级别的成员面试，最后要接受总部老板的电话面试，总之，这场面试最终持续了将近 2 个月的时间，而最后的结果是自己没有通过面试，因为面试的环节比较多，他也不清楚自己被刷下来的原因。

原来的工作没有了，新工作又没找到，于是……，就这样，领导一直讲到了他如今的创业。

听了老板的讲述，安妮明白了老板向他倾吐口水的目的，于是他真诚地对老板说："老板，您放心吧，我一定会跟着您好好干的！"

老板满意地点了点头。

既然要说服别人，那么，就应该思考如何让下属接受你的意见，所以要避免高高在上的,目空一切的一味说教,而应该拿出一些鲜明、生动、形象的案例或者现身说法来让别人心悦诚服地接受。

总之,作为领导者不能总是这样说:"我觉得很多话不得不对你讲。""现在我不喜欢讲这一类事情。""我也许不应该讲这些话,可是我想你会明白这些话的好处的。"因为这样的话说得再多也只是空洞的说教罢了,不但起不到任何的效果,而且还会使下属产生抵触情绪。因此,作为领导,不仅要注意自己的言谈举止,更要避免对下属进行空洞乏味的说教。

◎ 照本宣科的领导,令下属嗤之以鼻

讲话是做领导的必备素质之一。而讲话并不等于念稿,这是两个完全不同的概念,两者的区别就像是教授授课和学生朗读。教师授课一般都有教案,但是只能以教案为依据,不能照本宣科,而学生朗读则要求对朗读的内容做到一字不差,字正腔圆。然而很多领导分不清这两者的关系,往往把讲话和演讲的过程当成是念稿的过程。

时下,不管是大企业还是小企业,各种会议,活动都非常繁多,领导讲话的机会更是频繁。很多领导因为工作繁忙,根本没有时间自己准备稿子,于是就让秘书代笔。等到要开会或者演讲的时候,就拿着秘书准备的稿子开始照本宣科地读起来。由于之前没有做好充分准备,顾不上理思路,雕文路,认真把关修改,所以经常是讲话没有重点,逻辑性不强,空洞冗长,缺乏感情,既没有达到开会的目的,又影响了领导的声誉。

王浩经过自己2年的努力终于成为了公司的一名部门经理。新官上任三把火,为了更好地管理下属和提高自己的威信,王浩在当上部门经理的前3个月里,大会小会接连不断,有培训下属技术的,有管理员工思想的,有鼓励大家好好工作的,总之,三天一小会,一周一大会。王浩认为只有这样才可以让自己的部门做出更大的业绩。然而3个月后的王浩郁闷之极,原来和公司其他部门比起来,自己部门的业绩是最差的,不仅如此,下属对他这位领导也总是表现出一种不屑的表情,认为他根本没有资格当他们的领导。

　　无奈之下，王浩找人询问根源，多方打听，王浩才知道，问题就出在自己的"照本宣科"上面。原来，每次开会前，为了让讲话的内容更加周全，没有漏洞，王浩都让自己的助理准备好一份完整的稿子，而在讲话的时候，为了防止自己的讲话和稿子内容发生冲突以致闹出笑话，王浩总是一字不差地把稿子念完。结果，虽然他每次都很用心，但是下面的听众却认为王浩是一个只会照搬照抄的领导，自己根本没有任何能力和才华，所以，慢慢地，大家开始反感他的讲话，对他本人也是非常不屑。

　　作为一个领导者，在汇报工作，布置工作或者交流经验等场合都需要讲话，这些场合上可影响公司的发展，下可关系到自己的发展，应当高度重视，事先做好充分的准备。这些准备当然包括所要讲话的内容，有一个精心准备的讲话稿子或者提纲是必要的，但是如果把讲话稿照本宣科地念出来，则会带来很多不良的影响。主要影响有三：

　　1.照本宣科会让听众感到厌烦

　　照本宣科和即兴演讲是完全不同的。后者会让整个演讲更可信，更有趣味性，更显真诚。而照本宣科则会让整个过程非常乏味，演讲者和听众之间没有目光交流，也缺乏面部表情，声音单调，最终两者之间没有互动的关系，听众会在私底下抱怨："还不如我自己去看稿子呢。"发自内心对演讲者排斥和厌烦。

　　2.照本宣科容易被打断思路

　　照本宣科往往会限制说话者的变通能力。如果遇到意外或突发情况，就会受害不浅，比如，在说话的过程中，突然有人提问，说话者不知道该如何应对，即使勉强应付，也很难再理清思路，接上之前的讲话。

　　3.照本宣科会影响领导的信誉

　　没有哪个听众会关心你的本意是什么，大家只关心眼前的事实。对着听众照本宣科地念稿子，很可能让他们感到失望，他们会认为领导对工作都这么敷衍了事，不负责任，我们又何苦那么努力呢？如此一来，你的信誉受到影响，你要传达的信息也化为乌有，演讲的效果更是不言而喻。

　　诚然，大凡当领导的日常工作都很忙，如果每次开会讲话都让领导自己准备文稿,恐怕没有那么多精力,因此,让助理或者秘书代笔是无可非议的,但是这并不代表你就可以事先不做任何准备,不检查稿子的质量,不做任何演练就照本宣科。

✿ 言辞尖酸刻薄,伤人更伤己

在很多企业中,很多领导者说话时总是语带讽刺、贬低别人,尖酸刻薄的话总能脱口而出。这些领导者常常不注意自己的风度,经常拿话噎人,话里就好像带着锯齿,而且他们说的话句句都能触到别人的痛处。他们奉承人的时候能把人奉承到天上去,贬低人的时候又能把人贬低到地底下。可以这么说,说话尖酸刻薄的这类领导者对上下级之间的关系都难以处理好。

说话尖酸刻薄的领导在企业中并不受欢迎,因为他们共同的特点是,在和别人争执时,往往丝毫不留余地挖人隐私;同时冷嘲热讽无所不为,让对方自尊心受损、颜面尽失。但是,他们说话的时候往往只图一时口舌之快,却忘记了尖酸刻薄的话一旦出口,不但伤害别人,更会伤害自己。毕竟尖酸刻薄、有失厚道的话会使听话者产生不舒服、被侮辱的感觉,所以,他们也会用同样尖酸刻薄的话来对付你,你也会被人挖出隐私,颜面尽损。

下面是一个关于数字的笑话:

有一天,1碰到0,1对0说:"说你啥也不是,你还不承认!"0对1说:"你要真有出息,为什么还一辈子打光棍?"

1隔了几天又碰到了7,1对7说:"啥时候被人把腰打断了?"7对1不屑地说:"哪能跟你比啊,你的头被别人砍了都不敢吭一声!"

8有一次在路上闲逛,碰见了0,8对0说:"你看你现在胖的,跟一个水桶似的!"0没好气地对8说:"我跟有些人不能比啊,自己胖还怕别人说,就连上街还要扎个裤腰带!"

5碰见了2,5对2说:"你看你现在的德性! 一副卑颜屈膝的样儿!"2回敬道:"你还说我呢,你也不看看你那腐败的大肚子!"

6撞见了9,用教训的口气对9说:"年轻人啊,装什么酷呢? 走路就好好走,玩什么倒立!"9冷笑着冲6撇了撇嘴,说:"怎么？只需'州官放火,不许百姓点灯'？只需你每天拿大顶,就不允许我倒立! 啥烂人!"

尽管上面的笑话是关于数字的,但是里面尖酸刻薄的话却是实实在在从人的嘴里说出来的。还有,说话尖酸刻薄的人在生活中也是随处可见。

大街上有两个女人在吵架,一个是胖女人,一个是丑女人。只见胖女人对丑女人扯着嗓子骂道:"你看你那张被人踩过的脸,丑得跟鬼一样,你也好意思上街,也不怕吓着别人!"丑女人也不甘示弱,唾沫星子一顿乱飞,冲着胖女人嚷道:"我丑怎么了？我虽然丑,但我很瘦,很苗条,不像你,活脱脱的一头吃了激素的猪!"

说话尖酸刻薄的人总是爱走极端,喜欢拿着放大镜寻找别人的毛病,然后把小问题放大,就像上面的胖女人和丑女人一样,只是简单的"胖"与"丑"的问题,就被她们分别以如此尖酸刻薄的话描述出来。这些人通常心里都比较狭隘,即使没有毛病也要给你找出毛病,无论是谁都休想躲过他们的唇枪舌剑。他们这类人常常说一句两句话就能使听者无地自容,颜面扫地。

说话刻薄的人之所以这样,主要有以下三点原因：

1. 心理阴暗

说话刻薄的人,他们的心理往往比较阴暗,对待周围的事情和人只看到坏的一面,并且无论看谁,都觉得不顺眼。

2. 自私,心胸狭隘

说话刻薄的人往往比较自私,心胸狭隘。

他们之所以如此的乐于讽刺、挖苦别人,在于他们没有大的肚量,他们害怕别人比自己优秀,他们用语言攻击别人,只不过是为了贬低别人、抬高自己,寻找心理上的平衡罢了。

这也是导致他们爱说尖酸刻薄话的主要原因。

3. 片面主义

说话刻薄的人看问题往往比较片面,只看现象而不看本质,每次只盯住一点错误而忽略了全面。

说话尖酸刻薄的人往往不能原谅他人所出现的失误与差错,不能够宽容待人。因此，他们要想改掉这种说话伤人又伤己的毛病，必须学会宽容。

总之，说话尖酸刻薄的领导在企业中是不受待见，不受欢迎的，因此，在日常工作中，领导者要记住：无论是与上级、还是跟下属都免不了会就某一问题产生矛盾或争执，但是要学着让自己变得豁达，学会宽容别人的失误或错误，不能只知道"得理不饶人"，而不知道"得饶人处且饶人"。在说话的时候，一定要谨慎，努力做一个受欢迎的好领导。

✿ 信口开河，会引起下属的不满

中国有句俗话："一言可以误国，一言可以乱邦。"也就是说，说话时要小心些、谨慎些，不能信口开河，要注意说话的内容、分寸、方式和对象。否则，随便说话，就可能面临"祸从口出"的危险。由此不难看出，说话是一门很深的学问，话说好了，万事大吉；话说错了，就可能引发祸事。

的确，说话是门学问，"会说话"更是学问。一个受人欢迎的人，别人夸奖他"会说话"。可见，"会说话"不仅是一个人的优点，还是对一个为人处世有方法、不莽撞的褒奖。相反，如果一个人不会说话，或者信口开河，往往犯下错误，以至于祸从口出，招来别人的反感，甚至有时候还会因为言语过失而给自己带来沉重的打击。

中国古代有一个皇帝认为自己的王国是最强盛的，任何东西都是世界一流的，尤其是制作的绳子更是当世无匹。但是一群外国商人却认为他们的绳子不结实，而自己的绳子才是一流的，于是这群商人就四处散播中国绳子不如外国绳子好的言论。这个皇帝知道后非常气愤，就派人把这群商人和散布谣言的人抓了起来，同时判处商队的头子以绞刑。

行刑的那一天，商队头子被绑在绞刑架上，绞刑开始了，他不断地挣扎，左摇右晃，不肯自认倒霉。突然，用于绞刑的绳子被他弄断了，他猛地摔在了地上。在当时，如果行刑时遭遇这样的情况，会被认为是上天在保佑犯人，犯人将被赦免。

商队头子确信自己将会得到皇帝的赦免后，得意忘形，向围观的人群大声地喊叫着："看到了吧，你们王国的绳子就是这么差劲，连个人都吊不住。你们什么都不会制造，甚至是小小的绳子！"

监斩官将绳索断裂的消息告诉了皇帝，皇帝一听虽然气愤不已，但祖宗订下的规矩不能破坏，于是就御笔亲题准备赦免商队的头子。

然而，皇帝却问道："绳索断裂以后那个家伙说了什么没有？"

"陛下，"太监答道，"他说我国的绳子就是差劲，连个人都吊不住，我国什么都不会制造……"

皇帝一听就气上加气，把赦免令撕个粉碎，大声说："好，既然这样，就让我们证明事实与他想的相反吧。"

第二天，商队的头子再一次被送上了绞刑台。这一次，绳子没有断。

俗话说得好："祸从口出"、"东西可以乱吃，话不可以乱讲"，意思就是说，只有管好自己嘴巴的人，才可以称得上是个聪明人。商队头子冒犯了皇帝，遭到意外赦免后不但不懂得收敛，没有见好就收，反而再次信口开河，仍旧不知深浅地嘲笑皇家的绳子，结果皇帝知道后改变了主意，商队头子最终因没管好自己的嘴巴而送了性命。

从古到今，因为信口开河而招致灾祸的例子不胜枚举。很多时候自己的嘴巴会给自己带来不小的麻烦。古人讲究"慎言"，就是说人在说话时要多加考虑，切不可信口开河，不知深浅，不知轻重。因此，领导者说话前应该三缄其口，应该说的则说，不应该说的绝对不能说。

语言大师卡耐基说过："之所以要讲究说话的技巧，是因为许多人常常不假思索就信口开河，因而导致种种不良的后果。"有的领导口齿伶俐，在交际场上口若悬河、滔滔不绝，这固然是很多人向往的。但是，假若口无遮拦，信口开河，说错了话，说漏了嘴，也是很难补救的。领导者若因言行不慎而让别人下不来台，或把事情搞砸，是很不礼貌，也是不明智的。因此，在与人交往时必须注意以下几点：

1. 说话时不要揭对方的隐私和错处

领导者在说话时切记不要当众谈及对方的隐私和错处。

心理学研究表明：没有任何人愿意看到自己的隐私或错误在别人面前

"呈现",一旦被呈现,就会感到难堪甚至恼怒。

因此,在交流的时候,如非必要,一般应尽量避免接触这些敏感区,以免对方当众出丑。必要时,可以用委婉的话来暗示你已知道他的错处或隐私,让他感到有压力而不得不改正。

2. 不能故意渲染和张扬对方的失误

领导者在交际场上,常会碰到这样的情况:某人讲了一句外行话,或念错了一个字,或搞错了一个人的名字,或被人抢白了两句等。这种情况下,说话者本就十分尴尬,生怕更多的人知道。

同时,也有损于你的形象。人们会认为你是一个刻薄且喜欢饶舌的人,因此,会对你产生反感、产生戒心,甚至敬而远之。所以,渲染他人的失误,实在是一件损人而又毫不利己的事情。

3. 说话要看时机

有些领导只要一开口说话,就仿佛旁若无人,根本不看别人的脸色,更不会看时机和场合,他们只管满足自己的表现欲,这是修养差的表现。说话时应该注意对方的反应,不断调整自己的情绪和讲话内容,使谈话更有意思,更为融洽。

✿ 喋喋不休,唠叨式的话语难有效果

作为领导者,千万不要喋喋不休,唠叨个不停,实践证明,这样的人很难得到下属的认可,只有将长话短说的领导才会得到下属的喜欢,提升个人的威信。

现实中,一些企业领导特别喜欢讲话,逢会必讲,逢讲必长。喋喋不休,唠唠叨叨似滔滔江水连绵不绝。在他们看来,只有讲话,不断地讲话才能显示出他们的身份和地位,不讲就会失去身份,而讲话的内容是什么他们往往不太关心,听众的反应如何他们更不会考虑,结果是他在那里津津乐道,而听者却苦不堪言,感到厌烦。事实上,沟通不在话多,有效才是硬道理,讲话越长效果反而越差,讲话越短反而效果越好。

有一位年仅 28 岁的年轻人当上了公司的总经理，这是他没有想到的。但是为了更好地胜任这个职位，他去问自己的前任总经理，也就是现在的董事长。

他说："能够担任总经理一职，我非常荣幸，但是这是一个艰巨的任务，我非常希望您能根据自己多年的经验给予我一些建议。"

董事长微微一笑，用简短的六个字回答说："做正确的决定。"

这个年轻的总经理希望能够得到更多的建议，于是他说："您的建议对我很有帮助，能够得到你的帮助我也非常感激，但是能否说得再详细一点儿呢？我真的非常希望得到您的帮助，以便自己能够做出正确的决定。"

董事长仍然笑了笑，这次他只说了两个字："经验。"

这让这位总经理非常困惑，再次问道："没错，这正是我今天来到这里的原因，能告诉我怎样获得我所需要的经验吗？"

这位年老的董事长笑了，简短地回答说："错误的决定。"

善于把话说到最短是一门艺术，不过讲短话不是目的，目的是要说一些有用的话，作为领导，要善于把话说短，更要善于说一些有用的话，如果讲话信口开河，唠唠叨叨，即使时间不长也会让听者感觉味同嚼蜡，乏味枯燥，还浪费了很多的时间。

曾经有位唠叨先生在给家人的信中写道：

……吾于下月即将返回故里，不在初一即在初二，不在初二即在初三，不在初三即在初四，不在初四即在初五，不在初五即在初六，不在初六即在初七……其所以不写三十，因月小之故也……

虽然这只是一个笑话，却告诉我们一个真理：说话喋喋不休，过于唠叨会让人失去魅力。当今社会，知识信息迅猛递增，工作和生活节奏极快，正所谓时间就是效率，就是财富。领导者说话简洁，精练不仅是下属希望的，更是提升个人能力的一种需要。短而实，短而精，短而有用的话，人们愿听，爱听，因而更能拥有听众。可以说，快捷高效的现实呼唤简约精干的领导作风。

那么，作为领导如何使自己的言语简约精干呢？就要从以下几个方面

下工夫:

1. 把要说的话准备好

有些领导在向下属叙述一件事情的时候,往往说了很多,但是并没有把意思表达清楚,以至于听者花了很多的时间和精力,都不明白他在说些什么。如果领导者有这样的毛病,那么矫正的最好方法就是:在说话前把要说的话准备好,在脑子里梳理一遍,觉得自己想清楚了再告诉对方。

2. 用语不要过于重叠

在汉语里,使用一些叠句可以起到加强语气的作用,但是这并不代表你就可以滥用叠句,比如,有些领导在跟员工说话的时候,会说:"你和我说说这是为什么?"还没等员工开口,他又继续说:"你能不能说说这是为什么?这到底是为什么?"其实一个"为什么"就足够了。

3. 避免口头禅

口头禅是很多领导在讲话中都不可避免的,诸如一些"啊"、"不错"、"没问题"、"无可奉告"之类的话,这些词语不管与说话的内容是否有关联,说多了,不但会影响说话的效果,而且很容易给人留下笑柄。

4. 说话的方式简明扼要

领导者在说话的时候切记要长话短说,首先方式应该简明扼要,在一般交谈的过程中,只要运用简单的沟通方式,达到有效沟通的目的即可,不要动不动就采用一些复杂、烦琐、迂回的沟通方式。

5. 减少一些不必要的会议

其实有些领导给员工留下受"唠叨"的印象,很大一部分原因是领导开的会议太多,而内容过于重复造成的。为了避免这种现象,领导者首先要做到一点:可开可不开的会议就不要开。在会议上,要做到言简意赅,套话不要讲,不切实际的不要讲,无法付诸行动的话不要讲。除此之外,领导还应该做到:能够合并的会议尽量合并,不要上午开会,下午开会,第二天还开会,而参会人员相同,内容只是稍有不同,这样只会让听众厌倦、反感。

❀ 说话出尔反尔，下属会把你的话当耳旁风

俗话说："轻诺者必寡信。"在职场中，有的领导为了讨好下属，鼓励下属好好工作，对下属的要求不管是否合理，能不能做到，都一律先答应下来。结果过一段时间后发现下属的要求不应满足或者无力满足时，诺言无法兑现，这时，下属就会认为领导说话出尔反尔，对其表示不满，时间长了，下属就会把领导的话当耳旁风，不予以理睬。

领导之所以经常轻易承诺下属，是因为他们认为这是激励员工好好工作的一个方法，也是很容易做到的事情，不费吹灰之力，想说什么就说什么，不仅让听者当时感到很兴奋，而且领导也备受感染，感觉好的成果就在大家眼前，唾手可得。但是当真正兑现的时候，却发现当初的许诺过于轻率，很多事情是自己根本无法兑现的，结果在下属面前失了威信，再想用此方法激励下属已经没有任何作用了。

张鑫在一家灯具公司做销售工作，因为销售一般都是和业绩挂钩的，所以，张鑫和其他工作人员都非常努力，为公司做出了很大的贡献。对此公司老板非常满意，专门请所有销售人员聚餐。席间，老板首先表扬了所有销售人员，感谢大家为公司所做的贡献，然后，当着所有员工的面，老板信心十足地说："大家好好干，离过年就剩 3 个月了，只要这 3 个月大家能够再完成 100 万的业绩，我保证大家的年终奖都翻倍。"听到老板这样的承诺，张鑫和所有销售人员都非常兴奋，他们仿佛已经看到了自己的红包。

在接下来的日子里，为了自己的年终奖，所有销售人员都非常努力，任劳任怨地加班，年底不仅完成了老板要求的 100 万元，还多出了 30 万元的业绩。看到这样的成绩，大家都非常高兴，认为自己的年终奖翻倍肯定能实现了。可是，在年终大会上，当大家都用期待的眼神等待着老板发红包的时候，却听到老板说："今年大家的表现都非常不错，去年给每人的年终奖是8000 元，今年为了让大家过个好年，每人多加 1000 元。"老板本以为大家会报以热烈的掌声，可是现场却非常安静，没有一个人露出兴奋的表情。

节后正式上班时,老板发现公司有 3 名销售人员已经跳槽了。

说话出尔反尔,不兑现自己的承诺其实是很容易让下属走向反面的。承诺一出,领导也许并不觉得有什么,但是下属却对其非常敏感,因为这将关系着下属的切身利益,所以他们会把领导的承诺时刻记在心间,并在日后工作中不断激励自己,但是当领导出尔反尔,没有兑现自己的承诺时,他们就会有一种被愚弄的感觉,以致后期工作状态不佳,对领导失去信任,对领导日后的任何承诺都当耳旁风,激发不起自己的工作热情。

因此,作为领导,在承诺之前一定要深思熟虑,对自己能否兑现承诺做出合理的判断,切忌不假思索,不切实际地胡乱许诺。否则既伤害了下属的感情,又毁坏了自己在下属心目中的形象。

那么,领导如何才能做到不给对方留下出尔反尔的坏印象呢?需要注意以下几点:

1. 不要把话说得太满

领导即使真的可以给下属 100 分,那也不要把话说得太满,要给自己留有一定的余地,最好只给对方许诺 60 分到 80 分,这样说话有两个好处:一是如果因为别的原因真的不能达到 100 分,也能给自己留有周旋的余地,不会给下属留下出尔反尔的印象;二是真的给下属兑现了 100 分,那么下属就会因为超出了自己的心理预期而感激不尽,在日后的工作中一定会更加信任你,更加努力工作。

2. 说到就一定要做到

不许诺则罢,既然许诺了,就一定要做到,要有"一言既出,驷马难追。"的君子气魄,兑现承诺既能给下属一种信任感和安全感,又能树立自己的权威,体现自己的人格魅力,何乐而不为呢?你对下属尊重了,那么他也一定会尊重你,在日后的工作中必然会兢兢业业,全力以赴。

3. 许诺不可含糊其辞

因为下属都需要激励,所以说,许诺在公司里无处不在,但是许诺要把握一点,那就是不要含糊其辞,最好让双方都明明白白。因为每个人的理解是不一样的,被许诺方对领导所许诺的内容往往会往对自己最有利的一面去想,如果许诺很模糊,双方理解不同,结果导致自己明明兑现了承诺,却没有满足对方的要求,仍被下属认为是自己出尔反尔。

4. 如果"出尔反尔"了,要合理解释

即使再有把握的许诺,由于外在环境的变化也有可能最终不能兑现,这个时候,作为领导者不要视若惘然,把"出尔反尔"当成理所当然,应该积极主动地和下属沟通,晓之以情,动之以理,获得下属的理解。这也体现了领导者的修为和涵养。当然,如果在这种情况下,下属还是不理解自己,甚至大闹情绪,那么,领导者就可以考虑这个下属的去留问题了。

参考文献

［1］易尚.中层领导说话处事方略［M］.北京:中国纺织出版社,2010.

［2］翟文明.领导说话艺术［M］.北京:华文出版社,2008.